SHARING ECONOMY
ONLINE CAR-HAILING
GOVERNMENT PRICE REGULATION

# 分享经济下
# 网约车平台服务定价与政府价格管制策略研究

杨 洁◎著

经济管理出版社
ECONOMY & MANAGEMENT PUBLISHING HOUSE

**图书在版编目（CIP）数据**

分享经济下网约车平台服务定价与政府价格管制策略研究/杨洁著．—北京：经济管理出版社，2024.2

ISBN 978-7-5096-9590-6

Ⅰ.①分…　Ⅱ.①杨…　Ⅲ.①出租汽车—价格机制—研究　Ⅳ.①F726.99

中国国家版本馆 CIP 数据核字(2024)第 029815 号

组稿编辑：谢　妙
责任编辑：谢　妙
责任印制：黄章平
责任校对：陈　颖

出版发行：经济管理出版社
（北京市海淀区北蜂窝 8 号中雅大厦 A 座 11 层　100038）
网　　址：www. E-mp. com. cn
电　　话：（010）51915602
印　　刷：唐山玺诚印务有限公司
经　　销：新华书店
开　　本：720mm×1000mm/16
印　　张：12.5
字　　数：236 千字
版　　次：2024 年 2 月第 1 版　　2024 年 2 月第 1 次印刷
书　　号：ISBN 978-7-5096-9590-6
定　　价：78.00 元

# 前　言

近十年来，分享经济逐步渗透到人们生活的方方面面，如出行、住宿、医疗、服饰、生产制造等。分享经济给消费者带来独特的体验，其中出行服务受其影响最为深刻，也是推动分享经济发展的“领头羊”。例如，滴滴出行使乘客无须买车也可享受到高质量的乘车服务，而车主可通过分享空闲座位来获得收益，可谓车主和乘客的双赢。网约车服务与出租车服务类似，出租车服务已有较为成熟的定价机制。网约车作为一种新兴的出行服务，其定价主体为网约车平台，但定价策略尚未明晰。同时，由于网约车服务与出租车服务较为同质化，因此，网约车服务的进入给出租车服务带来了极大的冲击。政府对出租车行业的监管包括准入监管、价格监管和二者兼有的方式。网约车服务在发展初期由于其新颖性，需要更有针对性的监管策略，以实现市场的公平与效率。

鉴于此，本书基于多种市场竞争环境，即平台垄断、双寡头平台竞争以及出租车服务与网约车服务的竞争，探究了网约车平台服务的定价决策，并从出租车服务与网约车服务竞争的视角研究了政府价格管制策略的设计问题。具体内容如下：

首先，本书研究了网约车服务市场处于垄断状态下的平台定价问题，分别探讨了专车模式和顺风车模式下的网约车服务价格决策和网约车司机的服务时间量决策，以及在需求激增时平台如何制定适宜的服务价格增加比例以激励司机上线提供服务。模型的均衡解表明网约车服务最优价格与佣金率有关，同时平台需关注网约车司机能够提供服务的时间总量。

其次，本书探讨了网约车服务市场在两个平台竞争环境下的平台定价问题。笔者采用 Salop 模型刻画了此种竞争环境，并根据两个平台的决策顺序、服务多样化程度以及服务类型将其划分为四种情景，探究在竞争环境下，两种网约车平台的服务定价策略、市场领导者的服务多样化策略及市场跟随者的服务类型选择策略。通过数值算例，着重分析了运营成本和竞争强度对网约车平台的定价策略、服务多样性策略和服务类型选择策略的影响。

再次，本书基于网约车与出租车竞争的视角，利用等待时间刻画两种服务的服务质量，并分别讨论和比较了在网约车服务质量高于或低于出租车服务质量的两种情景下，两种服务的定价策略及共存条件。通过数值算例分析服务等待时间、网约车服务质量初始值及总网络外部性等参数对消费者剩余和两种服务共存条件的影响。与此同时，基于服务质量差异的视角，探讨了网约车服务监管问题，并提出应通过扩大两种服务的质量差异以满足出租车司机的利润基准值，促使两种服务共同发展。

最后，本书从网约车与出租车竞争的视角，探究实现两种管制目标的网约车服务价格管制策略的设计问题。两种管制目标即参与目标和公平目标：参与目标立足于服务利润的视角，考虑出租车服务的“份子钱”问题，以期实现出租车服务每期净利润非负；公平目标基于服务需求视角，以期实现出租车服务需求高于其需求底线。同时，根据网约车服务感知体验，笔者将网约车服务划分为高端服务与低端服务，以探讨不同类型的网约车服务对价格管制策略的影响。本书还比较了两种管制目标下管制策略的管制力度，并且对比分析了不同的管制方式，如准入管制、价格管制及不同管制目标对网约车服务价格以及出租车服务需求的影响。

杨　洁

2023 年 7 月

# 目　录

# 1 绪 论

## 1.1 研究背景

### 1.1.1 分享经济时代来临

顾客并不想要什么钻孔机，他们想要的其实只是一个 0. 25 英寸的小洞。

——西奥多 · 莱维特

当今社会，物质生活极为丰富，人们往往为了一时之需而购买商品，由此带来商品使用率低这一问题。相关数据表明，在美国大约有 8 亿台电钻处于闲置状态，放置在工具箱中，其平均使用时间低于 20 分钟。[1] 在美国，虽然汽车的保有量超过 1 亿辆，但平均使用率只有 10%。[2] 我国亦是如此，2022 年全国机动车保有量达 4. 17 亿辆，其中汽车 3. 19 亿辆，[3]乘用车市场累计销量为 2356. 3 万辆，同比增长 9. 5%。[4] 2022 年，北京市私人小汽车工作日日均出行次数 3. 14 次/日 · 车，非工作日日均出行次数 3. 08 次/日 · 车。[5] 这足以表明，目前出行市场中有极多的资源被闲置和浪费，分享经济的飞速发展无疑为解决这一问题注入了一支“强心剂”。

分享经济，也称协同消费，即将社会海量、分散、闲置资源平台化、协同化地集聚、复用与匹配供需，从而实现经济与社会价值创新的新形态。[6] 分享经济通过有效地利用剩余资源，转变消费者的消费方式，从独占的所有权变为共享使用权。[7] “人们想要的不是电钻，而是墙上的孔”这一观点阐述了逐步兴起的分享经济的核心理念——“使用而不占有”。分享经济并非一种全新的交易方式，而是由于以移动互联网、大数据、物联网、云计算等为代表的技术创新降低了参与分享经济的交易成本，使分享更为便捷，并且不再局限于邻里之间。最初的分享经济多由交易双方构成，而当今的分享经济通过平台连接参与分享活动的双方，实现了更为普遍和广泛的分享。[8]

随着分享经济的发展，共享经济模式获得越来越多的消费者的认同和支持。2014 年 12 月，普华永道与 BAV 咨询公司对 1000 名美国消费者进行了抽样调查，结果发现 44%的受访者对分享经济比较熟悉，其中 18%的受访者曾作为消费者参与分享经济，而 7%的受访者做过分享经济的供应商。[9] 国家信息中心分享经济研究中心和中国互联网协会分享经济工作委员会于 2018 年 2 月发布的《中国共享经济发展年度报告（2018）》表明，2017 年我国分享经济继续保持高速增长，分享经济市场交易额约为 49205 亿元，比上年增长 47. 2%。2017 年我国参与分享经济活动的人数超过 7 亿人，比上年增加了 1 亿人左右，服务提供者人数约为 7000 万人，比上年增加了 1000 万人。[10] 由此可见，消费者早已积极投身于分享经济活动中，其发展呈迅猛之势。

分享经济的发展不仅改变了消费者的消费观，也催生出新的商业模式。分享经济正加速渗透到人们衣食住行的诸多领域，无论是交通出行、房屋住宿、知识技能，还是医疗服务等行业，均可见分享经济的身影。住宿方面如 Airbnb、小猪短租等，出行服务方面如优步、Lyft、滴滴等，汽车共享方面如 RelayRides、Zipcar、首汽约车等，快餐配送方面如 Caviar、DoorDash 等，本地配送方面如 Instacart、Postmates 等。[11-16] 随着分享经济涵盖领域的扩大，参与分享的主体也不再只是个人，还出现了企业级分享的趋势，如航天科工的航天云网、阿里巴巴集团的淘工厂等，连接制造能力的需求方与剩余能力的供给方，[17] 此种模式即为企业与企业之间的能力分享。以上商业模式均体现了分享经济“三低三高”的明显优势，即低成本、低门槛、低污染，高效率、高体验、高可信。[10]

鉴于分享经济的优势，各国政府陆续出台了相关政策引领分享经济发展。2014 年年初，英国政府宣布要把英国打造成分享经济的全球中心以及欧洲分享经济之都，并从政策等层面予以鼓励支持。[18] 2016 年分享经济首次被写入我国《政府工作报告》，提出“以体制机制创新促进分享经济发展，建设共享平台”。[19] 我国政府陆续出台了鼓励分享经济发展的政策，如对于分享经济的“领头羊”——出行服务行业，2016 年 7 月，国务院办公厅印发了《关于深化改革推进出租汽车行业健康发展的指导意见》，使网约车地位合法化。伴随着各国政府的政策支持及“使用而非拥有”理念的深入人心，分享经济热潮正席卷全球。

2023 年 2 月，国家信息中心发布的《中国共享经济发展报告（2023）》显示，我国分享经济市场规模持续扩大，在增强经济发展韧性和稳定就业方面发挥着积极作用。虽然共享空间、共享住宿和交通出行三个领域受到多方面复杂因素的影响，市场规模有所下降，但在生活服务分享及共享医疗方面则呈良好的发展态势。国家层面关于平台经济和平台企业方面的政策更为积极，并逐步规范，将助推分享经济的发展。

### 1.1.2 网约车服务出行习惯逐渐形成

人们对分享经济的认识多来源于网约车服务的推广与发展。网约车服务鼻祖——优步成立于 2009 年，其仅用五年时间迅速扩张，业务网络覆盖全球 45 个国家的 100 多个城市，[20] 目前已扩展到 632 个城市。2010 年，易到用车成立，改变了我国传统的“扬招”叫车方式。随后，快的打车、滴滴出行、神州专车相继开拓专车业务，以分享模式进军网约车市场，甚是有“百家争鸣”之势。之后，滴滴出行、快的打车合并为滴滴出行，而后滴滴出行与优步（中国）合并，优步继而退出中国市场，滴滴出行占据我国网约车服务领域的主导地位。

鉴于目前车辆保有量的增长速度远远超出城市道路资源和环境承载力，限牌、限号就成为控制车辆数量的强有力措施。在这些措施下，网约车服务这一分享经济模式可充分利用有限的运力快速消耗掉爆发式的需求。网约车服务借助信息技术实现为乘客指派附近的车辆，并且根据乘客的使用类型，提供具有针对性的服务。网约车服务因其价格低廉与便利性优势而深受广大通勤人群的喜爱，同时高端专车服务受到商务人士的青睐。Rayle 等的调查研究发现，若利用网约车服务未能打车成功，8%的乘客将选择放弃出行，这表明了乘客对网约车服务的依赖。[21]

2014 年，我国网约车服务呈现爆发式发展，用户规模增长率达 559.40%。2014~2017 年，网约车用户规模仍呈增长趋势，但增长较为平缓。2017 年，我国网约车服务的用户数为 4.28 亿人。[22] 因口碑效应、线上共享的便捷性，[23] 越来越多的乘客选择网约车服务。移动出行具有便利性和价格优势，有效地为用户在出行方面节省了大量的时间及资金成本。艾媒咨询调查发现，64.7%的移动出行用户认可移动出行在支付上的便利，46.0%的移动出行用户表示当前移动出行为其提供了约车的便利。[24] 2017 年，城市叫车行业的用户规模优势明显，月度活跃用户规模达到了 10528.80 万人，其中滴滴打车以 9890.19 万人牢牢占据榜首。[25] 网约车服务在满足用户各类出行需求、提升用户出行体验和改善城市交通效率方面均表现出色，已成为交通服务的重要组成部分，用户选择网约车出行的习惯逐渐形成。

### 1.1.3 网约车服务的相关监管政策出台

网约车服务以便捷及高水平服务吸引乘客，给出租车服务带来了极大的冲击。初期网约车服务的进入引起了出租车司机的抵制。2015 年伊始，沈阳、青岛、南京三座城市分别发生了不同程度的出租车司机罢工事件，出租车司机认为网约车服务具有“黑车”洗白的嫌疑。[26] 从 2015 年开始，交通运输部等部门逐步加大了对网约车的管制力度。2016 年 7 月，国务院办公厅印发了《关于深化改革推进出租汽车行业健康发展的指导意见》，赋予网约车合法化地位。与此同时，交通运输部等七部门出台了《网络预约出租汽车经营服务管理暂行办法》，确定了网约车高品质服务、差异化经营的发展定位，并对平台和驾驶员应具备的条件等做出了具体规定。政府对网约车服务的监管政策逐步完善。

虽然网约车服务通常具有服务价格和服务体验的优势，但使用网约车服务的安全事故时有发生，使对此服务的安全性和隐私性有所顾虑的乘客更添担忧，[27] 尤其是顺风车服务的安全事故频出。鉴于网约车服务对传统出租车服务的冲击及对乘客安全的保证，本着包容审慎的原则，2016 年 11 月全国各地开始纷纷出台网约车管制政策。网约车服务不同于出租车服务，平台具有定价权。2016 年 7 月发布的《网络预约出租汽车经营服务管理暂行办法》明确对平台定价予以指导，而 2016 年 11 月之后各地的网约车新政放宽了对价格的管制，但对牌照、户口等加以限制，通过提高准入门槛以影响服务供给。

北京、上海、深圳三地首先根据自身地域特点制定了相适宜的网约车管制政策，其他城市也相继制定自己的网约车新政。虽然在具体的政策内容上有所差异，但均包括司机身份、本地牌照、价格、轴距、排量、车长和拼车限制等方面。笔者按照区域将网约车新政发布的城市划分为珠三角地区，长三角地区，华北地区和西南、西北、东北与中部地区，其中，珠三角地区包括广州、深圳、东莞、三亚等 14 个城市，华北地区包括北京、天津、石家庄等 9 个城市，长三角地区包括上海、杭州、南京等 19 个城市，西南、西北、东北与中部地区包括成都、重庆、沈阳、兰州等16个城市。图1-1展示了四个区域在司机身份、本地牌照、轴距和拼车限制方面实施管制的城市数量比例。不同区域的网约车新政的侧重点不同，其中，长三角地区对司机身份和本地牌照的限制极为严格，已出台网约车新政的城市均对此方面有所要求，除上海要求司机为本市户口外，其余18个城市均要求拥有居住证。关于司机身份方面，珠三角地区仅有4个城市对此有所要求，广州更是要求有本市户口。珠三角地区对轴距的要求较为严格，有此项要求的城市占79%。西南、西北、东北和中部地区较为关注车的牌照问题，对此有要求的城市占75%。关于拼车限制方面，华北地区只有北京对此进行了明确的规定，每天不高于2次。长三角地区的9个城市对拼车次数均有明确规定，每天不高于2次、3次或4次。长三角地区在四个管制方面均较为严格，而其他三个区域均有所侧重，如华北地区及西南、西北、东北和中部地区对拼车的限制较少，珠三角地区对司机身份的要求较低。就四项管制内容来看，司机身份和本地牌照受关注度较高。由此可见，各地网约车新政更关注司机和车辆的"户口"问题。

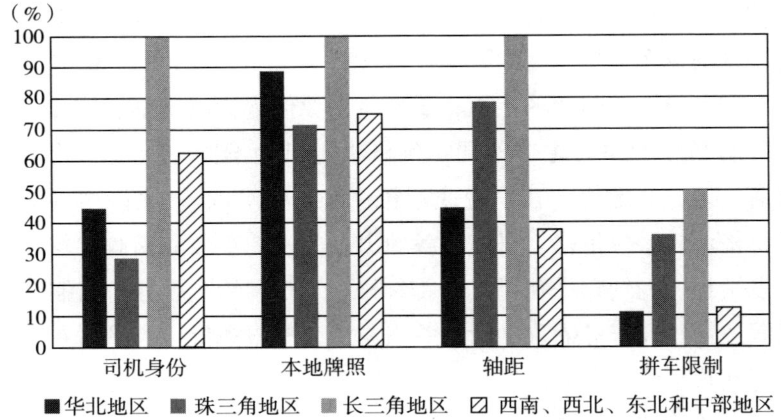


**图1-1　四个区域网约车新政中对司机身份、本地牌照、轴距和拼车限制的城市占比**

网约车新政虽未对网约车服务价格予以直接干预，但准入门槛的设置会影响服务供给，进而间接影响服务价格。由此可知，网约车新政影响网约车服务的定价策略，因此，网约车服务平台需考虑在政策管制下如何制定合理的价格以实现利润最大化。

## 1.2 研究目的

分享经济时代的到来，改变了人们的消费观，并催生了一系列新的商业模式。分享经济对出行服务行业的影响最为显著。网约车服务出行习惯的基本形成、相关政府监管政策的出台等对传统的出租车服务行业及网约车服务平台的运营均带来了不同程度的影响。

### 1.2.1 分享经济中新兴出行服务运营策略

网约车服务模式作为分享经济催生的新商业模式，具备分享经济的特点，即充分使用车辆的剩余能力、具有连接供需双方的服务平台、商品所有权和使用权分离。网约车服务增加了网约车司机的效用，其可利用剩余能力赚取收益。与此同时，网约车服务也在一定程度上提高了乘客的服务效用，较高的服务水平为乘客带来不一样的乘车体验。

网约车服务不同于传统的出租车服务，主要体现为以下三点：

（1）服务价格的决策主体不同，价格决定机制不同。一是网约车服务价格并非由政府决定，其定价权在平台或司机手中，如 Sidecar 允许司机根据平台给出的指导价格调整服务价格。目前，各地出台的网约车服务新政中均未明确对服务价格予以干预，网约车平台仍具有定价权。二是网约车服务价格制定更为市场化。根据服务供给和服务需求之间的关系灵活调整服务价格，平台在确保服务水平的同时可获得更多的利润。

（2）网约车服务提供者使用剩余能力提供服务，准入成本低，机会成本不同。网约车司机为自雇佣形式，而非专职服务提供者，与服务平台之间为独立关系。服务平台不能强制要求网约车司机何时提供服务，也不能明确规定司机提供服务的数量。网约车司机利用剩余能力参与服务获得一定的收益，其机会成本与传统出租车司机不同。当天气状况不佳时，司机提供服务的机会成本增加，因此更倾向于不参与提供网约车服务。由此引发网约车服务供不应求，降低了服务体验。网约车服务平台往往通过提高服务价格激励司机提供服务，同时降低服务需求以缓解供需不匹配问题，如当美国华盛顿发生暴雪时，优步会根据市场供需状况实行浮动加价策略。[28]

传统出租车服务以牌照作为提供服务的准入门槛，在我国一些城市如北京、上海等，司机需向出租车公司缴纳“份子钱”，无论是牌照费用还是“份子钱”，均为传统出租车服务运营的固定成本，而网约车服务司机则无须承担这些方面的费用，其相应的准入条件较为宽松。在网约车新政实施前，只要拥有符合规格的车辆、通过相应的城市知识和技能测试即可提供网约车服务。正因如此，很多私家车主注册成为网约车服务提供者。

（3）深度可视化的等待时间。乘客使用网约车服务呼叫车辆后，网约车服务平台利用信息技术和大数据分析，向乘客提供预计等待时间和呼叫车辆的排队人数，这不仅增强了乘客对出行时间的确定性、降低了乘客等车的焦虑、提高了乘客的出行体验，还使乘客进一步了解自己附近的打车需求，清晰认识打车的难度。

以上差异使网约车服务的运营方式不同于出租车服务，由此带来网约车服务运营优化的新问题，本书正是基于此动机来展开网约车服务的定价策略研究。

### 1.2.2　网约车服务对传统出租车服务运营策略的影响

网约车服务这一出行方式与出租车服务呈现同质化，但网约车服务借助信息技术带来的服务便利性、剩余能力零边际成本的服务价格优势以及良好的服务体验，在与出租车服务的竞争中往往拔得头筹。出租车服务是为了解决公共运力不足以及满足乘客的个性化出行需求应运而生的，与传统出租车服务相比，网约车服务还能够提供专车、顺风车、拼车等多种服务，能更好地满足乘客多样化的服务需求。

网约车服务的进入抢占了传统出租车服务的部分市场份额，出租车公司由于无定价权，只能被动地接受网约车服务的挑战。出租车服务的价格制定考虑了公共运力、道路使用状况等因素，而市场新进入者——网约车服务的出现，打破了原有市场利益的均衡。鉴于此，探讨网约车服务出现后，传统出租车服务如何改变运营策略，积极应对竞争，也是本书的研究重点之一。

### 1.2.3　监管政策对网约车服务运营策略的影响

网约车服务提高了车辆的利用率，在增加车辆拥有者收益的同时，也影响了出租车服务的获利能力。原有的网约车服务准入机制较低，大量的私家车主作为服务提供者参与网约车服务，抢占了出租车服务的市场份额。与此同时，网约车服务的安全性受到了政府的关注，促使政府出台新政予以监管。

网约车新政主要从牌照、户籍等服务供给准入方面入手实施监管。由于网约车服务定价往往基于供需匹配关系，因此由网约车新政导致的服务供给减少势必影响网约车服务的价格，改变网约车服务的运营策略。例如在北京，网约车新政实施后，滴滴平台中多种网约车服务的价格均有不同程度的提高，这说明准入管制间接影响了服务价格。然而，神州专车此类纵向一体化的网约车服务平台受网约车新政的影响较小，这表明准入管制虽然能够实现一定的管制目的，但作用范围有限。鉴于此，若直接采用价格管制，政府应如何制定监管政策、网约车服务应如何制定适宜的运营策略，以及准入与价格管制二者对网约车服务运营策略有何影响等，均是本书所关注的问题，笔者试图为网约车服务的监管提供具有参考价值的建议。

根据上述问题，考虑到分享经济对出行服务的影响，本书试图基于微观视角，研究分享经济背景下，网约车服务的定价策略以及政府对网约车服务的监管策略。

## 1.3 研究思路和研究内容

从前述的研究背景及研究动机出发，本书将分别探讨网约车服务运营优化决策和网约车服务监管策略制定的相关问题，通过建立数学模型，得到网约车服务利润最大化时的定价决策和实现特定管制目标的网约车监管策略，试图为网约车服务的发展和网约车服务的监管提供切实可行的理论依据。本书的主体章节为第3章至第6章，鉴于实践中往往先出现单一的网约车平台，如优步，随着网约车服务的发展，网约车平台如雨后春笋般涌现，因此本书首先着重探讨单一网约车平台的定价问题。其次探讨在网约车平台竞争情景下，网约车服务的定价问题。因网约车服务与出租车服务的同质性极高，二者为竞争关系，故在第5章，笔者利用等待时间刻画服务质量，研究两种服务竞争情景下，网约车服务的定价问题。最后鉴于网约车服务对出租车服务的冲击，针对网约车监管问题，笔者提出了价格管制策略。本书的具体内容如下：

第 1 章，绪论。本章首先从分享经济时代到来、网约车服务出行习惯形成及网约车服务监管政策出台三个方面介绍了本书的研究背景；其次从基于分享经济的网约车服务的独特性带来的运营问题、网约车服务对出租车服务运营的影响及管制策略对网约车服务运营的影响三个方面阐述了本书的研究动机；再次基于背景和动机，提出了本书的主要研究内容及章节构成；最后介绍本书采用的研究方法以及本书的创新点。

第 2 章，文献回顾。本章分别从分享经济的相关研究现状、乘客选择网约车服务动机的相关研究现状、网约车服务运营策略的相关研究现状和网约车服务管制策略的相关研究现状四个方面回顾了国内外与本书研究问题紧密相关的文献，并作出适当评述，指出了本书的研究内容与这些文献的联系与区别。

第 3 章，平台垄断的专车和顺风车服务定价策略研究。分享经济下，本章针对网约车服务垄断市场，围绕网约车司机服务提供量决策和网约车平台定价决策展开，考虑不同类型的网约车服务，即专车服务和顺风车服务，从网约车服务提供者的成本构成以及盈利模式等方面入手，解决包含网约车司机和网约车平台两个主体的服务定价决策问题。

第 4 章，网约车平台竞争定价与服务类型选择策略研究。本章将第 3 章对单个网约车平台的定价策略研究扩展到存在两个网约车平台竞争的服务定价策略研究，探讨了网约车服务市场中的原有平台如滴滴出行会在何时采取服务多样化战略以及网约车服务市场新进入者如曹操出行的服务类型选择等问题。

第 5 章，考虑等待时间的网约车与出租车的均衡定价研究。本章将第 4 章中存在两个网约车平台竞争的市场环境转换为存在网约车服务和出租车服务竞争的市场环境，采用等待时间刻画影响其需求的服务质量，考虑网约车服务质量高于或低于出租车服务质量的两种情景，探讨两种服务共存的条件及均衡定价策略。

第 6 章，网约车服务价格管制策略研究。本章基于第 5 章网约车服务与出租车服务共存条件的研究，以及鉴于实践中网约车新政的实施，探讨在网约车服务与出租车服务竞争的出行服务市场中，如何通过价格管制策略实现管制目标，使两种服务共存。

第 7 章，主要结论及未来展望。本章回顾了各章节的研究结论，总结了本书研究的不足之处，并指出未来可能的研究方向。

本书的研究架构如图 1-2 所示。

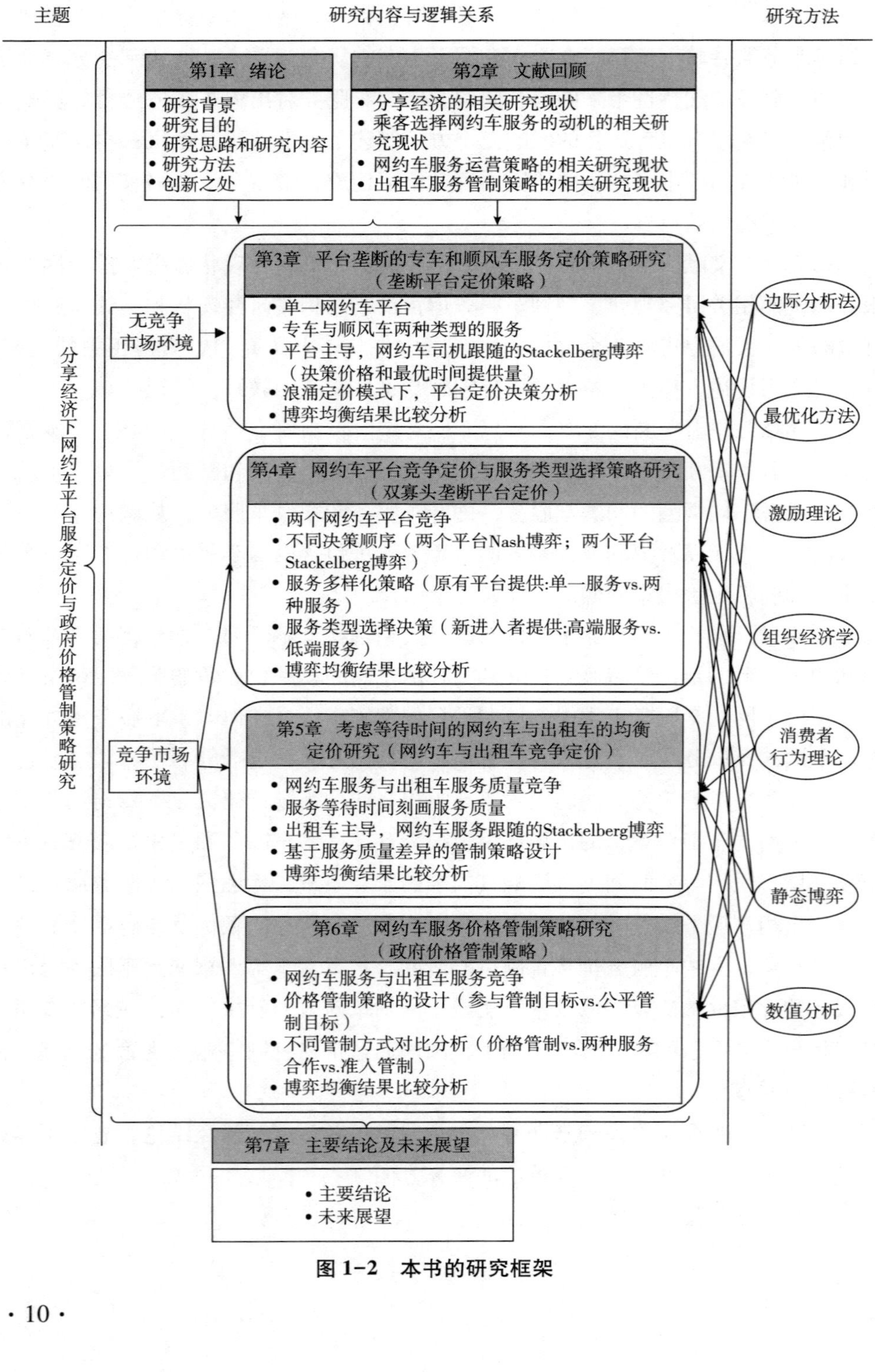
主题
研究内容与逻辑关系
研究方法
第1章 绪论
• 研究背景
• 研究目的
• 研究思路和研究内容
• 研究方法
• 创新之处
第2章 文献回顾
• 分享经济的相关研究现状
• 乘客选择网约车服务的动机的相关研究现状
• 网约车服务运营策略的相关研究现状
• 出租车服务管制策略的相关研究现状
分享经济下网约车平台服务定价与政府价格管制策略研究
无竞争市场环境
竞争市场环境
第3章 平台垄断的专车和顺风车服务定价策略研究（垄断平台定价策略）
• 单一网约车平台
• 专车与顺风车两种类型的服务
• 平台主导，网约车司机跟随的Stackelberg博弈（决策价格和最优时间提供量）
• 浪涌定价模式下，平台定价决策分析
• 博弈均衡结果比较分析
第4章 网约车平台竞争定价与服务类型选择策略研究（双寡头垄断平台定价）
• 两个网约车平台竞争
• 不同决策顺序（两个平台Nash博弈；两个平台Stackelberg博弈）
• 服务多样化策略（原有平台提供:单一服务vs.两种服务）
• 服务类型选择决策（新进入者提供:高端服务vs.低端服务）
• 博弈均衡结果比较分析
第5章 考虑等待时间的网约车与出租车的均衡定价研究（网约车与出租车竞争定价）
• 网约车服务与出租车服务质量竞争
• 服务等待时间刻画服务质量
• 出租车主导，网约车服务跟随的Stackelberg博弈
• 基于服务质量差异的管制策略设计
• 博弈均衡结果比较分析
第6章 网约车服务价格管制策略研究（政府价格管制策略）
• 网约车服务与出租车服务竞争
• 价格管制策略的设计（参与管制目标vs.公平管制目标）
• 不同管制方式对比分析（价格管制vs.两种服务合作vs.准入管制）
• 博弈均衡结果比较分析
边际分析法
最优化方法
激励理论
组织经济学
消费者行为理论
静态博弈
数值分析
第7章 主要结论及未来展望
• 主要结论
• 未来展望

图 1-2 本书的研究框架

## 1.4 研究方法

在大量阅读国内外分享经济、网约车服务、出租车服务相关文献的基础上，本书以运营管理学、消费者行为学、博弈论、运筹学以及新制度经济学等为理论基础，借助 Mathmatic 等数学软件工具，试图探究分享经济中网约车服务平台的定价策略以及网约车管制政策对网约车平台运营机制的影响。具体研究方法如下：

第一，网约车服务不同于出租车服务，其平台具有定价权，并且服务提供者为私家车车主，其利用车辆的剩余能力提供出行服务。网约车服务中的司机并非服务平台的雇员，其具有选择参与网约车服务时间量的自主权。与此同时，网约车服务利用信息技术可以根据服务供需之间的关系，动态调整服务价格。基于以上网约车服务的独特性，笔者运用消费者行为理论、效用理论、斯塔克尔伯格（Stackelberg）博弈与最优化模型，研究网约车服务平台在垄断市场、两平台竞争市场、网约车服务与出租车服务竞争市场等多种情景下的定价策略。

第二，网约车新政的出台，使网约车服务的发展更为有据可循。政府管制策略制定与实现管制目标息息相关，而网约车服务平台将调整运营策略以应对监管政策的影响。基于此，笔者采用边际分析理论、激励理论和计算机仿真等方法研究网约车服务管制策略的制定以及监管情境中网约车服务定价策略的变化。

第三，笔者借助 Mathmatic 软件进行数值分析，验证结论的有效性，并进行对比分析，尝试探索更多颇有意义的管理启示。

## 1.5 创新之处

本书的创新之处主要包括以下三点：

（1）分享经济背景下，剩余能力使用成本对网约车服务定价策略的影响机理分析。基于分享经济的理念，网约车司机利用车辆的剩余能力为乘客提供出行服务，其服务成本构成与传统的出租车服务有所不同，并且不同的网约车（如专车与顺风车）的服务成本也不同。与此同时，网约车价格的制定主体也不同于传统出租车服务，其服务价格并非由政府制定，而是由平台确定服务价格。本书刻画了平台垄断的网约车服务市场，量化了网约车司机利用车辆剩余能力提供网约车服务的成本，为网约车服务定价奠定了基础。

（2）不同市场环境下的网约车服务定价策略。网约车与出租车提供较为同质化的服务，二者形成竞争关系。与此同时，在现实中网约车平台往往有多个。不同的竞争环境对网约车服务定价具有显著的影响，因此，本书分别探讨网约车平台之间的竞争以及网约车服务与出租车服务竞争情景下的网约车服务定价策略。同时，网约车市场中处于主导地位的平台如滴滴出行，其提供多种网约车服务，而后进入者可能专注于提供高端或低端服务，因此竞争环境下网约车服务价格决策、服务多样化策略和服务类型选择决策的研究可为现实中网约车服务的发展提供借鉴。

（3）基于价格管制视角的网约车服务监管策略设计。网约车服务的出现使出租车服务需求骤降，降低了其获利能力。由于出租车服务有“份子钱”这一固定成本，而网约车司机无此项支出，因此出租车服务对网约车服务持抵制态度。政府为了扶持出租车服务并鼓励网约车服务的发展，提出“包容审慎，鼓励创新”的网约车管制原则，并采取准入管制方式，以司机身份和车辆型号为主要管制内容实施管制。然而，准入管制对“专人专车”的 B2C 模式的网约车平台的影响甚微。因此，本书基于价格管制视角探究网约车服务的管制问题，试图为网约车服务的监管提供一些新的思路。

## 本章小结

本章首先从分享经济时代的到来、网约车服务出行习惯的形成以及网约车服务相关管制政策的出台三个方面介绍了本书的研究背景。其次从网约车服务这种新兴商业模式的独特性以及网约车服务具有的竞争优势给出行服务市场带来的新变化入手，指出正是这些独特性和新变化激发了笔者深入研究的动机。再次基于研究目的，明晰了本书的主要内容及章节安排；详细叙述了本书使用的研究方法，并将其与研究内容相对应，绘制出研究框架图。最后提炼出本书的创新之处。

# 2 文献回顾

本书主要围绕分享经济背景下，网约车平台的服务定价以及政府对其监管等问题展开研究。结合本书的研究背景与目的，本章主要梳理归纳相关研究主题中具有代表性的且与本书研究内容高度相关的文献，并通过比较现有文献与本书研究主题间的联系和区别以凸显本书研究的基础性、合理性和前沿性。本章将从以下四个方面回顾相关研究：①分享经济的相关研究现状；②乘客选择网约车服务的动机的相关研究现状；③网约车服务运营策略的相关研究现状；④网约车服务管制策略的相关研究现状。

## 2.1 分享经济的相关研究现状

### 2.1.1 分享经济发展及其含义

分享经济（Sharing Economy）可以追溯到20世纪70年代资本主义社会陷入高失业与高通货膨胀的“滞胀”之时。Weitzman在*The Share Economy*：*Conquering Stagflation*一书中指出，当时的经济滞胀主要是由不合理的工资制度引起的，并提出了基于分享的工资制度，即将工人的工资水平与企业的内在利润相联系，以实现对员工的激励；这种分享经济模式可以吸收失业劳动力，抵制通胀。[29]而早在1959年，Handlon和Gross曾指出分享行为是可学习的，此种行为随年龄的增长而增加。[30]

在商业和消费实践中，分享经济中的“分享”可被视为协同消费[31]、聚联网[32]、商业共享系统[33]、共同创造[34]、生产—消费的连接[35]、基于获得性的消费[36] 等。分享经济在近几年成为热门词汇，但其早已存在于人们的生活中。传统的礼物经济，即以非营利为目的的邻里之间的物品交换可被视为分享经济的雏形。随着信息技术的发展，无论是分享无形的服务、信息等，还是有形的产品等，均可通过信息平台与陌生人进行交易。[37] 随着物联网等移动互联技术的发展以及 Web1.0 向 Web2.0 的过渡，分享经济的内涵有了进一步的延伸，[38] 不再局限于微观分配视角。Rifkin 在 *The Zero Marginal Cost Society: The Internet of Things, the Collaborative Commons, and the Eclipse of Capitalism* 一书中指出，物联网让数十亿人通过点对点方式接入社交网络，创造并组成协同共享的经济机会，具有的分布式协作的本质可以让人们为自己闲置的物品找到分享的对象，使分享经济成为可能。[39]

Sundararajan 认为分享经济应具有以下五个特征：①高度以市场为基础；②资本高效利用；③具有群体网络结构，而非中心化或层级结构；④个人行为与专业行为界限模糊；⑤全职与兼职、正式工与临时工、工作与休闲的界限模糊。而对于分享经济的含义，目前还没有较为统一的意见。[37] 一些学者从消费品分享的视角解读和研究分享经济，如 Martin 将协同消费定义为一个或多个人在与其他人的联合活动中消费经济产品或者服务。[40] Botsman 和 Rogers 将众多协同消费方式分为三种：产品服务系统、再流通市场和协同式生活，并指出它们遵循着相似的根本规则：临界规模、闲置能力、共同的信任和陌生人之间的信任。[31] 目前，对于分享经济的内涵还没有较为统一的认识，处于百家争鸣的状态，不同学者与实业者给出的分享经济的内涵如表 2-1 所示。

**表 2-1　分享经济的内涵**

| 提出者 | 内涵 |
| --- | --- |
| Benkler[41] | 社会化分享构成一种基于“弱联系”的参与人之间的赠送与自由参与的生产方式 |
| Belk[42] | 分享经济为产品私人所有权的另一种选择，即使用而非拥有，而传统的市场交换和赠送均强调私人所有权 |
| Stephany[43] | 分享经济将未被充分利用的资源放在网上，让公众易于获得，是减少对资源占有的一种经济模式 |

续表

| 提出者 | 内涵 |
|---|---|
| Richardson[44] | 分享经济为通过网上平台获取未充分利用资源而进行交换的形式，包括各种营利性和非营利性活动 |
| Frenken 和 Schor[45] | 分享经济中消费者临时使用剩余实物资产（“闲置产能”），分享资源的消费者很可能是为了资金收益 |
| Cockayne[46] | 分享经济描述了一种数字化平台，其使用移动应用程序或网站将消费者与服务或商品连接 |
| Eckhardt 和 Bardhi[47] | 分享经济通过收费或者免费的形式提供资源的临时使用权而非所有权的转移 |
| 程维等[6] | 分享经济为将社会海量、分散、闲置资源平台化、协同化地集聚、复用与匹配供需，从而实现经济与社会价值创新的新形态 |
| 马化腾等[48] | 分享经济为公众将闲置资源通过社会化平台与他人分享，进而获得收入的现象 |
| 王家宝等[49] | 分享经济是指将个人、集体或企业的闲置资源，包括商品、服务、知识和技能等，通过互联网构建的平台，实现不同主体之间使用权的分享，进而获得收益的经济模式 |
| 国家信息中心信息化研究部和中国互联网协会分享经济工作委员会[50] | 分享经济是指利用互联网等现代信息技术整合、分享海量的分散化闲置资源，满足多样化需求的经济活动的总和 |

此外，国内学者李文明与吕福玉探讨了分享经济的起源、概念发展和未来走向，指出分享经济是一种合作消费的生活方式，其基本理念是“使用所有权”，内核是社会资源共享并创造新的价值。[51] 吴晓隽和沈嘉斌探讨了分享经济的内涵与特点，指出可从交换、生产和消费三个视角理解分享经济的内涵，并分析了分享经济对消费者、工作机会、传统行业、环境及其他方面的影响。[52] 姜奇平探讨了分享经济的政治经济学含义，从产权论的视角分析了分享经济对主体利益的影响。[53]

以上文献主要探讨了分享经济的发展与概念，虽然分享经济的含义有多种，但本质内涵包括：①资源的暂时性使用权转移而非资源的所有权转移；②基于信息整合、匹配和互联的平台；③资源往往为分散、碎片化的剩余资源。

### 2.1.2 分享经济的商业模式

伴随分享经济市场规模的迅猛发展，分享经济商业模式也逐步多样化，逐渐从最初以个人级别的分享发展为企业级别的分享。马化腾等认为，基于供方与需方的主体类型，分享经济可以分为四种基本商业模式，[48] 如表 2-2 所示。

表 2-2 分享经济商业模式

| 供方 | 需方 | |
|---|---|---|
| | 个人 | 企业 |
| 企业 | B2C 模式 | B2B 模式 |
| 个人 | C2C 模式 | C2B 模式 |

C2C（Consumer-to-Consumer）模式：是最典型也是最常见的模式。资源供需双方均为个人，通过社会化网络平台进行交易。核心特征为供需方直接在平台上对接分享，包括注册登录、选购下单、服务交付、评价分享、售后服务，平台仅起到匹配供需信息的作用。国家信息中心分享经济研究中心统计表明，2022 年我国分享经济市场交易规模约为 38320 亿元，其中以网约车服务为例的 C2C 服务模式占据主要地位。[54]

C2B（Consumer-to-Business）模式：以资源供方为个人，资源需方为企业。双方通过专业分享平台进行交易。核心特征与 C2C 模式相同，即供需方直接在平台上对接分享，平台仅起到信息匹配作用。其与 C2C 模式最大的区别在于面向的需方为企业用户。C2B 是未来商业模式发展的大趋势，每家企业不再是单个封闭的企业，它通过互联网和市场紧密衔接，与消费者随时灵活互动。C2B 模式将在分享经济中占据越来越重要的地位。[48]

B2B（Business-to-Business）模式：企业和企业之间通过分享平台进行闲置资源的分享。平台起到供需匹配的作用，如闲置生产设备的分享，以 Floow2 为代表；闲置医疗设备的分享，如 Cohealo。[48]

虽然目前分享经济的主要模式为 C2C，但在制造资源的分享中多为 B2B 模式，如航天云网、沈阳机床的 I5 智能平台、易制造工业资源共享平台等。B2B 模式在分享经济中也占有一席之地。

B2C（Business-to-Consumer）：此种模式与 B2B 模式一样，资源供方为企业，具体可以分为以下两种情形：

第一种：资源供方为具有闲置实物资源的企业，资源需方为个人，社会化网络平台转变为承包商模式，代理供方闲置资源，由平台与需方直接对接，赚取中间差价，典型的企业包括 YOU+、WeWork 等，这些企业通过承租社会闲置场地，再以装修—分割—转租的模式向客户出租。从某种意义来看，在这种模式中，供方的作用类似中介企业，Zipcar 便是代表之一。

第二种：通过社会化网络平台，企业向个人提供闲置资源的分享服务。平台进行信息匹配，可收取一定的管理费。如滴滴巴士，拥有闲置巴士的旅游或租赁公司通过滴滴平台，向个人用户提供巴士服务。[48]

以上四种模式均带着明显的互联网基因，强调分布式与去中介。表 2-2 中的分类基础为参与分享经济的主体是个人或企业，Muñoz 和 Cohen[55] 则根据参与分享的主体为个人、组织或社区将分享经济的商业模式划分为两类：①分享经济中个人或组织以创新的方式分享资源，即在协同平台中对等交互以实现剩余资源的分享，此类商业模式的企业如 Airbnb、Uber 等；②基于社区的剩余资源分享以实现公共利益，此类商业模式的企业如 Repair Cafes 和 Food Preps。Gao 和 Zhang 以优步（中国）为例，从商业模式的价值网络、价值架构、价值定位和价值融资四个维度分析分享经济在中国是如何运营的。[56] Remane 等认为，现有数字化的商业模式并不适用于分析新兴的分享经济中的企业，并基于出行分享领域的网约车服务，检验了多种商业模式，结果表明，通过增加 App 开发者、数据分析提供者等因素可更完善地刻画网约车服务的商业模式。[57] Andersson 等从三个不同的时间模式，即延迟 P2P 服务分享、复现 P2P 服务分享与即时 P2P 服务分享出发，基于 41 个出行分享平台资料，结构化分析了 P2P 服务共享平台的特性。[58] Reuschl 等基于价值创造以及商业模式研究框架构建分享经济的集成价值网络，解释平台企业如何建立商业模式，并指出商业模式定位的三个关键维度——人性化程度、内容标准化程度以及产权完整性程度。[59]

上述文献回顾关注于分享经济的商业模式，强调分享经济具有不同的商业模式。伴随着分享经济的发展与成熟，其商业模式也在不断变化。因此，在开展分享经济的相关研究时，应重视商业模式的重要性。

### 2.1.3 分享经济中运营策略的相关研究

分享经济的大规模发展引起了学者们的广泛关注。众多学者从多个角度探究其运营策略与经济作用规律。一些学者侧重于分享经济中共享资源的定价策略、分享经济对产品购买量以及使用量的影响[60-63]。Weber 研究了具有异质性使用水平的消费者的购买决策，并对比了分享经济出现前后产品的销售量以及产品价格。[64] 此后，Weber 采用戴蒙德模型研究分享市场中的产品定价和消费者选择问题，并与无分享经济的市场情景进行比较，研究结果表明，在分享经济情景中，制造商通过“分享溢价”提高新产品的价格，提价幅度与产品成本的高低有关，高成本产品的提价幅度相对较小。[65] Jiang 和 Tian[66-67] 探究了消费者购买决策以及制造商或零售商利润在共享经济出现后的变化情况。Benjaafar 等立足于分享经济中产品的供给与需求的匹配，研究了产品定价问题，并比较了有无分享经济时的产品价格。[7] Bellos 等考虑制造商仅生产销售汽车、制造商同时展开销售与汽车共享两项业务，研究了汽车制造商如何应对车辆共享的冲击，研究结果表明，在高效率市场即高端车型市场中，制造商选择车辆共享更为有利。[68] Weber 基于 Airbnb 平台的背景，研究了分享经济中平台企业如何规避资源使用者的道德风险问题。[69] Fraiberger 和 Sundararajan 采用动态规划方法构建了两阶段模型，研究了具有异质性使用水平的消费者在包含全新耐用品销售市场、耐用品二手市场以及耐用品 P2P 分享市场三种市场中的产品购买决策，并通过 Getaround 的数据探讨了收入水平对消费者购买决策的影响。[70] Clark 等根据英国 P2P 车辆共享服务的数据研究了分享经济对车辆使用量的影响。[71]

鉴于分享经济利用剩余资源这一特征，一些学者就分享经济对环境的影响以及其可持续性等展开研究。Palgan 等采用框架理论分析住宿分享的经济、环境和社会效益，并比较了 B2C、B2B 以及 P2P 三种住宿分享商业模式的可持续性。[72] Nijiland 和 Meerkerk 根据 363 位参与车辆共享服务的消费者的调查数据，定量研究了车辆共享对车辆拥有量、车辆使用量以及二氧化碳排放量的影响，结果表明车辆共享降低了车辆的拥有量和使用量，因此降低了二氧化碳的排放量。[73] Martin 和 Shaheen 采用线上问卷调查的方式研究了北美地区的人们参与车辆共享活动对二氧化碳排放量的影响。[74] Firnkorn 和 Müller 利用所收集的调查数据构建了 Car2go 这一类取还较为自由的车辆的共享模式对环境的影响预测模型。[75] Briceno 等基于生命周期评估法和投入产出分析法，以车辆共享模式为例探讨了可持续性消费模式。[76] Böcker 和 Meelen 通过对阿姆斯特丹的 1330 位居民进行调查，研究了消费者参与共享活动的经济、环境和社会三方面的动机，并比较了工具分享、车辆分享、住宿分享等不同分享活动的参与动机。[77] Wilhelms 等采用阶梯访谈法，在德国展开 P2P 车辆共享参与动机的研究，参与动机主要包括经济收益、生活质量、帮助他人和可持续性四个方面。[78] Yu 等根据滴滴出行北京地区的出行数据，评估了由出行模式转变而带来的网约车服务对环境的直接影响和消费者车辆购买行为转变对环境的间接影响。[79]

此外，一些学者基于实证研究方法探讨了分享经济的发展现状以及对传统经济模式的影响。Linden 比较了 P2P 车辆共享在欧洲几个城市的发展情况。[80] Zervas 等研究了 Airbnb 对德州酒店服务的影响，研究结果表明，Airbnb 平台房屋供给增加 10%，传统的酒店服务将减少 0.35%的收益。[81] Hall 和 Krueger 分析了出行共享平台 Uber 的司机的平均收益，结果表明网约车司机的收益往往高于出租车司机的收益，并且服务供给的增加对网约车司机的收益影响较小。[82] Wallsten 探讨了出行共享服务对传统出租车行业服务质量的影响，利用纽约和芝加哥的相关数据得出 Uber 的发展有利于降低乘客对出租车服务质量的抱怨，由此推出网约车服务有利于提高出租车的服务质量。[83] Shaheen 和 Cohen 关于消费者参与车辆共享意愿的调查表明消费者乐于参与 B2C 模式的车辆共享。[84] Ke 基于 Airbnb 公司资料，采用案例分析法，研究哪类人群参与分享经济以及哪类人群获益于分享经济。[85]

上述文献回顾主要集中在分享经济对产品的购买量与使用量、环境以及传统经济模式的影响。分享经济对产品购买量和使用量的影响往往不够清晰，而其对环境的影响也与消费者分享行为的初衷有关，因此探讨分享经济中以上几个方面的影响需要考虑产品特性与消费者行为因素。

## 2.2 乘客选择网约车服务的动机的相关研究现状

前人的研究表明，乘客选择网约车服务主要考虑的是较低的服务价格[86-88]与较短的服务等待时间[89,90]。Raley 等利用洛杉矶地区网约车服务数据，研究了人们选择网约车服务的原因以及使用网约车服务出行的目的，其中便利性和低成本为主要因素，而大部分乘客在娱乐时选择网约车服务这一出行方式。[21] Zhang 等关注了出租车服务与网约车服务的乘客选择问题，通过问卷调查发现，家庭收入、服务便利性、安全问题是影响乘客在网约车服务与出租车服务之间选择的三种主要因素。[91] Dias 等采用双元 Probit 模型估计调查数据，并得出选择网约车服务的乘客倾向于年轻化、受过良好教育、高收入以及居住在高人口密度地区。[92] Franckx 详细介绍了分享经济在出行领域的实践，如共享单车服务、网约车服务等，并从服务效率、细分市场等方面对比了网约车与出租车服务。[93] Kooti 等利用七个月中近 6000 万的 Uber 平台的行程数据分析了影响乘客和司机选择网约车服务的因素，如年龄、性别、动态定价、收入等，结果表明动态定价对高收入人群的选择影响较小，司机与乘客年龄相近可使司机获得较高的评价。[94] Lewis 和 Mackenzi 采用拦截访问调查方法研究了 UberHOP 服务中的参与者类型、其如何到达乘客接送点以及此种服务替代了哪种服务，结果表明 UberHOP 服务主要替代了公交服务。[95]

上述文献表明，乘客在选择网约车服务时主要关注服务价格、服务的便利性、服务的灵活性。与此同时，乘客自身的特点如收入状况、年龄等也对其选择网约车服务具有一定的影响。本书的第 5 章基于此部分的研究成果即乘客倾向网约车服务较短的等待时间，采用等待时间刻画服务质量，探讨网约车服务与出租车服务在竞争情景下的定价策略。

## 2.3 网约车服务运营策略的相关研究现状

网约车服务的迅猛发展引起了学者们的广泛关注。*Research* 等期刊推出了相应的专刊，全面介绍网约车服务并探讨网约车发展的新方向。[96] Furuhata 等综述了共享出行中值得研究的问题，[97] Agatza 等综述了网约车服务的发展现状与未来的发展方向，指出有待研究的问题。[98]

鉴于网约车服务作为一种新兴的出行方式，其定价模式尚未明晰，因此学者对此展开研究。Cachon 等考虑多种价格方案，探讨了分享经济中自雇用服务提供者的服务价格确定问题，结果表明固定服务价格可提高平台利润。[99] Yang 等利用 Hotelling 模型刻画网约车服务与出租车服务的竞争情景，分析了两种服务的定价机制与均衡市场细分，并得到均衡解时的网约车平台和出租车公司的最优利润以及社会福利。[100] Banerjee 等基于排队论模型研究了网约车平台的动态定价问题，在此研究的基础上，刻画了网约车平台这一双边市场情景中随机动态和司机、乘客以及平台的策略性决策，并得到了最优解。[101,102] Taylor 采用排队论方法研究网约车服务中由于服务延迟带来的负效用以及参与服务的主体之间的独立性对平台的最优服务价格以及最优薪酬的影响，结果表明在乘客的服务估值确定的情况下，服务延迟降低了服务价格，而在不确定性处于中等水平时，服务延迟提高了最优价格。[103] Egan 等基于双边拍卖机制研究网约车服务的定价问题，并验证了文章所提出的机制的有效性。[104] Bai 等考虑网约车服务需求和服务供给均受服务价格和自雇用形式的司机薪酬的影响，采用排队论方法构建以网约车平台利润最大化为目标的定价模型，并最终获得最优服务价格与最优薪酬，研究结果发现，当潜在需求增加时，平台将制定较高的服务价格和较高的薪酬。[105] Guda 和 Subramanian 指出网约车平台为了管理波动的服务需求和服务供给往往采用动态定价，其集成分析了此种动态定价以及由此引发的不同区域之间的服务供给的流动问题，结果表明动态定价对于供不应求以及服务供给大于服务需求的地区均具有一定的作用，动态定价对于后者的影响往往依赖于服务供给端的外部性作用。[106] Zha 等研究了不同行为假设下的网约车服务中服务供给的均衡模型以及浪涌定价的影响，与静态定价相比，在需求激增的情况下，浪涌定价提高了平台和司机的收益但有损于乘客的利益。[107] Chen 等从经济的研究视角出发探究了网约车平台基于收益最优的定价策略以及融合地理信息与时间信息的车辆调度问题，并利用“熨烫技术”（Ironing Technique）将研究问题转化为凸优化问题。[108] Egan 和 Jakob 提出了一种考虑乘客可与网约车司机议价的情景中，适用于网约车服务的新市场机制，此机制不仅可同时优化调度与定价，还可降低乘客的费用并使平台获得更高的利润。[109] Wang 等采用集成和静态的方法研究了单一网约车平台的均衡定价问题，并利用灵敏度分析定量评估了平台定价策略对出租车服务效益的影响。[110]

一些学者利用实际数据，研究网约车服务的指派、调度、供需匹配等问题。基于滴滴平台杭州地区的数据，Chen 等研究了网约车平台如何安排指派网约车，采用集成学习方法用以提高单一分类的鲁棒性。[111] Lavieri 等基于奥斯丁的网约车服务公司以及政府公开的数据，研究了网约车服务的需求产生以及分布估计的问题，其中需求为某一地区的总需求，结果表明网约车服务需求与某一地区的收入水平、乘客出行目的有关。[112] Sun 等利用浙江义乌地区的 GPS 数据集、出租车计价数据集以及司机平均月收入数据集等相关数据，提炼出里程利用率、车费和司机月平均收入三个指标以探索网约车服务对出租车服务的影响。[113] Lu 等考虑单程共享和往返共享两种方式，研究了面临不确定需求的车辆共享中能力分配问题，通过构建两阶段随机整数规划模型，利用 Zipcar 公司数据，验证了模型的有效性。[114]

一些学者深入探讨了网约车服务对其他出行服务如出租车服务的影响。周光伟从网约车服务对出租车服务的影响角度展开研究，其认为应基于乘客利益角度衡量打车软件的优劣。[115] Wins 关注于网约车服务对出租车服务的影响，并基于网约车服务在荷兰的发展情况分析了网约车服务对出租车服务投资的影响。[116] He 和 Shen 刻画了出租车服务与网约车服务的竞争市场情景，考虑需求的空间分布，采用网络模型研究了在已知网约车平台定价策略的前提下，实现网络均衡的乘客选择。[117] Anderson 采用民族志访谈法在洛杉矶地区展开调查，对网约车服务与传统出租车服务及非营利性的顺风车服务进行比较，结果表明司机端的策略较为一致，即偶尔提供服务、兼职和全职。[118] Nelson 和 Sadowsky 探讨了网约车服务对公交服务的影响，结果表明网约车服务解决了“最后一公里”的问题，其进入增加了公交服务的使用，从而形成公交服务—网约车服务的模式。[119] Cohen 和 Zhang 探讨了网约车服务与出租车服务合作中的利润分享问题，通过建立多类别逻辑模型得到均衡解，并分析此种合作对市场的影响，结果表明合理的设计利润分享合同有利于双方的合作。[120]

此外，一些学者关注网约车平台的评价机制、路径选择等问题。Jin 等介绍了网约车服务中双边评价系统，并与传统线上企业采用的单边评价系统在利益相关者的收益及社会福利方面进行比较，结果表明司机端拒绝乘客并非总是提高社会福利。[121] Lu 采用混合整数规划模型刻画网约车服务车辆路径选择问题，并利用基于插入的启发式算法求解模型得到优化问题的近似解，通过数值算例分析得到网约车服务降低了系统的出行成本。[122] 曹祎和罗霞刻画了网约车服务的信息收益，构建了网约车服务市场渗透率模型，结果表明当总需求固定时，将市场渗透率控制在一定范围内，平台能够获得最大的信息收益。[123] 吕明等估计了信息条件下出租车服务的等待时间，并与传统巡游出租车等待时间进行对比，结果表明两种服务等待时间的长短与所在区域的车辆数量相关。[124] Stiglic 等研究了在网约车服务系统中引进上下车站点的潜在益处，即可使司机同时服务多位乘客，无须在中途停车。[125] Xu 等利用宏观概念框架研究了在多种市场结构下的空闲网约车服务车辆的停车问题。[126]

回顾上述文献，主要从网约车服务静态定价与动态定价、网约车服务对其他出行方式的影响、网约车服务的路径选择与评价机制等方面展开，研究了在不同市场环境中，如仅存在网约车服务、网约车服务和出租车服务共存的情况下，网约车服务如何通过定价机制实现平台的最大收益与供需平衡。但鲜有文献立足于分享经济的视角以及考虑网约车平台提供多种类型的服务如专车、快车、顺风车等，来研究网约车服务的定价策略。鉴于此，本书的第 3 章基于分享经济理念研究平台垄断的网约车服务定价策略，第 4 章探讨了网约车平台提供多种类型的服务情景下的平台定价策略。

## 2.4 网约车服务管制策略的相关研究现状

随着网约车服务进入出行市场，引发了出租车司机罢工等抵制行动，因此如何监管网约车服务这一新兴的出行服务显得尤为重要。学者多采用基于某一地区的管制实践，总结网约车服务管制策略。Bond 介绍了美国出租车行业与网约车平台 Uber 的兴起与发展现状，以及网约车服务对出租车服务的影响，包括服务需求的降低、收入的下降以及出租车服务牌照费用的降低。与此同时，详细分析了洛杉矶、芝加哥等地的网约车监管策略。[127] Afèche 等基于空间网络研究了乘客和能力自调度的司机的匹配问题，并从乘客、司机和平台三个视角分析平台监管能力、需求侧乘客获取服务能力以及供给侧再定位控制能力。[128] Shields 基于网约车服务在加拿大的发展情况，以多伦多、渥太华、埃德蒙顿、卡尔加里四个地区为例探讨了网约车服务的监管策略，如参照出租车服务牌照准入机制来设置网约车服务准入牌照，并与美国的网约车监管政策相比较，结果表明监管政策间具有相似性，但基于地域的特点而有所区别。[129] Lubian 从主要运营特点、使用者感知、国际分类以及适用法律框架四个方面评价了网约车服务监管的法律框架。[130] Audouin 和 Neves 利用报纸杂志和政府出版物中关于网约车服务管制的资料，总结了巴西两个典型城市的网约车服务管制政策，其中一个城市侧重于服务集成，而另一个城市侧重于禁止，他们根据案例分析，提出了三种管制策略：放任自由发展法、彻底禁止法和创新与前瞻性管制法。[131] Wang 等基于双边市场视角，利用 Hotelling 模型刻画了两个网约车服务平台竞争的市场情景，以求解获得的最优补贴，并探讨了平台收费等监管策略对均衡解以及社会福利的影响。[132]

我国在 2016 年 11 月实施网约车新政后，一些学者就各地网约车新政的实施情况展开研究。甄艺凯针对 2016~2017 年我国各地区网约车监管政策的出台进行分析，提出了数量上限管制策略和价格管制策略。[133] 薛志远评析了网约车服务管理暂行办法中的数量管制的相关规定，认为逐步取消数量管制与赋权企业和市场更为有助于网约车行业的良性发展。[134] 周君君和王康以京沪深三市的网约车服务监管规定为例，指出网约车监管所存在的问题，并对比了美国与英国的相关制度，建议我国应放宽市场准入标准，实行价格监管模式。[135] 汪淑珍等基于交易成本理论，分析了政府管制对网约车服务失灵的原因，指出较高的管制交易成本抵消了管制所带来的社会福利的增加，并提出了一些建议，如优化制度安排、充分发展市场配置资源的作用等。[136]

上述文献涉及网约车服务的管制策略以及管制策略评价的相关研究。网约车服务监管多效仿出租车服务，即采用准入管制和价格管制。而基于分享经济理念的网约车服务不同于出租车服务，因此如何高效合理地管制网约车服务仍为亟待解决的问题。以上研究多采用定性方法，鲜有采用定量方法展开分析。与此同时，鲜有研究探讨基于出租车服务与网约车服务竞争情景下的网约车服务监管问题。在现实中，政府多采用准入管制，而其对不同的商业模式下的网约车服务作用效果不同，如对 B2C 模式的网约车服务的作用甚微，并且我国不同地区的出租车服务运营方式不同。鉴于此，本书第 6 章将关注网约车服务的价格管制策略的设计，并比较价格管制与准入管制对网约车与出租车的服务价格与需求的影响。

## 2.5 研究评述

从现有研究文献来看，国内外学者对分享经济下企业的运营管理、网约车服务的运营策略及管制策略的相关讨论和研究已经很多，大多探讨分享经济对产品使用量和拥有量的影响，分析分享经济的环境效益，研究网约车服务的定价策略与监管政策。网约车服务作为一种新兴的出行方式，其定价模式尚未有定论。随着网约车服务的发展，服务类型的多样化，市场环境越发复杂，为网约车服务的定价策略和政府监管政策均带来新的挑战，也为网约车服务的相关研究带来了新的机遇。从上述文献综述所反映的研究现状来看，关于网约车服务的定价策略和管制策略的研究还远未能刻画实际的市场状况，因此诸多实际问题值得进一步研究。本书将在已有文献的基础上，根据现实中反映出的问题提炼研究主题，利用管理学、经济学以及运筹学的方法对网约车平台服务定价策略以及政府价格管制策略予以探究，使构建的模型贴近现实情况，以便为政府部门或企业管理者的相关策略制定提供一定的参考。

## 本章小结

本章主要就分享经济与网约车服务的相关文献进行了回顾，主要从分享经济相关研究、分享经济下乘客选择网约车服务的动机、网约车服务的运营策略与管制策略四个方面展开评述，其中，“分享经济的相关研究现状”主要回顾了分享经济的发展与概念内涵、分享经济的商业模式以及分享经济下企业运营决策的相关文献；“乘客选择网约车服务的动机的相关研究现状”主要综述了乘客偏好网约车服务的动因；“网约车服务运营策略的相关研究现状”主要综述了网约车服务的定价策略、服务指派、调度与服务匹配等相关文献；“网约车服务管制策略的相关研究现状”主要综述了网约车服务的管制策略的制定与评价的相关文献。本章最后综合评述了与本书研究密切相关的文献，并指出了本书的研究内容与这些文献的联系与区别。

# 3　平台垄断的专车和顺风车服务定价策略研究

随着信息技术发展以及分享理念的深入人心，网约车服务发展迅猛。与传统出租车服务不同，网约车服务平台具有定价权。网约车服务平台如何制定适宜的价格显著影响网约车服务的参与者即乘客、司机和平台的利益。本章基于网约车服务市场中单一服务平台的视角，研究平台的定价策略以及司机的服务时间量决策，希望为网约车服务的运营策略提供理论支撑。

## 3.1　问题描述

网约车服务借助于信息技术，充分利用车辆的剩余能力，同时也为车辆所有者带来收益。由滴滴平台的数据表明，目前人们已形成使用网约车出行的习惯。网约车服务不同于出租车服务，其价格由平台制定。许多学者对平台的定价与运营策略进行了大量研究。Armstrong 和 Wright 研究了产品具有差异性的平台竞争问题，结果表明，当卖方认为平台同质而买方认为平台异质时，在均衡状态下，平台不直接争夺卖方而是通过补贴来间接竞争。[137] Hagiu 考虑产品的可替代性和多平台竞争，研究了双边市场下平台的定价策略问题，得到按交易量收费将抑制生产商的创新动机这一结论。[138] 多位学者对软件平台企业、销售平台企业等平台定价和运营策略进行了研究。[139-142]

上述文献虽然对网络平台定价策略进行了深入研究，但网约车服务平台具有一些新的特点，其中服务供给方即司机为自雇用形式的个人，采用一种点对点

（Peer-to-Peer，P2P）的方式提供出行服务。网约车服务平台发展和定价模式都处在探索之中。鉴于优步在其进入的多个国家和地点均占据市场主导地位，而滴滴出行在中国处于“领头羊”位置，因此本章研究在网约车服务市场处于垄断状态下，网约车服务平台的定价问题，以及当需求骤增时，平台如何激励司机提供更多的服务，以实现供需平衡。与此同时，本章不同于前人关于网约车服务的定价研究，试图探讨不同类型的网约车服务如专车模式和顺风车模式的定价策略。专车服务中司机利用自己的空闲时间提供服务，而顺风车服务中司机在达成自身出行目的的同时为他人提供服务，即单次行程满足多人的出行需求。通过比较二者的定价策略，为网约车平台服务多样化发展的运营策略予以帮助。

本章研究问题的决策主体包括一个获利性的网约车服务平台、参与网约车服务的私家车车主即司机，以及具有异质性服务估值的乘客。网约车平台作为领导者决策服务价格，而网约车司机作为跟随者决策最优的服务时间量。网约车服务利用车辆的剩余能力为具有出行需求的乘客提供乘车服务。乘客使用网约车服务的过程如图 3-1 所示。乘客利用网约车服务 App 呼叫车辆，网约车服务平台接收到乘客的出行订单后，将订单分配给距离乘客最近的司机，并将订单信息和乘客位置发送给司机，同时将司机信息发送给乘客。通常，司机在接单后会与乘客沟通具体位置。完成行程后，乘客采用线上支付方式，同时乘客与司机还可进行双向评价。

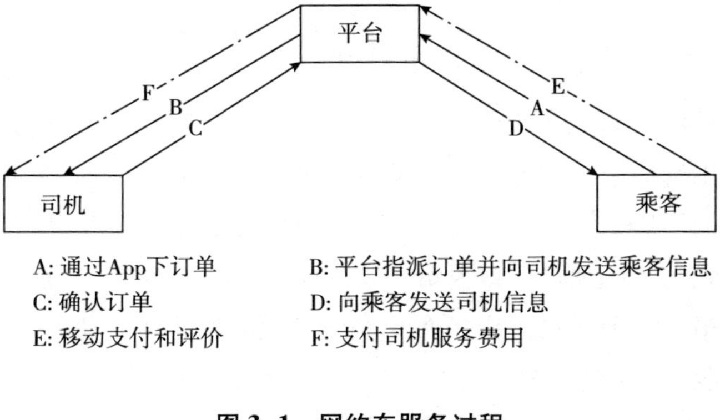


**图 3-1 网约车服务过程**

本章所用符号以及含义如表 3-1 所示。

表 3-1　符号说明

| 符号 | 含义 |
| --- | --- |
| $p$ | 网约车服务价格 |
| $Q$ | 某一时间段内服务提供者在线时间 |
| $d$ | 某一时间段内乘客需求 |
| $\alpha$ | 某一时间段服务匹配率 |
| $r$ | 佣金率 |
| $\lambda$ | 司机价格敏感系数 |
| $k$ | 单位服务成本 |
| $c_d$ | 单位里程的燃油费用 |
| $c(Q)$ | 参与网约车服务的成本 |
| $\bar{s}$ | 车辆的单位使用水平 |
| $q$ | 车辆有效服务的时间 |
| $N$ | 平台中注册的司机数量 |

## 3.2 基础模型

### 3.2.1 专车模式模型

虽然在实际中，其他出行服务如出租车与公交车等、乘客的收入情况等均影响网约车服务出行需求。然而，实证研究表明乘客偏好网约车服务，主要受服务价格和便利性的影响。[21,89] 因此，本章关注服务价格和服务等待时间对服务需求的影响，并且与 Douglas[143]、Vany[144]、Chang 和 Chu[145] 的研究相似，采用服务等待时间衡量服务质量。出租车相关研究表明出租车司机的工作时间量对乘客选择出租车服务具有重要影响。[146-148] 鉴于网约车服务与出租车服务的相似性，本章假设某一段时间内网约车服务可提供的服务时间总量 $T_a$ 为影响服务需求的重要因素。$T_a=QN_a$，其中，$N_a$ 表示某一时间段内网约车平台服务供给端活跃用户人数，$Q$ 为司机参与网约车服务的平均服务时间，即在线的平均时间。平均等待时间通常随车辆可用时间量的增加而降低。[144,148,149] 由此推出在某一时间段内，网约车平台的服务供给端可用服务时间越多，乘客的平均等待时间越短。与此同时，双边市场中一边使用者数量的增加提高了另一边使用者的效用。[150,151] 网约车服务作为一种平台经济，同样存在此种跨边网络效应。当某一时间段内服务提供者的活跃数量增加时，此时间段内可用服务时间总量增加，可降低乘客等待时间，增加网约车服务需求。由此可知 $T_a$ 与网约车服务需求之间存在正相关关系。

基于以上分析，本章采用某一时间段内网约车服务价格和可提供的服务时间总量刻画服务需求，并利用线性需求函数形式反映需求与影响因素之间的关系。网约车服务需求函数为 $d(p,\ Q)=A-\theta p+\tau QN_a$，其中，$A$ 为最大潜在需求，$\theta$ 和 $\tau$ 分别表示服务价格和可用服务时间总量对服务需求的影响系数。需要注意的是，本章中需求为某一时间段内的需求总量。网约车服务市场是一个随时间变化的动态系统。由于本章不考虑事故等意外状况，若单一时间段内时间很短，可认为每一时间段内的市场是一致的。与 Douglas[143]、Kim 和 Hwang[152] 的研究类似，本章假设在某一区域内，单一时间段内乘客的行程里程数相同，均为 L。因此，需求可视为服务里程数。本章利用此段行程的总价格 $p$ 作为服务价格。

不同于传统的出租车服务，网约车平台将服务提供者即私家车主和服务需求者即乘客连接起来，私家车车主采用自雇用的方式加入平台，自行决定是否加入平台并提供网约车服务。而本章关注那些已加入平台中的司机的服务时间提供量决策，以及平台如何激励已注册司机更为积极地参与此项服务。因此，本章中网约车服务司机为已加入平台中的私家车车主。

出行服务中司机的服务时间由两部分组成：一部分为有效服务时间 $q$，即向乘客提供出行服务的时间；另一部分为空巡时间 $V$。本章首先假设服务供给能够满足需求，在拓展部分将探讨服务供不应求的状态。与 Cachon 等[99] 的研究相似，本章假设实现市场均衡时，供需匹配率 $\alpha$ 为：

$$\alpha=\begin{cases}1,\ d\geqslant T_a\bar{v}\\ \dfrac{d}{T_a\bar{v}},\ d\leqslant T_a\bar{v}\end{cases} \tag{3-1}$$

$q=\alpha Q$ 表示网约车司机有效提供服务时间。已知可用服务时间总量，匹配率 $\alpha$ 越高，空闲时间越少，司机可获得更多的收益。然而，一旦 $\alpha$ 为 1，则表明此时出行市场中服务需求量高于服务供给量，部分需求无法满足。

某一时间段内，车辆为所有者带来的效用 $U_d$ 由两部分构成，包括车辆为所有者出行如工作、娱乐等提供服务所带来的效用 $U_o$ 和利用车辆的剩余能力参与网约车服务获得的效用 $U_s$，如图 3-2 所示，即 $U_d=U_o+U_s$。与 Fraiberger 和 Sundararajan[70] 的研究相似，本章采用车辆使用时间表示车辆使用水平 $s$。$S_{max}$ 表示某一时间段内车辆可使用的总时间量。某一时间段内可用于共享的车辆剩余使用能力的范围为（0，$S_{max}-s$]，因此司机能够提供的服务时间量最大值为 $S_{max}-s$。本章假设网约车平台对司机在某一段时间内提供的服务时间量设置下限 $\underline{Q}$，即若司机在线时量低于 $\underline{Q}$，网约车平台会剔除此类司机。由于网约车司机的管理存在一定的费用，因此设置一定的参与服务时间量准入条件，一方面可以降低平台运营成本，另一方面可以提高司机的活跃率。基于以上分析可知网约车司机提供服务时间总量的范围为（$\underline{Q}$，$S_{max}-s$]。

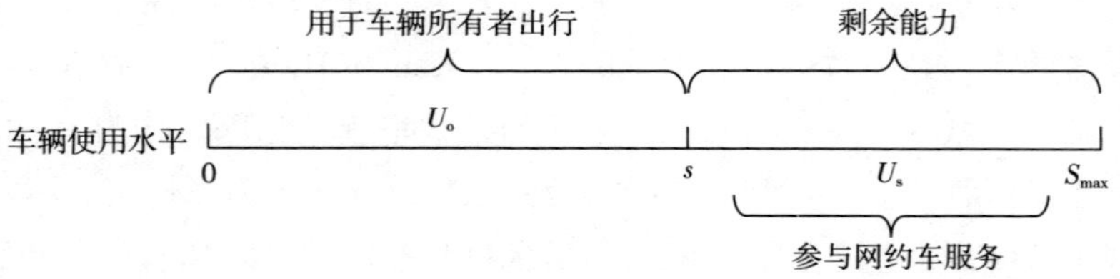


**图 3-2 车辆为所有者带来的效用**

车辆为车主带来的总效用为 $U_d=U_o+U_s$，其中，$U_o=\bar{s}X$，$U_s=\alpha(1-r)\lambda pQ\bar{v}-c_dQ\bar{v}-c(Q)$。$X$ 为常数，表示车辆为车主出行带来的单位效用。本章采用平均使用水平 $\bar{s}$ 刻画车辆用于车主自己出行的平均时间量。$\bar{v}$ 为某一时间段内车辆的平均行驶速度，$\lambda$ 为价格敏感系数。共享剩余能力的成本包括车辆运行中单位时间所耗费的燃油成本等可变运营成本 $c_d$ 和提供网约车服务的服务成本 $c(Q)$，如司机提供网约车服务而放弃休息的成本。与 Horton 和 Zeckhauser[153] 的研究类似，假设 $c(Q)$ 与提供服务总时间量 $Q$ 符合以下关系：$c'(Q)\geq 0$，$c''(Q)\geq 0$。司机参与网约车服务时间越长，越易于疲劳，服务成本会随着服务总时间量的增加而提高。因此设 $c(Q)=\frac{kQ^2}{2}$，其中 $k$ 为服务成本系数。出租车服务研究中多假设司机选择相同策略[142,145,146]，而网约车服务与出租车服务较为相似，因此本章做出相同假设。

司机以自身效用最大化为目标，即：

$$\underset{Q}{\text{Max}} \quad U_d=\bar{s}X+[\alpha(1-r)\lambda pQ\bar{v}-c_dQ\bar{v}-c(Q)]$$

$$\text{st. } \underline{Q}\leqslant Q\leqslant S_{\max}-\bar{s} \tag{3-2}$$

平台作为营利性机构，目标为利润最大化，其目标函数为：

$$\underset{p}{\text{Max}}\ \pi_p=rp\alpha Q\bar{v}N-c_pN \tag{3-3}$$

### 3.2.2 顺风车模式模型

网约车服务平台通常提供多种服务，如专车、快车、顺风车等。顺风车服务顾名思义即将上车地点与司机出发地点接近，目的地也接近的乘客与司机连接，充分利用车辆的剩余座位。滴滴和优步均在推出专车服务之后，相继推出此类服务。此类服务有利于碳减排，更为环保。因此，顺风车模式更被人们所推崇。由图 3-3 所示，顺风车服务中，车辆同时服务于司机和乘客。

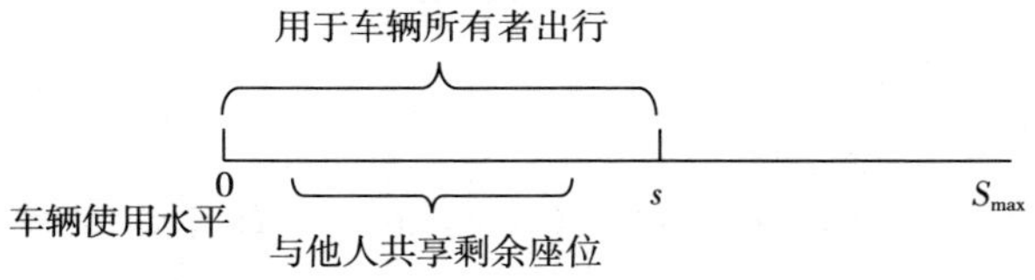


**图 3-3 顺风车模式下车辆为其所有者带来的效用**

顺风车模式下乘客需求和平台利润形式与专车模式相同，不同的是司机的服务效用。顺风车模式下，司机的效用为：

$$U_d^1=\bar{s}X+\alpha(1-r)\lambda pQ_1\bar{v}-c_1f-\frac{1}{2}\alpha^2k_1Q_1^2 \tag{3-4}$$

其中，$c_1$ 不同于基础模型中的 $c_d$，其为道德风险成本。由于网约车司机在自己出行过程中提供服务，其目的仍为到达自己的目的地。若在途中乘客的某些不当行为影响网约车司机自己的行程，则会降低司机使用车辆出行的效用，也可将其理解为车辆为司机提供服务的过程中，由于搭载其他乘客而引起的不方便成本。$f$ 为发生道德风险的概率。$k_1$ 为服务成本，本章假设 $k_1<k$。司机提供顺风车

服务时，其本身也在完成自己的出行需求，不同于专车服务是专门为乘客提供出行服务，而放弃了休闲等外部选择，因此顺风车服务的服务成本较低。

对比式（3-2）和式（3-4）可知，顺风车服务中司机的效用与专车模式中的司机效用不仅在成本系数方面不同，在参与共享时的成本计量方式也不同。虽然成本形式相似，但在式（3-2）中燃油费用等运营成本和服务成本存在于参与服务的全过程中，而式（3-4）中服务成本只在乘客使用此服务时存在。因此，式（3-4）中的车辆使用时间为有效的服务时间即 $\alpha Q_1$。

司机的目标函数为：

Max　$U_d^1$

st. $0 \leqslant Q_1 \leqslant \bar{s}$

需要注意的是，本章考虑顺风车服务有利于环保，应积极鼓励网约车司机提供此项服务，因此顺风车服务无在线服务时间下限限制。

## 3.3 模型求解与分析

Vany[144]、Yang 等[148] 均采用斯塔克尔伯格博弈求解出租车服务研究模型，其中，领导者为监管者，跟随者为出租车公司。由于网约车服务与出租车服务相似，并鉴于平台具有主导地位，本章同样采用斯塔克尔伯格博弈计算模型。网约车平台作为领导者决定服务价格，司机作为跟随者确定自己在线服务时间量，以期实现效用最大化。笔者利用逆向求解法求解，首先计算司机在线服务时间量的最优值，其次计算网约车平台的最优服务价格。

### 3.3.1 专车模式

网约车司机的最优策略。已知网约车服务价格，网约车司机的最优决策如下：

**引理 3-1** 网约车司机的效用 $U_d$ 为在线服务时间量 $Q$ 的凹函数。

**证明：** 网约车司机的效用关于在线服务时间量的二阶导为 $\frac{d^2 U_d}{dQ^2} = -k < 0$。

至此，引理 3-1 得证。

由此可得到命题 3-1。

**命题 3-1** 已知网约车服务价格，网约车司机的最优服务时间量决策如表 3-2 所示。

**表 3-2 网约车司机的最优服务时间量**

| $Q$ 的范围 | 最优服务时间量 |
|---|---|
| $Q^e \leqslant \underline{Q}$ | $Q^* = \underline{Q}$ |
| $Q^e \geqslant S_{max} - \overline{s}$ | $Q^* = S_{max} - \overline{s}$ |
| $\underline{Q} \leqslant Q^e \leqslant S_{max} - \overline{s}$ | $Q^* = \frac{(1-r)\ \lambda p\ \tau - c_d \overline{v}}{k}$ |

证明：由引理 3-1 可知，利用一阶导条件可得 $Q^e = \frac{\tau(1-r)\lambda p - c_d \overline{v}}{k}$。由于网约车司机的服务时间量存在约束，即 $\underline{Q} \leqslant Q \leqslant S_{max} - \overline{s}$，因此需要探讨 $Q^e$ 是否符合约束条件。当 $Q^e \in (\underline{Q},\ S_{max} - \overline{s}]$ 时，网约车司机的最优服务时间量为 $Q^* = \frac{\tau(1-r)\lambda p - c_d \overline{v}}{k}$。与此同时，由约束条件可推出网约车服务价格的范围为 $\frac{k\underline{Q} + c_d \overline{v}}{\overline{v}\ \tau\ \lambda(1-r)} < p < \frac{k(S_{max} - \overline{s}) + c_d \overline{v}}{\overline{v}\ \tau\ \lambda(1-r)}$。当 $Q^e \leqslant \underline{Q}$ 时，最优解为 $\underline{Q}$。同理，当 $Q^e > S_{max} - \overline{s}$，最优解为 $S_{max} - \overline{s}$。

至此，命题 3-1 得证。

由命题 3-1 可知，网约车司机的最优服务时间量受所能提供的服务时间量以及平台要求的最低服务时间量限制，分为三种情况。由于网约车司机作为博弈的跟随者，在已知网约车服务价格的情况下，司机会根据网约车服务价格来决定实现自身效用最大化的服务时间量，因此可得到推论 3-1。

**推论 3-1** 网约车司机的最优服务时间量决策随网约车服务价格递增。当 $p < p_1$ 时，网约车司机选择最低服务时间量 $\underline{Q}$；当 $p > p_2$ 时，网约车司机选择最大服务时间量 $S_{max} - \overline{s}$，其中，$p_1 = \frac{k\underline{Q} + c_d \overline{v}}{\overline{v}\ \tau\ \lambda(1-r)}$，$p_2 = \frac{k(S_{max} - \overline{s}) + c_d \overline{v}}{\tau\ \lambda(1-r)}$。

司机的最优服务时间量与服务价格的关系如图 3-4 所示。当网约车服务价格较高时，网约车司机选择投入较多的时间参与网约车服务。当网约车服务价格超过 $p_2$ 时，网约车司机选择投入车辆能够共享的使用时间的上限。较高的服务价格所带来的高收益激励网约车司机提供服务。当网约车服务价格处于较低水平即低于 $p_1$ 时，司机选择提供服务时间量的最低值。由于提供网约车服务会占用司机的空闲时间，当服务价格较低时，司机会选择达到平台的服务时间量要求即可，而无动力投入更多时间参与网约车服务。

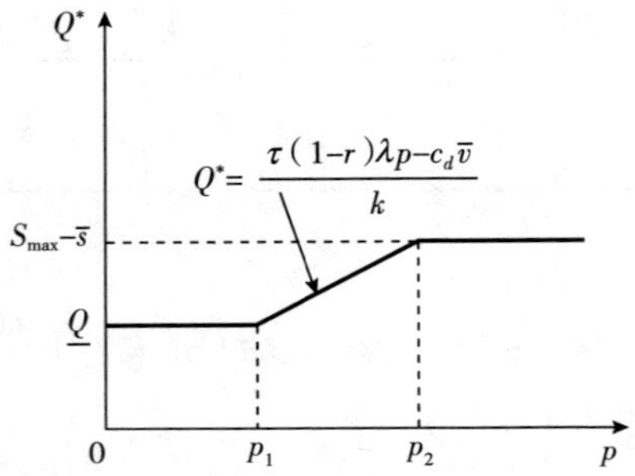


**图 3-4　网约车司机的最优服务时间量与服务价格的关系**

将司机的最优服务时间量代入网约车平台的利润函数中，可得到引理 3-2。

**引理 3-2**　当网约车司机的最优服务时间量为 $\underline{Q}$ 或 $S_{max}-\bar{s}$ 时，网约车平台利润为服务价格的凹函数；当网约车司机的最优服务时间量为 $\frac{[\tau(1-r)\lambda p-c_d\bar{v}]}{k}$，当且仅当 $r\geqslant 1-\frac{\theta k}{\tau G\lambda}$ 时，网约车平台利润为服务价格的凹函数。

**证明：** 当 $Q^*=\underline{Q}$ 或 $Q^*=S_{max}-\bar{s}$ 时，将其代入式（3-3），可得 $\pi_p=rpL(A-\theta p+\tau N_a\underline{Q})-c_pN$ 或 $\pi_p=rpL(A-\theta p+\tau N_a\underline{Q})-c_pN$。由 $\frac{d^2\pi_p}{d^2p}=-r\theta L<0$ 可知，网约车服务的利润为服务价格的凹函数。当 $Q^*=\frac{[\tau(1-r)\lambda p-c_d\bar{v}]}{k}$ 时，网约车平台利润函数为 $\pi_p=rp\left\{A-\theta p+\tau N_a\frac{[\tau(1-r)\lambda p-c_d\bar{v}]}{k}\right\}-c_pN$，关于服务价格的二阶导为 $\frac{d^2\pi_p}{d^2p}=\frac{2r[\tau^2\lambda N_a(1-r)-\theta k]}{k}$，其非正的条件为 $r\geqslant 1-\frac{\theta k}{\tau G\lambda}$，其中 $G=\tau N_a$。至此，引

理 3-2 证毕。

由引理 3-2 可知，当网约车司机的最优服务时间量为上下限时，根据网约车服务利润关于服务价格的一阶导条件得到网约车服务的最优价格。当网约车司机的最优服务时间量为 $Q^e$ 时，则需要对佣金比例予以约束，才可通过一阶导条件得到最优服务价格。

**定理 3-1** 网约车平台的最优定价如表 3-3 所示。

在表 3-3 中，$r_1=1-\frac{2[k(S_{max}-s)+c_d\overline{v}]k\theta}{\tau\lambda[Ak+c_dG\overline{v}+2k(S_{max}-s)G]}$，$r_2=1-\frac{2(k\underline{Q}+c_d\overline{v})k\theta}{\tau\lambda(Ak+c_dG\overline{v}+2k\underline{Q}G)}$。

当平台制定较低的服务价格即 $p^*=\frac{A+\tau N_a\underline{Q}}{2\theta}$ 或 $p^*=\frac{k\underline{Q}+c_d\overline{v}}{\overline{v}\tau\lambda(1-r)}$ 时，司机选择最低的服务时间量即 $Q^*=\underline{Q}$。而当平台制定较高的服务价格即 $p^*=\frac{k(S_{max}-\overline{s})+c_d\overline{v}}{\overline{v}\tau\lambda(1-r)}$ 或 $p^*=\frac{A+\tau N_a(S_{max}-\overline{s})}{2\theta}$ 时，司机选择最大的服务时间量即 $Q^*=S_{max}-\overline{s}$。较高的价格可获得更多的收益，提高了司机提供服务的积极性。

**表 3-3 网约车平台的定价策略**

| $Q^*$ 的范围 | $r$ 的范围 | $p^*$ |
|---|---|---|
| $Q^*=\underline{Q}$ | | |
| — | $\max\left[0,\ 1-\frac{2\theta(k\underline{Q}+c_d\overline{v})}{(A+G\underline{Q})\tau\lambda}\right]<r<1$ | $p^*=\frac{A+\tau N_a\underline{Q}}{2\theta}$ |
| $2\theta(kQ^*+c_d\overline{v})\leqslant(A+GQ^*)\tau\lambda$ | $0<r\leqslant1-\frac{2\theta(k\underline{Q}+c_d\overline{v})}{(A+G\underline{Q})\tau\lambda}$ | $p^*=\frac{k\underline{Q}+c_d\overline{v}}{\overline{v}\tau\lambda(1-r)}$ |
| $Q^*=S_{max}-\overline{s}$ | | |
| — | $\max\left\{0,\ 1-\frac{2\theta[k(S_{max}-s)+c_d\overline{v}]}{[A+G(S_{max}-s)]\tau\lambda}\right\}<r<1$ | $p^*=\frac{k(S_{max}-\overline{s})+c_d\overline{v}}{\overline{v}\tau\lambda(1-r)}$ |
| $2\theta(kQ^*+c_d\overline{v})\leqslant(A+GQ^*)\tau\lambda$ | $0<r\leqslant1-\frac{2\theta[k(S_{max}-s)+c_d\overline{v}]}{[A+G(S_{max}-s)]\tau\lambda}$ | $p^*=\frac{A+\tau N_a(S_{max}-\overline{s})}{2\theta}$ |

续表

| $Q^*$的范围 | $r$的范围 | $p^*$ |
|---|---|---|
| $Q^*=\frac{\tau(1-r)\lambda p-c_d\overline{v}}{k}$ | | |
| — | $r_1\leqslant r\leqslant r_2$ | $p^*=\frac{Ak-c_dG\overline{v}}{2[k\theta-(1-r)\lambda\tau G]}$ |

表 3-3 结果表明网约车服务的最优价格与佣金率的高低有关。根据不同的佣金率，网约车平台可通过设置相应的最优服务价格获取最大利润。最优服务价格如 $p^*=\frac{kQ+c_d\overline{v}}{\overline{v}\tau\lambda(1-r)}$ 或 $p^*=\frac{k(S_{\max}-\overline{s})+c_d\overline{v}}{\overline{v}\tau\lambda(1-r)}$ 随佣金率递增。佣金率高表明网约车平台从网约车司机提供的服务中获取的收益更多，而司机自己保留的收益较少，因此需要较高的价格以使司机维持一定的收益水平。然而，若服务价格水平较高即 $p^*=\frac{k(S_{\max}-\overline{s})+c_d\overline{v}}{\overline{v}\tau\lambda(1-r)}$ 或 $p^*=\frac{A+\tau N_a(S_{\max}-\overline{s})}{2\theta}$ 时，由 $\frac{k(S_{\max}-\overline{s})+c_d\overline{v}}{\overline{v}\tau\lambda(1-r)}<\frac{A+\tau N_a(S_{\max}-\overline{s})}{2\theta}$ 可推出，佣金率 $r$ 越高，即 $\max\left\{0,\ 1-\frac{2\theta[k(S_{\max}-s)+c_d\overline{v}]}{[A+G(S_{\max}-s)]\tau\lambda}\right\}<r<1$，最优服务价格却越低。由于司机在较高的服务价格水平$\left(p^*=\frac{[A+\tau N_a(S_{\max}-\overline{s})]}{2\theta}\right)$条件下将充分利用车辆的剩余能力，甚至共享全部的剩余能力。但较高的服务价格降低了服务需求，此时易产生服务供给与服务需求严重不平衡的局面。因此，平台通过改变佣金率以调节服务供给，即将 $0<r\leqslant 1-\frac{2\theta[k(S_{\max}-s)+c_d\overline{v}]}{[A+G(S_{\max}-s)]\tau\lambda}$ 调整为 $\max\left\{0,\ 1-\frac{2\theta[k(S_{\max}-s)+c_d\overline{v}]}{[A+G(S_{\max}-s)]\tau\lambda}\right\}<r<1$。提高佣金率会降低司机的实际收益，进而减少服务供给。同时，适当降低服务价格可以提高需求。当最优服务价格处于中等水平即 $p^*=\frac{Ak-c_dG\overline{v}}{2[k\theta-(1-r)\lambda\tau G]}$ 时，对于佣金比例的约束更为严格。由此可知，佣金率对平台的定价决策具有显著影响。平台需谨慎制定佣金率。由以上分析得到结论 3-1。

**结论 3-1** 网约车服务最优价格与佣金率有关，同时平台需关注网约车司机能够提供服务的时间量范围。

### 3.3.2 顺风车模式

与 3.3.1 节类似，笔者首先求解司机的最优服务时间量，其次求解网约车平台的最优服务价格。

**命题 3-2** 已知网约车服务价格，网约车司机的最优服务时间量为：

①当 $Q_1^* > \bar{s}$ 时，$Q_1^* = \bar{s}$；

②当 $Q_1^* < \bar{s}$ 时，$Q_1^* > Q_1^e$，其中 $Q_1^e = \dfrac{p_1[(1-r_1)\lambda N_a \bar{v}^2 + k_1\theta] - Ak_1}{N_a \tau k_1}$。

**证明：** 与命题 3-1 类似，此处略。

与专车服务模式相似，在顺风车服务模式中，网约车司机的服务时间量决策受限于约束条件，即 $0<Q_1<\bar{s}$。由此得到推论 3-2。

**推论 3-2** 网约车司机的最优服务时间量随网约车服务价格递增。当 $0<p<p_3$ 时，网约车司机的最优服务时间量为 $Q_1^e$；当 $p \geqslant p_3$ 时，网约车司机选择最大服务时间量 $\bar{s}$，其中 $p_3 = \dfrac{N_a \tau k_1 \bar{s} + Ak_1}{[(1-r_1)N_a\lambda \bar{v}^2 + k_1\theta]}$。

当顺风车服务价格越高时，网约车司机越积极参与顺风车服务；当顺风车服务价格高于 $p_3$ 时，网约车司机将投入最大的服务时间量。

与专车模式类似，将网约车司机的最优服务时间量代入网约车平台利润函数中，可得到网约车服务平台的最优价格决策。由此推出命题 3-3。

**命题 3-3** 网约车服务的最优价格为 $\dfrac{N_a \tau k_1 \bar{s} + Ak_1}{[(1-r_1)N_a\lambda \bar{v}^2 + k_1\theta]}$，此时司机选择最大服务时间量 $\bar{s}$。

**证明：** 将 $Q_1^e = \dfrac{p_1[(1-r_1)N_a\lambda \bar{v}^2 + k_1\theta] - Ak_1}{N_a \tau k_1}$ 代入平台的利润函数中，即 $\pi_p = \dfrac{\lambda N_a p_1^2(1-r_1)\bar{v}^2}{k_1} > 0$。因此，$p_1$ 的最优值在边界处获得，即 $p_1^* = p_3$。此时，司机的最优服务时间量为 $Q_1^* = \bar{s}$。

至此，命题 3-3 得证。

### 3.3.3 比较分析

对比两种模型相应的最优解以及参数范围，其中专车模型中的最优价格为实现 $Q_1^* = Q^e$ 时的价格，如表 3-4 所示。

**表 3-4 专车与顺风车服务模式下网约车平台与司机的决策对比**

| 变量 | 专车模式 | 顺风车模式 |
|---|---|---|
| $p$ | $\dfrac{Ak-c_d G\bar{v}}{2[k\theta-(1-r)\lambda\tau G]}$ | $\dfrac{N_a\tau k_1\bar{s}+Ak_1}{[(1-r_1)N_a\lambda\bar{v}^2+k_1\theta]}$ |
| $Q$ | $\dfrac{c_d\bar{v}[\tau\lambda(1-r)G-2\theta k]+Ak\lambda(1-r)\tau}{2k[k\theta-(1-r)\tau G\lambda]}$ | $\bar{s}$ |
| $r$ | $[r_1, r_2]$ | — |

已知 $k_1=1$、$\bar{s}=2$、$\theta=2$、$v=1$、$c_d=2$、$N_a=6$、$\tau=0.5$、$A=10$、$\lambda=0.8$、$r=0.1$，令 $\Delta p=\dfrac{Ak-c_d G\bar{v}}{2[k\theta-(1-r)\lambda\tau G]}-\dfrac{N_a\tau k_1\bar{s}+Ak_1}{[(1-r_1)N_a\lambda\bar{v}^2+k_1\theta]}$，两种服务的最优价格差值与专车服务成本的关系如图 3-5 所示。

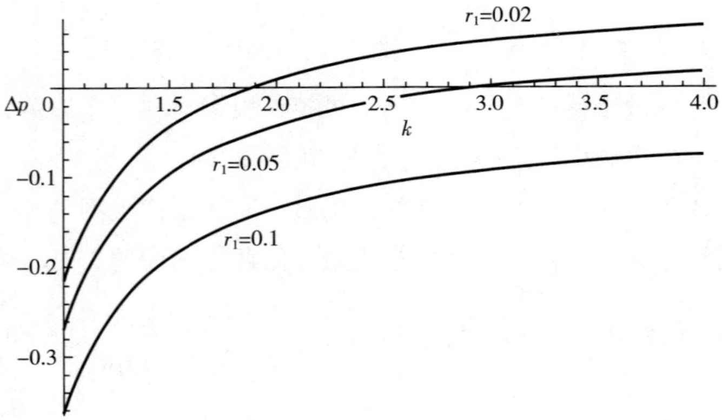


**图 3-5 专车与顺风车服务价格差值与专车服务成本的关系**

由图 3-5 可知，两种服务价格差值随专车服务成本递增。专车服务成本增加降低了专车司机的效用，司机将减少提供服务的时间量，因此，平台通过提高专车服务价格激励司机提供更多的服务，以满足服务需求。顺风车服务整合出行路线相近的乘客和司机的出行需求，减少了车辆行驶中的碳排放量，因此更为环保。为了鼓励司机提供更多的顺风车服务，本章假设顺风车服务的佣金率低于专车服务的佣金率。已知专车服务成本 $k$，两种服务的价格差值 $\Delta p$ 随顺风车服务的佣金率 $r_1$ 提高而递减。当平台开展顺风车服务时，在较高的佣金率情况下，司机的实际收益较低，降低了其提供服务的积极性。平台通过制定较高的价格确保司机获得一定的收益，以实现服务供需的平衡。

## 3.4 模型拓展

在基础模型中假设服务供给量高于服务需求量，未考虑需求高峰，服务供不应求的问题。而在实际中，网约车服务供不应求的情况时有发生，不利的天气状况如暴雨、大型节日事件等，网约车平台将提高服务价格。优步平台推出“Surge Pricing”、Lyft 平台的“Prime Time Tip”以及滴滴平台的动态定价，均旨在解决需求高峰时供不应求这一问题。虽然各个平台采用的动态定价的名称不同，但机理相同，当需求由于天气不佳等因素激增时，乘客使用网约车服务下单，页面会弹出费用需增长 1.5 倍等倍数，即服务价格提高。一方面，较高的服务价格会降低服务需求；另一方面较高的服务价格可以鼓励网约车司机上线提供更多的服务。在基础模型中，$\alpha$ 表示供需匹配率，并假设服务供给足以满足服务需求。而本小节将以专车服务为例，探讨供不应求的情况下平台的定价问题。由式（3-1）可知，当网约车服务需求超过服务供给时，匹配率 $\alpha=1$。平台通过提价的方式降低需求。浪涌定价方式下网约车服务价格为 $(1+m)p^*$，其中，$p^*$ 为基础模型中专车服务的最优价格，$m(m>0)$ 为网约车服务价格增加比例。网约车平台将服务价格由原始的最优解 $p^*$ 提高为 $(1+m)p^*$。为了鼓励网约车司机付出更多的时间参与网约车服务，增加的服务价格即 $mp^*$ 将全部作为司机的服务收益。平台若对此部分收益收取佣金，将降低浪涌定价的激励作用。

浪涌定价模式下司机的效用为：

$$U_d^{surge}=\bar{s}X+(1-r)\lambda p^*Q\bar{v}+m\lambda p^*Q\bar{v}-c_dQ\bar{v}-\frac{1}{2}k_2Q^2$$

需求暴涨往往出现在不良天气状况、节日活动等情况下，此时网约车司机提供出行服务，其服务成本较高，如在暴雪天气中，提供服务极为耗费精力且危险系数提高。因此笔者假设服务成本 $k_2$ 高于基础模型中的服务成本 $k$。司机在恶劣天气的情况下实现最大化效用的服务时间量为 $Q^{surge}=\frac{[(1-r+m)\lambda p^{*}-c_d]\overline{v}}{k_2}$。平台激励司机付出更多的时间参与网约车服务，即 $Q^{surge}\geqslant Q^{*}$，以满足激增的需求。由此可推出命题 3-4。

**命题 3-4** 当需求激增时，网约车服务价格增加比例为 $m=\frac{k_2[(1-r)\lambda p^{*}-c_d\overline{v}]-k[(1-r)\lambda p^{*}-c_d]\overline{v}}{\lambda p^{*}\overline{v}k}$，此时，网约车服务价格为 $p^{*}+\frac{k_2[(1-r)\lambda p^{*}-c_d\overline{v}]-k[(1-r)\lambda p^{*}-c_d]\overline{v}}{\lambda p^{*}\overline{v}k}$。

**证明：**网约车平台实现 $Q^{surge}\geqslant Q^{*}$ 的同时，也应考虑乘客的服务效用，尽可能制定较低的服务价格，即较低的价格增加比例。因此，网约车平台在等式约束即 $Q^{surge}=Q^{*}$ 时，得到最优的服务价格。由此推出 $m=\frac{k_2[(1-r)\lambda p^{*}-c_d\overline{v}]-k[(1-r)\lambda p^{*}-c_d]\overline{v}}{\lambda p^{*}\overline{v}k}$。

至此，命题 3-4 得证。

由命题 3-4 可知，网约车服务价格增加比例随服务成本 $k_2$ 提高而递增。网约车司机的服务成本越高，其提供服务的积极性越低。此时由于需求较多，平台需较大幅度地提高服务价格以鼓励网约车司机提供服务。同时，网约车服务价格增加比例随基础模型中的服务成本 $k$ 的增加而降低。若服务成本 $k$ 较高，表明其越接近于 $k_2$，较小的提价幅度即可促使网约车司机上线提供服务。

## 本章小结

本章关注网约车服务市场处于垄断状态下平台的定价问题，分别探讨了专车模式和顺风车模式下的网约车服务价格决策和网约车司机的服务时间量决策，以及需求激增时平台如何制定适宜的服务价格增加比例来激励司机上线提供服务。研究结果表明网约车服务最优价格的制定与佣金率有关，同时平台需关注网约车司机能够提供服务的时间总量范围。研究结果还发现当需求暴涨时，平台可通过设置适当的服务价格增加比例来促使网约车司机提供服务。

# 4 网约车平台竞争定价与服务类型选择策略研究

本章在第3章的基础上，由研究平台垄断的网约车服务定价问题扩展到研究存在两个网约车平台竞争的网约车服务定价策略以及服务类型选择策略的问题。在我国，网约车服务市场中往往存在多个较为同质的服务平台，如较为突出的两个平台——滴滴出行和神州专车。在美国，网约车服务市场中，Uber与Lyft为此类服务的"两巨头"。鉴于此，本章探讨两个网约车平台竞争市场中，网约车服务的定价问题。滴滴出行和Uber在推出专车这类高端服务的同时，还相继推出了顺风车和拼车等低端服务，以更好地满足乘客的个性化服务需求。在竞争市场的新进入者应专注于提供何种类型的服务也是本章的研究重点。

## 4.1 问题描述

网约车服务市场中往往存在多个较为同质的服务平台，如占据较大市场份额的滴滴出行，先后与快的打车和优步（中国）合并，网约车服务市场逐步形成滴滴出行、易到用车、神州专车"三足鼎立"之势。然而，2016年由吉利集团投资的曹操专车开始运营，2017年美团专车开始试运营，网约车服务市场可谓硝烟再起，除了老牌的滴滴出行、易到用车、神州专车三家元老外，后起之秀根据自身企业的技术优势或流量优势，也想在网约车市场中分一杯羹。因此，本章利用环形的Hotelling模型，即Salop模型，刻画两个网约车平台之间的竞争。鉴于滴滴出行提供多种服务如专车、顺风车服务等，单一平台中多种类型的服务也存在竞争。因此，本章探讨网约车服务定价问题以及服务多样化策略选择问题，为网约车服务运营策略提供一定的参考。

本章根据网约车平台提供的服务种类以及两个平台的决策顺序分为四种情景，如表 4-1 所示。当网约车服务处于发展起步阶段时，网约车平台的竞争往往呈现为两个较大规模的平台的竞争，如中国市场中的滴滴与快的、美国市场中的 Uber 和 Lyft 等。最初两个平台提供较为同质化的高端服务，即专车服务。因此，本章首先探讨两个网约车平台均提供高端服务并同时决策服务价格，即情景 1。随着网约车服务的发展，新的平台如神州专车、曹操专车等陆续进入网约车市场，与滴滴出行展开竞争，此时平台的定价决策存在顺序问题。因此，情景 2 考虑两个平台非同时进入网约车市场，如滴滴出行与神州专车，并均提供高端服务时，研究二者的定价决策。网约车市场中市场份额较大的平台通常提供多种类型的服务，打开滴滴出行 App，可看到专车、快车、顺风车、拼车等多种服务，不同类型服务的水平不同，以更好地满足异质化的乘客需求。同一平台提供的服务即呈竞争关系。鉴于此，情景 3 和情景 4 均探讨网约车市场中先进入者提供高端和低端两种类型的服务。不同之处在于情景 3 中新进入者提供高端服务，如曹操专车专注于专车服务；情景 4 中新进入者提供低端服务，如嘀嗒出行专注于拼车服务。

**表 4-1　不同服务种类与决策顺序的四种情景**

<table>
<tr><td colspan="3" rowspan="2"></td><td colspan="2">决策顺序</td></tr>
<tr><td>同时</td><td>顺序</td></tr>
<tr><td rowspan="3">服务多样化</td><td colspan="2">高端服务</td><td>情景 1<br>（滴滴出行 vs. 快的打车）</td><td>情景 2<br>（滴滴出行 vs. 神州专车）</td></tr>
<tr><td rowspan="2">先进入者<br>（高端和低端服务）</td><td>新进入者<br>（高端服务）</td><td>—</td><td>情景 3<br>（滴滴出行 vs. 曹操专车）</td></tr>
<tr><td>新进入者<br>（低端服务）</td><td>—</td><td>情景 4<br>（滴滴出行 vs. 嘀嗒出行）</td></tr>
</table>

本章主要使用的符号及含义如表 4-2 所示。

表 4-2　符号说明

| 符号 | 含义 |
|---|---|
| $v_i$ | 乘客对网约车平台 $i$ 提供的服务的估值，$i=1$，2 |
| $p_i$ | 网约车平台 $i$ 的服务价格，$i=1$，2 |
| $c_i$ | 网约车平台 $i$ 的运营成本，$i=1$，2 |
| $\lambda_i$ | 网约车平台 $i$ 的需求，$i=1$，2 |
| $\beta$ | 高类型乘客比例 |
| $g$ | 高类型乘客对低端网约车服务估值降低水平 |

本章主要假设如下：

①乘客对网约车服务的估值服从均匀分布；

②乘客数量归一化为 1；

③乘客外部机会选择的效用为 0；

④与 Douglas[143]、Kim 和 Hwang[152] 的研究类似，本章假设在某一区域内，单一时间段内乘客的行程相同，均为 L；

⑤不考虑早晚高峰期、道路极为拥堵的情况。

## 4.2　模型建立

### 4.2.1　乘客需求

两个网约车平台提供单一服务竞争时，乘客对两个平台的服务估值分别为 $v_1$ 和 $v_2$，不失一般性地，本章假设 $v_i \sim U(0, 1)$，$i=1$，2。同时将乘客数量归一化为 1。乘客选择网约车服务平台 $i$ 的服务效用为 $U_i=v_i-p_i$，$i=1$，2。当且仅当此种出行服务给乘客带来的价值足以弥补付出的服务成本，即 $U_i \geq 0$，$i=1$，2 时，乘客才有可能选择平台 $i$ 提供的出行服务，否则则选择其他出行方式。

当两个网约车服务平台存在竞争时，乘客对两个平台所提供网约车服务偏好具有异质性，本章利用 Salop 模型刻画此种情景，如图 4-1 所示。乘客分布在正方形边上，而非内部。在两个网约车服务平台竞争的市场中，用乘客的位置坐标

（$v_1$，$v_2$）表示其对两个平台所提供服务的相对偏好程度。由于 AD 边上的点的纵坐标均为 0，表明 $v_2$ 为 0，即乘客对网约车平台 2 提供的服务的估值为 0，则位于 AD 边上的乘客不会选择网约车平台 2。类似地，处于 AB 边上的乘客只会选择网约车平台 2 的服务。处于 BC 边和 CD 边上的乘客对两个平台提供的服务的估值均大于 0，因此其可能选择其中任意一个平台。需注意 AD 边和 AB 边上的乘客可理解为各自服务平台的忠实乘客，只会在单一网约车平台提供的服务与外部选择之间进行决策，而不管两个平台服务价格的高低，都不会选择另外网约车平台的服务。如手机中已经下载了滴滴出行 App，若下载其他的网约车服务 App，因注册烦琐等原因，有些乘客可能还是会选择只使用滴滴出行 App。

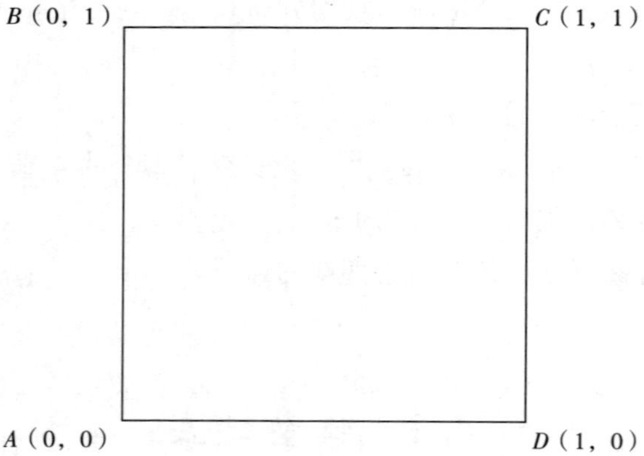


**图 4-1　两种服务竞争的 Salop 模型**

两种服务竞争的状态由分布在四条边上的乘客密度来体现。与前人研究类似，笔者假设 AD 边和 AB 边的乘客密度为$\frac{1}{(2+2\tau)}$，而其他两条边上的乘客密度为$\frac{\tau}{(2+2\tau)}$，其中$\tau$为两服务平台竞争强度系数。当$\tau=0$时，BC 边和 CD 边上乘客密度为 0，而 AD 边和 AB 边上乘客密度均为 0.5。

（1）情景 1 和情景 2 中的需求。情景 1 中乘客使用网约车平台 $i$ 的服务的效用：$U_i^{S1}=v_i-p_i$，其中 $i=1$，2，用上标 $S1$ 表示第一种竞争情景。

若 $U_1^{S1}>\text{Max}\{U_2^{S1},0\}$，乘客选择网约车平台 1 提供的服务；若 $U_2^{S1}>\text{Max}\{U_1^{S1},0\}$，乘客选择网约车平台 2 提供的服务。假设 $p_1\leqslant p_2$ 可得到如图 4-2 所示的两

个平台服务需求的分布情况，而 $p_1>p_2$ 得到的最终结果与前者相同，仅是点的位置不同。在图 4-2 的情景中，CD 边上的乘客对网约车平台 1 的服务估值为 1，而此情况下平台 1 制定的服务价格较低，使 $1-p_1>v_2-p_2$ 恒成立，因此位于 CD 边上的乘客均选择网约车平台 1 提供的服务。这表明若网约车平台 1 制定比网约车平台 2 更低的服务价格，那些对网约车平台 1 的服务估值极高（$v_1=1$）的乘客只会选择平台 1，而放弃平台 2 的服务。位于 BC 边上的乘客对网约车平台 2 的服务估值极高，但由于假设网约车平台 2 的服务价格高于平台 1 的服务价格，因此乘客综合多种因素，当 $v_1<1+p_1-p_2$ 时，乘客才会选择平台 2 的服务。

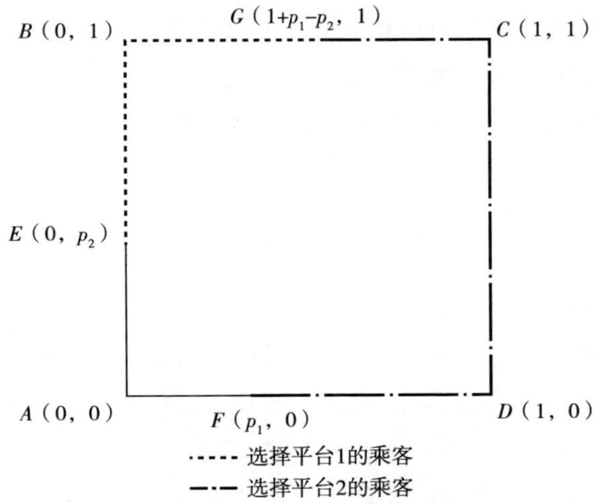


**图 4-2　情景 1 中服务需求的分布情况**

**命题 4-1**　网约车平台 $i$ 的服务需求为 $\lambda_i^{S1}=\frac{1}{2}-\frac{1}{2}p_i+\frac{\tau}{2+2\tau}p_j$；$i$，$j=1$，$2$；$j\neq i$。

证明：位于 AD 边和 AB 边上的乘客分别仅会选择平台 1 和平台 2 的网约车服务。AD 边上乘客使用平台 1 的服务效用大于 0，即 $U_1^{S1}\geqslant0$，此时得到点 F（$p_1$，0）。线段 FD 上乘客选择平台 1 的网约车服务。同理可得到位于 AB 边上的线段 EB 上乘客选择网约车平台 2 的网约车服务。位于 CB 边上的乘客选择为其带来更大效用的服务。两种服务选择的无差异点为 G($1-p_2+p_1$，1)。位于 G 点左侧的点，$U_1^{S1}<U_2^{S1}$，乘客选择平台 2 的网约车服务。相反，位于 G 点右侧的点，

乘客选择平台 1 提供的服务。在 CD 边上，两种服务选择无差异，可推出 $1-p_1=v_2-p_2$，则 $v_2=1-p_1+p_2>1$，与 $v_2<1$ 相悖，因此在 CD 边上的乘客会全部选择网约车平台 1 提供的服务。结合 AD 边和 CD 边上的乘客密度，可得 $\lambda_1^{S1}=\frac{\tau}{2+2\tau}(1+p_2-p_1)+\frac{1}{2+2\tau}(1-p_1)=\frac{1}{2}-\frac{1}{2}p_1+\frac{\tau}{2+2\tau}p_2$。同理，可得网约车服务需求为 $\lambda_2^{S1}=\frac{1}{2}-\frac{1}{2}p_2+\frac{\tau}{2+2\tau}p_1$。

至此，命题 4-1 得证。

由命题 4-1 可知，网约车服务平台 1 和平台 2 的服务需求均随对方服务价格的增加而增加，随自己服务价格的增加而减少。两种服务竞争强度的增大表明二者通过自身竞争优势扩展需求的可能性增加。因此，服务需求均随竞争强度系数$\tau$的增加而增加，并且具有显著价格优势的平台，在竞争中能吸引更多的乘客。

两个平台在情景 2 中的需求与情景 1 中的需求类似，即 $\lambda_i^{S2}=\frac{1}{2}-\frac{1}{2}p_i+\frac{\tau}{2+2\tau}p_j$；$i$，$j=1$，2；$j\neq i$。

（2）情景 3 中的需求。滴滴出行和优步（中国）最初主要以高端的专车服务为主，后续将服务拓展为快车、顺风车、UberX 服务等。因此，可将第一种竞争情景（S1）视为两个网约车平台的相同类别服务的竞争，如专车之间的竞争，我们将其理解为网约车服务刚刚发展时，两个平台就单一类型服务展开竞争。

网约车服务从专车开始逐步向服务多样化发展，快车、顺风车等服务体验与专车有所差异。根据快车或顺风车这类服务体验与专车服务体验的差异，笔者将网约车服务分为高端服务和低端服务，并根据乘客对两种类型服务的估值差异，将乘客分为高、低两种类型。高类型乘客认为快车或顺风车这类低端服务的体验感较差，笔者假设高类型乘客比例为$\beta$，而低类型乘客对低端服务体验感低不敏感。网约车服务市场的新进入者往往聚焦于某一种服务，如曹操专车专注于专车服务。因此，情景 3 中的竞争为网约车服务市场中原有服务平台提供多样化服务，并面临提供单一网约车服务的新进入者的竞争。用平台 1 标记网约车服务市场中的新进入者，其提供一种网约车服务，如曹操专车；平台 2 表示提供两种网约车服务的原有服务平台，如滴滴出行。

乘客使用网约车平台 1 服务与网约车平台 2 的高端或低端服务的效用分别为

$U_1^{S3}=v_1-p_1$,

$U_{2H}^{S3}=v_2-p_{2H}^{S3}$,

$$U_{2L}^{S3}=\begin{cases}v_2-p_{2L}^{S3}-g, & \text{高类型乘客}\\ v_2-p_{2L}^{S3}, & \text{低类型乘客}\end{cases}$$

其中，$U_{2H}^{S3}$ 和 $U_{2L}^{S3}$ 分别表示平台 2 提供的高端服务和低端服务为乘客带来的效用，$g$ 为高类型乘客对低端网约车服务的估值降低水平，$p_{2H}^{S3}$ 与 $p_{2L}^{S3}$ 分别表示网约车平台 2 提供的高端和低端网约车服务的价格。

假设 $p_{2L}^{S3}<p_{2H}^{S3}<p_{2L}^{S3}+g<p_1$，图 4-3 显示了此种条件下的需求分布情况。与前述分析类似，改变价格之间的关系，虽然图形中的关键点位置会有所变化，但最终需求结果不变。根据乘客的效用函数可知，在此条件下，高类型乘客在专车类服务和快车类服务中，总是选择专车类服务，即服务感知体验高的网约车服务。因此，高类型乘客在网约车平台 2 推出的高端服务如专车服务和网约车平台 1 推出的网约车服务之间进行选择；低类型乘客在网约车平台 2 推出的低端服务如快车服务和网约车平台 1 推出的网约车服务之间进行选择。

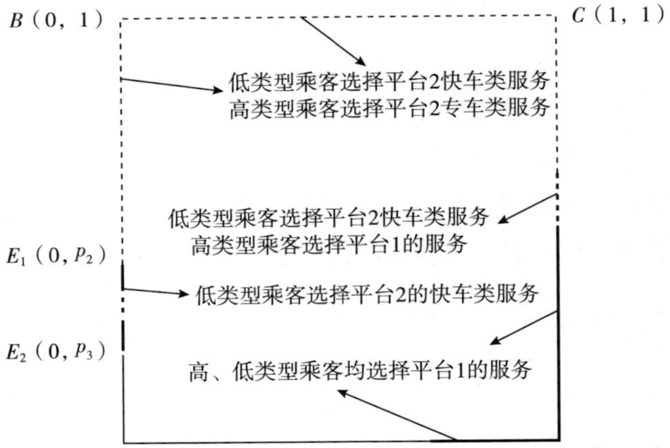


**图 4-3　情景 3 中服务需求分布情况**

根据每条边上高、低类型乘客的选择和边上乘客的密度，得到服务需求

$\lambda_1^{S3}=\dfrac{1}{2+2\tau}[(1-p_1)+\beta\tau(1-p_1+p_{2H}^{S3})+(1-\beta)\tau(1-p_1+p_{2L}^{S3})]$,

$$\lambda_{2H}^{S3}=\frac{1}{2+2\tau}\{\beta[1-p_{2H}^{S3}+\tau(1+p_1-p_{2H}^{S3})]\},$$

$$\lambda_{2L}^{S3}=\frac{1}{2+2\tau}\{(1-\beta)[1-p_{2L}^{S3}+\tau(1+p_1-p_{2L}^{S3})]\}$$

在情景 2 中，网约车服务类型只有一种，即专车类。对比两种竞争情形下的专车类服务的需求，可知若在情景 3 中，乘客全部属于高端服务，则情景 3 转变为情景 2，即低端服务需求为 0。在实际中，乘客对于服务价格和服务体验的诉求往往不同，因此网约车平台推出低端服务，可以更好地满足多种类型乘客的服务需求，为乘客提供了更多的出行方式。

（3）情景 4 中的需求。与情景 3 类似，网约车服务市场中原有平台同时提供高、低端网约车服务，但新进入者只提供低端服务，如嘀嗒出行。鉴于市场中已有平台的市场主导力量，新进入者若投资运营高端服务，成本极高，因此新进入者将低成本的低端服务作为进入市场的突破口。乘客选择网约车平台 1 和网约车平台 2 的服务效用分别为：

$$U_1^{S4}=\begin{cases}v_1-p_1-g, & \text{高类型乘客}\\ v_1-p_1, & \text{低类型乘客}\end{cases},$$

$$U_{2H}^{S4}=v_2-p_{2H}^{S4},$$

$$U_{2L}^{S4}=\begin{cases}v_2-p_{2L}^{S4}-g, & \text{高类型乘客}\\ v_2-p_{2L}^{S4}, & \text{低类型乘客}\end{cases}$$

与情景 3 相似，假设两个平台所提供的服务的价格满足 $p_{2L}^{S4}<p_1<p_{2H}^{S4}<p_{2L}^{S4}+g<p_1+g$，网约车平台 1 与网约车平台 2 的高、低端服务需求分别为：

$$\lambda_1^{S4}=\frac{1}{2+2\tau}[(1+g-p_1)+(1-\beta)g+\tau(1-p_1-g+p_{2H}^{S4})+(1-\beta)(p_{2L}^{S4}+g-p_{2H}^{S4})],$$

$$\lambda_{2H}^{S4}=\frac{1}{2+2\tau}\{\beta[1-p_{2H}^{S4}+\tau(1+p_1+g-p_{2H}^{S4})]\},$$

$$\lambda_{2L}^{S4}=\frac{1}{2+2\tau}\{(1-\beta)[1-p_{2L}^{S4}+\tau(1+p_1-p_{2L}^{S4})]\}$$

### 4.2.2 平台的决策

平台通过价格决策实现利润最大化，四种情景中平台的利润分别为：

$$\pi_i^j=(p_i-c_i)\lambda_i^j\quad(i=1,\ 2;\ j=S1,\ S2)\tag{4-1}$$

$$\begin{cases}\pi_1^j=(p_1^j-c_1^j)\lambda_1^j\\ \pi_2^j=(p_{2H}^j-c_{2H})\lambda_{2H}^j+(p_{2L}^j-c_{2L})\lambda_{2L}^j\end{cases},\ (j=S3,\ S4)\tag{4-2}$$

其中，$c_i$ 为网约车平台 $i$ 在情景 1 和情景 2 中的运营成本，$i=1$，2。$c_1^j$ 表示网约车平台 1 在情景 3 和情景 4 中的运营成本，$c_{2H}$ 和 $c_{2L}$ 分别表示网约车平台 2 在情景 3 和情景 4 中提供高端服务和低端服务的运营成本。

## 4.3 模型求解

### 4.3.1 情景 1 求解结果

由于网约车服务在开始阶段往往会有多个平台参与竞争，因此各平台同一时期进入市场且同时决定价格。情景 1 中，两个网约车平台在定价时同时考虑对方的服务价格，由此得到定理 4-1。

**命题 4-2** (a) 情景 1 中，网约车平台 1 和平台 2 的最优服务价格分别为：$p_1^{S1*}=\dfrac{(1+\tau)[2+2c_1(1+\tau)+(3+c_2)\tau]}{4+8\tau+3\tau^2}$和 $p_2^{S1*}=\dfrac{(1+\tau)[2+2c_2(1+\tau)+(3+c_1)\tau]}{4+8\tau+3\tau^2}$；

(b) 两个平台的需求分别为：

$\lambda_1^{S1*}=\dfrac{(1+\tau)[2-c_1(2+4\tau+\tau^2)+(3+c_2)\tau]}{8+16\tau+6\tau^2}$和 $\lambda_2^{S1*}=\dfrac{(1+\tau)[2-c_2(2+4\tau+\tau^2)+(3+c_1)\tau]}{8+16\tau+6\tau^2}$；

(c) 两个平台的利润分别为：

$\pi_1^{S1*}=\dfrac{\{(1+\tau)[2+(3+c_2)\tau]-c_1(2+4\tau+\tau^2)\}^2}{2(4+8\tau+3\tau^2)^2}$和$\pi_2^{S1*}=\dfrac{\{(1+\tau)[2+(3+c_1)\tau]-c_2(2+4\tau+\tau^2)\}^2}{2(4+8\tau+3\tau^2)^2}$。

**证明：** 对式（4-1）分别求两平台服务价格的二阶导数和混合偏导数，可得 $\dfrac{\partial^2\pi_1}{\partial p_1^2}=\dfrac{\partial^2\pi_2}{\partial p_2^2}=-2(1+\tau)$，$\dfrac{\partial^2\pi_1}{\partial p_2^2}=\dfrac{\partial^2\pi_2}{\partial p_1^2}=\tau$，根据一阶主子式$-2(1+\tau)<0$，二阶主子式 $\begin{vmatrix}-2(1+\tau) & \tau\\ \tau & -2(1+\tau)\end{vmatrix}>0$，可知由$\begin{cases}\dfrac{\partial\pi_1}{\partial p_2}=0\\ \dfrac{\partial\pi_2}{\partial p_1}=0\end{cases}$，得到 $p_1^{S1*}$ 和 $p_2^{S1*}$。将最优价格代入

需求函数和利润函数可得到两个平台的最大需求和最大利润。

至此，命题 4-2 得证。

命题 4-2 表明两个网约车平台的服务价格均随自己和对方的运营成本增加而增加。当网约车平台 1 自身运营成本较高时，需要较高的价格弥补运营费用而获得利润。当网约车平台 2 的运营成本较高时，其也会提高服务价格，但此时增加乘客对网约车平台 1 的服务需求，因此平台 1 可适当地提价以获得更多的利润。

根据命题 4-2 可推出两个网约车平台之间的利润差为 $\Delta\pi=\dfrac{(c_1-c_2)(1+2\tau)[c_1+c_2-2(1+\tau)]}{8+16\tau+6\tau^2}$。由此得到推论 4-1。

**推论 4-1** 情景 1 中网约车平台 1 与平台 2 的利润的比较结果如表 4-3 所示。

**表 4-3 情景 1 中网约车平台 1 与平台 2 的利润的比较结果**

| $\Delta c_{12}$ 的范围 | $C$ 的范围 | $\tau$的范围 | 利润比较 |
|---|---|---|---|
| $\Delta c_{12}>0$ | $C<2$ | — | $\Delta\pi<0$ |
| $\Delta c_{12}>0$ | $C\geqslant 2$ | $0\leqslant\tau<\frac{C-2}{2}$ | $\Delta\pi>0$ |
| $\Delta c_{12}>0$ | $C\geqslant 2$ | $\tau\geqslant\frac{C-2}{2}$ | $\Delta\pi<0$ |
| $\Delta c_{12}<0$ | $C<2$ | — | $\Delta\pi>0$ |
| $\Delta c_{12}<0$ | $C\geqslant 2$ | $0\leqslant\tau<\frac{C-2}{2}$ | $\Delta\pi<0$ |
| $\Delta c_{12}<0$ | $C\geqslant 2$ | $\tau\geqslant\frac{C-2}{2}$ | $\Delta\pi>0$ |

表 4-3 中 $C$ 为两个平台的运营成本之和，即 $C=c_1+c_2$。$\Delta c_{12}$ 表示两个平台运营成本的差值，即 $\Delta c_{12}=c_1-c_2$。若平台 1 运营成本高于平台 2，即 $\Delta c_{12}>0$，且两个平台的成本均较大，此时，网约车平台 1 的服务价格高于平台 2 的服务价格。若竞争强度处于较低水平 $\tau\in\left[0,\ \dfrac{(C-2)}{2}\right]$，两种服务的替代作用较低，平台 2 的需求较少因平台 1 的服务价格提高而增加。与此同时，虽然平台 2 运营成本低于

平台 1，但因其本身成本较高，服务价格相对低，由此可推出平台 1 的利润高于平台 2。由$\frac{dy}{d\tau}=\frac{-6\tau^2-12\tau-8}{4+8\tau+3\tau^2}<0$，其中$y=\frac{2c_1(1+\tau)}{4+8\tau+3\tau^2}$可知，平台 1 价格受运营成本的影响程度随竞争强度系数增加而降低，因此当竞争强度系数增加时，平台 1 的单位利润优势越来越不显著，同时平台 1 需求处于劣势，因此两种服务的利润差随竞争强度系数递减。在$\tau=\frac{(C-2)}{2}$时，两个平台获得相同的利润。这表明市场竞争越激烈，即使平台的运营成本均较高，但具有成本优势的平台能够获利越多。而当竞争较为平和时，处于成本劣势的平台反而更有利可图，这主要得益于其单位利润较高。

当网约车平台 1 的运营成本高于平台 2，且二者成本均较小时，具有成本优势的平台 2 能够获得更多的利润。这是因为平台 2 制定的价格较低，更多的乘客会选择平台 2 提供的网约车服务，单位利润和需求的综合作用使得平台 2 的利润高于平台 1 的利润。

### 4.3.2 情景 2 求解结果

本章假设网约车平台 1 为网约车服务市场的新进入者且为跟随者。而网约车平台 2 为市场中原有服务平台，即领导者。笔者采用逆向求解方法计算，得到命题 4-3。

**命题 4-3** （a）情景 2 中，网约车平台 1 和平台 2 的最优服务价格分别为：

$$p_1^{S2*}=\frac{4+2(7+c_2)\tau+(15+4c_2)\tau^2+(5+c_2)\tau^3+c_1(4+12\tau+11\tau^2+3\tau^3)}{4(1+\tau)(2+4\tau+\tau^2)}$$

和

$$p_2^{S2*}=\frac{(1+\tau)[2+(3+c_1)\tau]+c_2(2+4\tau+\tau^2)}{2(2+4\tau+\tau^2)};$$

（b）两个平台的需求分别为：

$$\lambda_1^{S2*}=\frac{4+2(7+c_2)\tau+(15+4c_2)\tau^2+(5+c_2)\tau^3-c_1(4+12\tau+9\tau^2+\tau^3)}{8(1+\tau)(2+4\tau+\tau^2)}$$

和

$$\lambda_2^{S2*}=\frac{(1+\tau)[2+(3+c_1)\tau]-c_2(2+4\tau+\tau^2)}{8(1+\tau)^2};$$

(c) 两个平台的利润分别为:

$$\pi_1^{S2*}=\frac{[4+2(7+c_2)\tau+(15+4c_2)\tau^2+(5+c_2)\tau^3-c_1(4+12\tau+9\tau^2+\tau^3)]^2}{32(1+\tau)^2(2+4\tau+\tau^2)^2}$$

和

$$\pi_2^{S2*}=\frac{\{(1+\tau)[2+(3+c_1)\tau]-c_2(2+4\tau+\tau^2)\}^2}{16(1+\tau)^2(2+4\tau+\tau^2)}。$$

**证明**: 首先已知网约车平台 2 的服务价格，求解网约车平台 1 利润最大化时的价格。根据一阶导条件得到 $p_1(p_2)=\frac{1+c_1+\tau+c_1\tau+p_2\tau}{2+2\tau}$。其次将 $p_1(p_2)$ 代入网约车平台 2 的利润函数中，根据一阶导条件推出 $p_2^{S2*}=\frac{(1+\tau)[2+(3+c_1)\tau]+c_2(2+4\tau+\tau^2)}{2(2+4\tau+\tau^2)}$。最后将网约车平台 2 的最优服务价格代入 $p_1(p_2)$，得到 $p_1^{S2*}$。将最优价格代入需求函数和利润函数可得到两个平台的最大需求和最大利润。

至此，命题 4-3 得证。

随着平台运营成本的增加，两个平台的服务价格均有所提高，但提高幅度不同。运营成本的增加对平台自身的提价作用强于对另一方的影响。平台 1 作为新进入者，价格对运营成本的变化更为灵敏，成本的提高较大地削减了需求，即 $\left|\frac{\partial\lambda_1^*}{\partial c_1}\right|$ 较大。与此同时，平台 1 运营成本的增加也会提高平台 2 的服务价格，但也增加了平台 2 的服务需求，因此平台 1 须尽量降低运营成本，获得成本优势。由此可得到推论 4-2。

**推论 4-2** 网约车平台运营成本对服务价格和需求的影响为:

$$\frac{\partial p_1^*}{\partial c_1}>\frac{\partial p_2^*}{\partial c_2}>\frac{\partial p_2^*}{\partial c_1}>\frac{\partial p_1^*}{\partial c_2}>0,\quad \left|\frac{\partial\lambda_1^*}{\partial c_1}\right|>\left|\frac{\partial\lambda_2^*}{\partial c_2}\right|>\frac{\partial\lambda_2^*}{\partial c_1}=\frac{\partial\lambda_1^*}{\partial c_2}。$$

### 4.3.3 情景 3 求解结果

此情景中，网约车平台 1 作为跟随者仅提供高端服务。平台 2 同时提供高端和低端两种网约车服务，低类型乘客对两种服务的估值并无差异，而高类型乘客对低端服务的估值较低。平台 2 作为网约车服务市场中的先进入者，通过开展多种服务进一步满足乘客异质性的服务需求。笔者采用逆向求解法，首先得到命题 4-4。

**命题 4-4** 已知网约车平台 2 的两种服务价格分别为 $p_{2H}^{S3}$ 和 $p_{2L}^{S3}$，网约车平台 1 的最优服务价格为 $p_1(p_{2H}^{S3},\ p_{2L}^{S3})=\dfrac{(1+\tau)(1+c_1)+\beta\tau p_{2H}^{S3}+(1-\beta)\tau p_{2L}^{S3}}{2+2\tau}$。

**证明：** 平台 1 利润关于服务价格的二阶导函数为 $\dfrac{d^2\pi_1}{dp_1^2}=-1<0$。因此根据一阶导条件 $\dfrac{d\pi_1}{dp_1}=\dfrac{(1+\tau)+c_1(1+\tau)+\beta\tau p_{2H}^{S3}+(1-\beta)\tau p_{2L}^{S3}-(2+2\tau)p_1}{2+2\tau}=0$，得到 $p_1(p_{2H}^{S3},\ p_{2L}^{S3})$。证毕。

网约车平台 1 的服务价格随平台 2 的两种服务价格的增加而增加。将平台 1 的服务价格代入平台 2 的利润函数中，与命题 4-2 和命题 4-3 类似，分别得到网约车平台 1 和平台 2 的最优服务价格，即：

$$p_1^{S3*}=\frac{4+c_1M+\tau K}{4(1+\tau)[2+\tau(4+\tau)]},$$

$$p_{2H}^{S3*}=\frac{(1+\tau)[2+(3+c_1)\tau+c_{2H}(2+4\tau+\tau^2)]}{2(2+4\tau+\tau^2)},$$

$$p_{2L}^{S3*}=\frac{(1+\tau)[2+(3+c_1)\tau+c_{2L}(2+4\tau+\tau^2)]}{2(2+4\tau+\tau^2)},$$

其中

$$M=(1+\tau)(2+\tau)(2+3\tau),$$

$$K=14+5\tau(3+\tau)+\beta(c_{2H}-c_{2L})[2+\tau(4+\tau)]+c_{2L}[2+\tau(4+\tau)]。$$

将最优价格分别代入需求和利润函数可得两个平台的最大需求和最优利润。

### 4.3.4 情景 4 求解结果

与情景 3 类似，网约车平台 2 作为领导者同时提供高端和低端两种类型的网约车服务，而不同于情景 3，网约车平台 1 作为跟随者仅提供低端服务。笔者采用逆向求解法，推出命题 4-5。

**命题 4-5** （a）情景 4 中，网约车平台 1 和平台 2（高端服务和低端服务）的最优服务价格分别为：

$$p_1^{S4*}=\frac{O_1+O_2\tau+O_3\tau^2+O_4\tau^3}{4(1+\tau)(2+4\tau+\tau^2)},$$

和

$$p_{2H}^{S4*}=\frac{K_1+K_2\ \tau+K_3\ \tau^2+K_4\ \tau^3}{2(1+\tau)(2+4\ \tau+\tau^2)},$$

$$p_{2L}^{S4*}=\frac{R_1+R_2\ \tau+R_3\ \tau^2+R_4\ \tau^3}{2(1+\tau)(2+4\ \tau+\tau^2)}。$$

(b) 两个平台的利润分别为：

$$\pi_1^{S4*}=\frac{[4-4c_1+4(2-\beta)g+J_1t+J_2t^2+J_3t^3]^2}{32(1+\tau)^2(2+4\ \tau+\tau^2)^2},$$

$$\pi_2^{S4*}=\frac{4\{(-1+c_3)^2+\beta[-2c_2+c_2^2-(-2+c_3)c_3]\}+Q_1t+Q_2t^2+Q_3t^3+Q_4t^4}{16(1+\tau)^2(2+4\ \tau+\tau^2)^2}。$$

**证明：**详见附录。

## 4.4 算例分析

### 4.4.1 情景 1

网约车平台 1 的利润与竞争强度系数的关系如图 4-4 所示。当网约车平台 1 的运营成本远小于平台 2 的运营成本时，如图 4-4（a）所示，网约车平台 1 的利润随竞争强度系数$\tau$递增。这时，网约车平台 1 具有成本优势，可制定相对低的价格。而竞争强度的增大扩大了两种服务竞争的市场份额，使网约车平台 1 可通过低价获取更多的市场需求。与此同时，服务价格随竞争强度系数的增加而增加$\left(\frac{\partial p_1^{S1*}}{\partial\tau}>0\right)$。当竞争越发激烈时，网约车平台 1 的价格会有所提高以增加利润。

当两个网约车平台的运营成本较为接近，即$|\Delta c_{12}|$较小时，网约车平台 1 的利润先随竞争强度系数递减，而后递增。这表明当竞争强度处于中等水平时，平台 1 获利最少。影响利润的因素包括运营成本、服务价格和竞争强度。当竞争强度处于较低水平时，需求随着竞争强度$\tau$递减，此时激烈的竞争将降低乘客对网约车平台 1 的需求。由于两个网约车平台的成本接近，网约车平台 1 已无成本优势，虽然服务价格随竞争强度$\tau$递增，但服务需求对利润的影响作用更为显著，因此服务需求与服务价格两方面的综合作用使网约车平台 1 利润降低。当竞争强

度处于较高水平时，服务需求对利润的降低作用低于服务价格对利润的增加作用，因此利润随竞争强度递增，如图 4-4（b）和（c）所示。当网约车平台 1 的运营成本远高于平台 2 时，网约车平台 1 的利润随竞争强度的增加而减少。此时与图 4-4（a）中的情况相反，较高的运营成本迫使网约车平台 1 制定更高的价格，相对而言，网约车平台 2 更具价格优势。这是因为服务竞争强度越高，网约车平台 1 的价格越高，导致更多的需求被削弱，同时受网约车平台 2 的低价影响，网约车平台 2 提供的服务对网约车平台 1 提供的服务的替代作用随竞争强度的增加而提高。因此竞争越激烈，网约车平台 1 的利润越低，如图 4-4（d）所示。由此可推出结论 4-1。

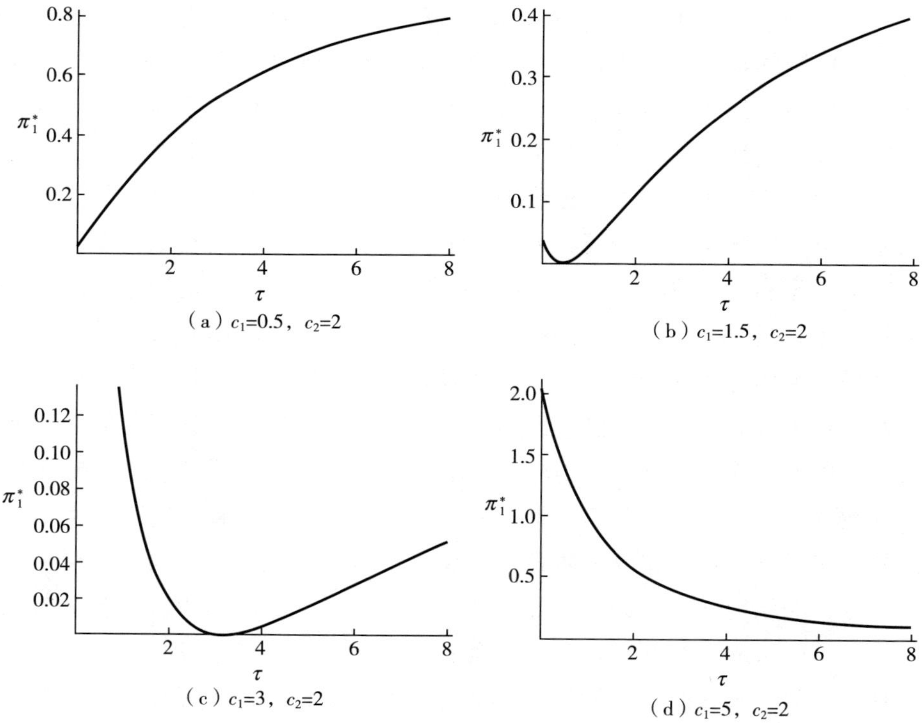


**图 4-4　网约车平台 1 的利润与竞争强度系数的关系**

**结论 4-1**　网约车平台利润与竞争强度系数的关系受两个平台运营成本的影响。

### 4.4.2 情景 2

由命题 4-3 可得，情景 2 中网约车平台 1 和平台 2 的利润与竞争强度系数之间的关系与情景 1 中二者的关系相似。平台 2 在两种决策顺序下的利润之差为：

$$\Delta\pi_2^* = \pi_2^{S2*} - \pi_2^{S1*} = \frac{\tau^4\{(1+\tau)[1+(3+c_1)\tau] - c_2(2+4\tau+\tau^2)\}^2}{16(1+\tau)^2(2+4\tau+\tau^2)(4+8\tau+3\tau^2)^2} > 0 \tag{4-3}$$

由式（4-3）可知，网约车平台 2 在情景 2 中获利更多，即其作为主导者可获得更多的利润，体现了先发优势。而网约车平台 1 在情景 1 与情景 2 中的利润差（$\Delta\pi_1^* = \pi_1^{S2*} - \pi_1^{S1*}$）受两个平台运营成本以及竞争强度系数的影响，如图 4-5 所示。当平台 1 的运营成本远低于平台 2 的运营成本时，$\Delta\pi_1^* < 0$，即情景 1 中网约车平台 1 获利更多，同时决策对平台 1 更为有利。此时平台 1 成本优势明显，但作为服务市场的新进入者，网约车平台 2 更为了解市场，并具有信息优势，因此削弱了平台 1 的低成本的优势。由推论 4-2 可知，网约车平台 1 的运营成本较高，需要提价来减少成本压力，但这也同时降低了乘客对其的需求，从而减少了其利润，因此当平台 1 的运营成本远超平台 2 时，仍为同时决策对平台 1 更为有利。当两个平台的运营成本较为接近时，$\Delta\pi_1^* > 0$。在情景 1 中，两个平台同时决策时，二者均处于开拓市场阶段。而在情景 2 中，当平台 1 作为跟随者时，由于两种服务的同质性较高，且二者的成本较为接近，平台 1 可借助平台 2 已开发的乘客群体开拓市场，因此其利润高于同时决策情景中的利润。当 $\Delta\pi_1^* < 0$ 时，已知网约车平台 1 的服务成本，随着竞争强度系数$\tau$的增加，$\Delta\pi_1^*$ 降低，即同时决策时优势越发显著。这表明竞争越激烈，网约车平台 1 作为跟随者越处于市场劣势地位。此时，网约车平台 1 选择进入市场并非明智之举，因为提高市场的竞争强度可作为网约车平台 2 阻挡竞争对手进入的策略。当市场竞争极为激烈时，平台 2 作为市场中现存服务提供商，其市场势力极强，为新的网约车平台设置了较高的进入壁垒，不利于其他平台的进入。

**结论 4-2** 情景 2 中，当网约车市场竞争极为激烈时，不利于新进入者在市场中存活。

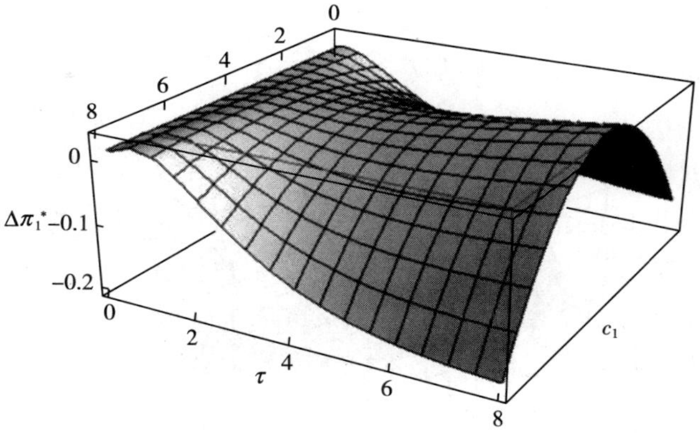


图 4-5 网约车平台 1 在情景 1 与情景 2 中的利润差（$c_2=4$）

### 4.4.3 情景 3

情景 3 中，网约车平台 1 的最优利润与竞争强度以及自身运营成本之间的关系如图 4-6 所示。若网约车服务市场竞争较为宽松，平台 1 的运营成本越高，其获利越多。一方面，由于平台 1 作为新进入者，其运营初期费用较高；另一方面，较高的运营成本表明其服务质量相对较高，服务价格也有所提升 $\left(\frac{\partial p_1^{S3*}}{\partial c_1}=\frac{(2+\tau)(2+3\tau)}{4[2+\tau(4+\tau)]}>0\right)$。较高的服务价格降低了新进入者对乘客的吸引力 $\left(\frac{\partial \lambda_1^{S3*}}{\partial c_1}=\frac{-4-12\tau-9\tau^2-\tau^3}{8(1+\tau)[2+\tau(4+\tau)]}<0\right)$，减少了乘客对其的服务需求。然而，当竞争强度较低时，网约车平台 1 进入市场所面临的竞争压力较低，平台 1 运营成本的增加对服务需求的降低作用弱于其对服务价格的增加作用，因此平台 1 的利润随运营成本递增。而当竞争较为激烈时，平台 1 作为新进入者面临巨大的竞争压力，此时，运营成本的增加所带来的提价使得服务需求降低，导致利润骤降。如果平台 1 的运营成本较低，具有一定的成本优势，那么在更为充分的竞争中，平台 1 有机会获得更多的市场份额，从而提高利润，即平台 1 的利润随竞争强度递增。与之相反，如果平台 1 的运营成本较高，作为市场中的新进入者，平台 1 的高价难以在激烈的竞争中吸引乘客，那么利润会随竞争强度递减。

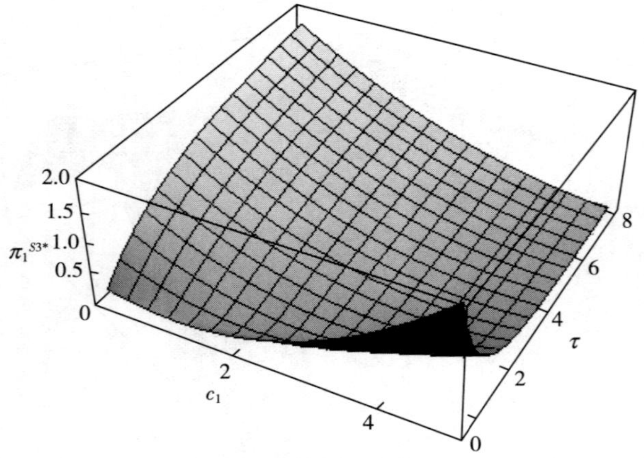


图 4-6　情景 3 中平台 1 的运营成本与市场竞争强度对其利润的影响

作为市场中的现有平台，网约车平台 2 面临潜在进入者的竞争威胁，其可通过拓展服务种类以获得更多的市场份额。需要注意的是，本章假设平台 2 首先提供高端服务，若想要服务多样化，则平台 2 需提供低端服务。如滴滴平台首先推出专车服务，在后续的发展中相继推出了快车、顺风车、拼车等低端网约车服务。平台 2 面临着决策是否实行服务多样化战略这一问题。令 $c_1=6$、$c_{2H}^{S3}=c_2^{S2}=4$、$g=0.8$、$\beta=0.5$，由图 4-7 可知，平台 2 是否采用服务多样化战略与开展低端服务的运营成本 $c_{2L}$ 以及竞争强度 $\tau$ 有关。若运营低端服务的成本 $c_{2L}$ 处于较低或处于中等水平，且竞争强度较低，此时的市场环境适于网约车平台 2 实行多样化服务。当竞争较为宽松时，新服务的引入适当增加了竞争强度，开拓低端服务市场，并且借助低端服务的成本优势，网约车平台 2 可获得更多的利润。然而，当竞争极为激烈时，平台 2 运营低端服务会进一步加剧竞争，对高端服务需求的影响较大，因此会降低平台 2 的服务利润。当竞争较为宽松时，平台 2 可借助自己的先发优势，开展单一服务。此时若平台 2 提供低端服务的成本较高，其单位获利能力较弱，将有损平台 2 的总利润，得不偿失。当竞争较为激烈时，平台 2 服务多样化会恶化竞争环境，不利于其发展。若竞争强度处于中等水平，平台 2 可通过运营低类型服务扩大市场覆盖率，同时增加竞争强度，提高潜在进入者的进入壁垒。此结果与现实中滴滴出行采取服务多样化策略相一致：在滴滴出行与快的打车的激烈竞争中，滴滴出行专注于专车服务。二者合并之后，滴滴出行在中国的网约车市场中处于主导位置，市场竞争强度有所降低，其先后推出了快车、顺风车、拼车等服务，采取服务多样化战略，覆盖更多的细分市场。基于以上分析，得到结论 4-3。

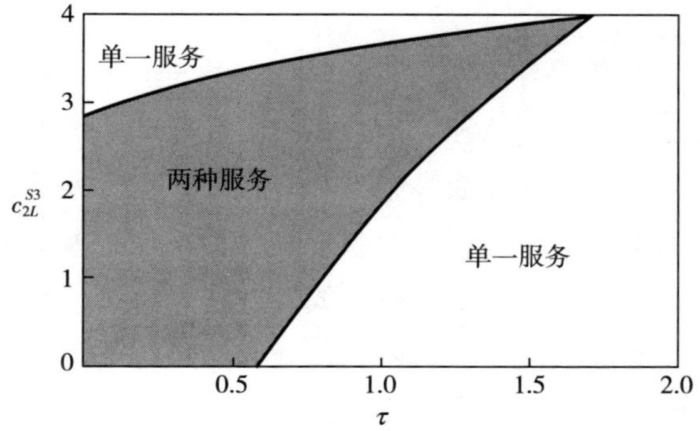


**图 4-7　网约车平台 2 服务多样化与低端服务成本以及竞争强度的关系**

**结论 4-3**　当运营低端服务成本处于较低或中等水平且竞争强度较低时，网约车平台 2 可采取服务多样化战略。

由于低端网约车服务的服务感知体验低于高端网约车服务，本章假设低端网约车服务的运营成本低于高端网约车服务的运营成本，即 $c_{2L}<c_{2H}$。笔者通过比较情景 3 与情景 2 中网约车平台 2 的服务需求，以此推出命题 4-6。

**命题 4-6**　（a）当竞争强度系数$\tau \in (0,\ 1+\sqrt{3})$时，情景 3 中网约车平台 2 的服务需求高于情景 2 中网约车平台 2 的服务需求；当$\tau \geqslant 1+\sqrt{3}$时，情景 2 中网约车平台 2 的服务需求高于情景 3 中网约车平台 2 的服务需求。

（b）网约车平台 1 在情景 3 中的服务需求低于情景 2 中的服务需求。

**证明：** 由命题 4-3 可知，情景 2 中网约车平台 2 的需求为 $\lambda_2^{S2*}=\dfrac{(1+\tau)[2+(3+c_1)\tau]-c_{2H}(2+4\tau+\tau^2)}{8(1+\tau)^2}$，而情景 3 中网约车平台 2 的需求为 $\lambda_2^{S3*}=\dfrac{(1+\tau)[2+(3+c_1-2c_{2H})\tau]+\beta(c_{2H}-c_{2L})(-2-2\tau+\tau^2)+c_{2L}(-2-2\tau+\tau^2)}{8(1+\tau)^2}$。由此可得

$$\Delta\lambda=\lambda_2^{S3*}-\lambda_2^{S2*}=\frac{(1-\beta)(c_{2L}-c_{2H})(-2-2\tau+\tau^2)}{8(1+\tau)^2}。$$

由于 $1-\beta>0$，$c_{2L}<c_{2H}$，因此，当$\tau \in (0,\ 1+\sqrt{3})$时，$\lambda_2^{S3*}-\lambda_2^{S2*}>0$；当$\tau \geqslant 1+\sqrt{3}$时，

$\lambda_2^{S3*}-\lambda_2^{S2*}\leqslant 0$。

比较两种情景下网约车平台 1 的需求可得 $\lambda_1^{S2*}-\lambda_1^{S3*}=\frac{(1-\beta)(c_{2H}-c_{2L})\tau}{4(1+\tau)}>0$。证毕。

命题 4-6 表明，当竞争环境较为宽松时，网约车服务市场中的原有平台可开展多种服务，从而满足高、低两种类型乘客的出行需求。这不仅提高了平台的竞争力，还拓展了其原有的市场份额。但当竞争较为激烈时，平台推出的多样化服务之间存在竞争，加剧了竞争强度，因此乘客对其服务需求低于提供单一服务时的相应值。与此同时，与竞争强度低时，低类型乘客越多，平台 2 在两种情景下的需求差异越大，即服务多样化更为有利。低类型乘客更关注于服务价格，在情景 2 中，低类型乘客由于价格较高不会选择平台 2 提供的网约车服务；而在情景 3 中，低端网约车服务能为其提供低价且便捷的出行服务，低类型乘客的加入增加了平台 2 的市场份额。因此，当低类型乘客比例越大时，两种情景下的服务需求差异越大。而当市场竞争激烈时，低类型乘客比例的增大，使平台 2 的服务互相厮杀，形展多样化服务弊大于利。因此，在情景 2 中平台 2 的需求更大，如图 4-8（a）所示。由图 4-8（b）可知，平台 2 的高端服务运营成本越低，两种情景下的需求差异越小。这是因为网约车平台 2 提供两种服务体验有所差异的网约车服务，其运营成本不同。若高端服务的成本接近低端服务的成本，两种情景下需求受运营成本的增加而降低的程度相似。

网约车服务市场中先进入者开展多样化服务，全方位满足不同类型乘客出行的需求，因此，增加了新进入者的竞争压力。如神州专车、曹操专车等，均以专车类服务与滴滴出行展开竞争，但其市场份额相对较小。并且，滴滴出行多样化的服务提高了新进入者的进入门槛，降低了乘客对其竞争对手的服务需求。

**命题 4-7**　（a）存在 $\tilde{c}_{2H}=\frac{2+(5+c_1)\tau+(3+c_1-\beta c_{2L})\tau^2}{2+4\tau+(1-\beta)\tau^2}$，当网约车平台 2 提供高端服务的运营成本为 $c_{2H}=\tilde{c}_{2H}$ 时，$\lambda_{2H}^{S3}=\lambda_2^{S2}$；当 $c_{2H}>\tilde{c}_{2H}$ 时，$\lambda_{2H}^{S3}>\lambda_2^{S2}$；当 $c_{2H}<\tilde{c}_{2H}$ 时，$\lambda_{2H}^{S3}<\lambda_2^{S2}$；

（b）存在 $\tilde{c}_1=\frac{8+2A_1\tau+A_2\tau^2+A_3\tau^3}{2(4+12\tau+9\tau^2+\tau^3)}$，当网约车平台 1 的运营成本为 $c_1=\tilde{c}_1$ 时，$\pi_1^{S3}=\pi_1^{S2}$；当 $c_1<\tilde{c}_1$ 时，$\pi_1^{S3}<\pi_1^{S2}$；当 $c_1>\tilde{c}_1$ 时，$\pi_1^{S3}>\pi_1^{S2}$。

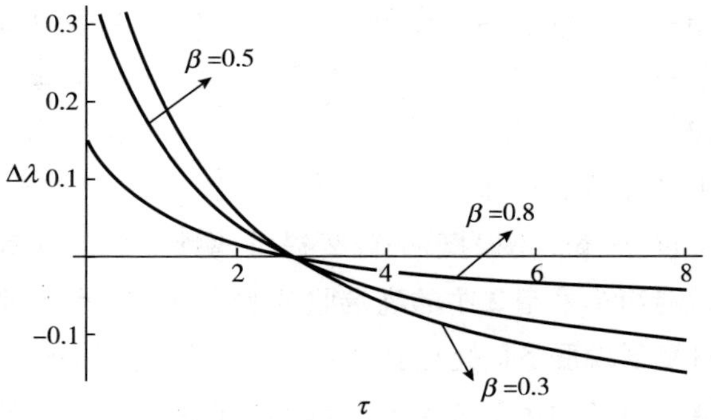


（a）β处于不同水平（$c_2$=5，$c_3$=2）

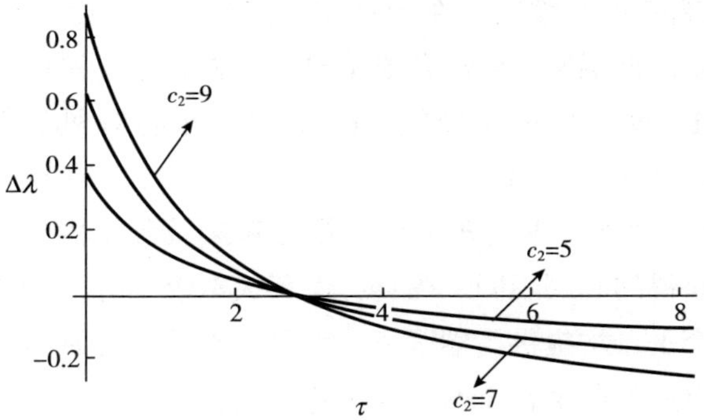


（b）$c_2$处于不同水平（β=0.5，$c_3$=2）

**图 4-8　网约车平台 2 在情景 2 和情景 3 中的需求差值随参数变化的情况**

**证明：**情景 3 中网约车平台的高端服务的需求为 $\lambda_{2H}^{S3*}=\frac{\beta\{2+(5+c_1)\tau+(3+c_1+c_{2L}-\beta c_{2L})+c_{2H}[-2-4\tau+(-2+\beta)\tau^2]\}}{8(1+\tau)^2}$，而情景 2 中网约车平台 2 的服务需求为 $\lambda_2^{S2*}=\frac{(1+\tau)[2+(3+c_1)\tau]-c_2(2+4\tau+\tau^2)}{8(1+\tau)^2}$。两情景中需求差值为 $\lambda_{2H}^{S3*}-\lambda_2^{S2*}=\frac{-(1-\beta)\{2+(5+c_1)\tau+(3+c_1-\beta c_{2L})\tau^2-[2+4\tau+(1-\beta)\tau^2]c_{2H}\}}{8(1+\tau)^2}$，由此得到当 $c_{2H}\geqslant\frac{2+(5+c_1)\tau+(3+c_1-\beta c_{2L})\tau^2}{2+4\tau+(1-\beta)\tau^2}$时，$\lambda_{2H}^{S3*}-\lambda_2^{S2*}\geqslant 0$。

根据两种情景下网约车服务平台 1 的利润，可得平台 1 的利润差值为 $\pi_1^{S3*}-\pi_1^{S2*}=2(4+12\tau+9\tau^2+\tau^3)c_1-(8+2A_1\tau+A_2\tau^2+A_3\tau^3)$，其中，$A_1=14+c_{2H}+\beta c_{2H}+$

$(1-\beta)c_{2L}$，$A_2=30+4(1+\beta)c_{2H}+4c_{2L}(1-\beta)$，$A_3=10+c_{2H}+\beta c_{2H}+c_{2L}(1-\beta)$。由此推出，当 $c_1>\frac{8+2A_1\tau+A_2\tau^2+A_3\tau^3}{2(4+12\tau+9\tau^2+\tau^3)}$时，$\pi_1^{S3*}>\pi_1^{S2*}$。

至此，命题 4-7 得证。

由命题 4-7（a）可知，网约车平台 2 提供两种类型的服务与平台 1 提供的高端服务竞争时，网约车平台 2 中的高端服务的需求不仅受到平台 1 的运营成本的影响，也受到自身低端服务的运营成本的影响。网约车平台 2 的高端服务的运营成本越高，与低端服务的运营成本差距越大时，两种服务异质性程度越高，情景 3 中高端服务运营成本对服务需求的影响低于情景 2 中的相应值。因此当 $c_{2H}>\tilde{c}_{2H}$ 时，网约车平台 2 的高端服务在情景 3 中需求更多。而当高端服务的运营成本较低，即较为接近低端服务的运营成本时，两种服务差异化并不显著，在情景 3 中低端服务将抢占高端服务的市场份额，因此，乘客对网约车平台 2 的高端服务的需求会降低。

命题 4-7（b）表明，网约车平台 1 作为新进入者面临与情景 2 不同的市场环境，因此，其获得的利润不同。当自身运营成本较低时，情景 2 中平台 1 获利更多。此时，两个平台均提供高端服务，而平台 1 的运营成本较低，可采取低价策略吸引乘客，以此削弱平台 2 的先发优势。但在情景 3 中，平台 2 提供多种服务，低端服务虽然感知体验低，但低类型乘客对此不敏感，因此即使平台 1 运营成本较低，也无法低于低端服务的运营成本，平台 1 失去了价格优势，最终使情景 3 中平台 1 的利润低于情景 2 中的相应值。由于网约车平台 2 的服务价格随平台 1 的运营成本递增，平台 1 运营成本较高意味着平台 1 与平台 2 中高端服务的差异化程度高，平台 1 可找到属于自己的细分市场，获利更多。如神州专车利用专业化司机运营网约车平台，其运营成本虽然高于滴滴出行，但专人专车的形式提供了更为高质量的服务，使得神州专车在网约车服务市场中保有一席之地。

### 4.4.4 情景 4

笔者令 $\beta=0.5$、$c_{2H}^{S4}=c_{2H}^{S3}=4$、$c_{2L}^{S4}=c_{2L}^{S3}=1$、$g=0.8$，通过比较网约车平台 1 在情景 3 与情景 4 中的利润，以此探究网约车平台 1 服务类型的选择决策。网约车平台 1 在情景 3 与情景 4 中的利润差为 $\Delta\pi=\pi_1^{S3}-\pi_1^{S4}$。首先考虑一种特殊情况：网约车平台 1 在情景 3 与情景 4 中的运营成本相同，即 $c_1^{S4}=c_1^{S3}$，利润差值与平台的运营成本以及竞争强度系数的关系如图 4-9 所示。

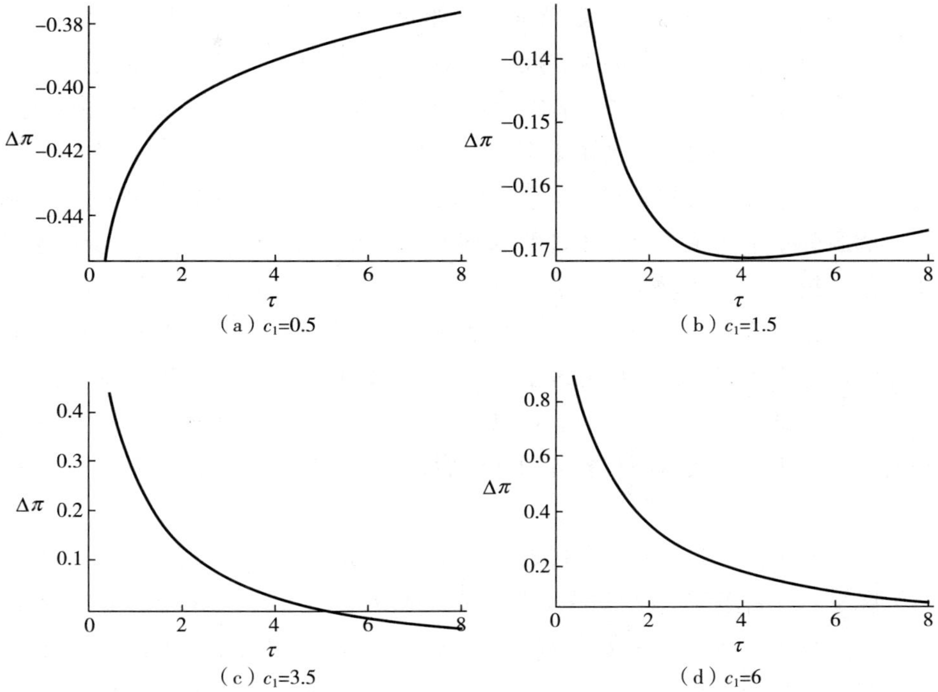


**图 4-9　网约车平台 1 在情景 3 与情景 4 中的利润差与竞争强度系数的关系（$c_1^{S4}=c_1^{S3}$）**

若网约车平台 1 的运营成本低于平台 2 的低端服务的运营成本，如图 4-9（a）所示，此时低端网约车服务是平台 1 进入网约车服务市场的最佳选择。较低的运营成本难以保证实现较高的服务水平，因此平台 1 若提供高端服务，与平台 2 的同类型服务展开竞争，并不具有竞争优势。但网约车平台 1 提供与运营成本相适宜的服务水平的服务，却能够充分利用成本优势，这不失为一种最优策略。与此同时，网约车平台在两种情景下的利润差距$|\Delta\pi|$随竞争强度$\tau$递减。此结果表明竞争越激烈，平台 1 选择低端服务进入市场的优势越小。当市场竞争较为激烈时，平台 1 应选择高端服务作为进入市场的突破口，其与平台 2 所提供的两种服务展开竞争。因为若平台 1 选择运营低端服务，将与平台 2 的低端服务竞争，一旦市场竞争强度提升，低端服务的生存空间会急剧降低，会削弱平台 1 提供低端服务的获利能力。

当网约车平台 1 的运营成本处于平台 2 的两种服务的运营成本之间并较为接

近平台 2 的低端服务的运营成本时，仍为平台 1 运营低端服务较为有利，如图 4-9（b）所示。虽然平台 1 的运营成本较图 4-9（a）中的有所提高，但仍低于平台 2 中高类型服务的运营成本，此时，平台 1 依然具有一定的成本优势。平台 1 在此情景下的利润差距 $|\Delta\pi|$ 与竞争强度呈非单调关系，即先随竞争强度递增而后递减。高素质的司机、高端车型和较快的需求响应速度均增加了服务运营成本，因此本章假设较高的运营成本意味着较高的服务水平。由此推出平台 1 所提供服务的服务水平低于平台 2 中的高端服务，但高于平台 2 所提供的低端服务。当竞争强度较低时，平台 1 的网约车服务与平台 2 的高端服务具有一定的差异性，同时，其可抢占较多的平台 2 低端服务的市场份额，因此可获利更多。若平台 1 此时运营高端服务，其服务水平难以保证，即使在竞争环境较为宽松的情况下，由于其自身竞争力较弱，故而难以获得较高的利润。与之相反，当市场竞争激烈时，平台 1 选择运营高端服务的获利能力增强但仍低于运营低端服务的获利能力。

当网约车平台 1 的运营成本接近平台 2 中高端服务的运营成本时，在竞争激烈的情况下，平台 1 应选择低端服务，如图 4-9（c）所示。在较为宽松的竞争环境下，平台 1 可通过提供高质量的服务树立良好的品牌形象，迅速获得市场中的一席之地，并且平台 1 开展高端网约车服务具有成本优势。同时，高端网约车服务价格往往较高，因此结合成本优势，平台 1 应选择运营高端服务。若平台 1 运营低端服务，即使竞争环境宽松，但与平台 2 仍更多地竞争低类型乘客这部分市场份额，在一定程度上加剧了竞争强度。当两平台竞争激烈时，平台 1 的服务运营成本远高于平台 2 中低端服务的运营成本，相较于平台 2 中的两种服务，平台 1 在服务质量与运营成本均处于劣势。虽然高端服务能够以高价获取更多的利润，但由于市场竞争过于激烈，高服务市场准入壁垒较高，因此平台 1 提供低端服务与平台 2 中的低类型服务竞争，对其开拓低端服务市场更为有利。

由图 4-9（d）可知，当网约车平台 1 的运营成本远高于平台 2 中高端服务的运营成本时，平台 1 将选择高端服务。这与实际中，神州专车通过开展运营成本更高的专人专车服务相一致。提供质量更高的服务，可通过高服务水平赢得高类型乘客的青睐，并通过高价获得更多的利润。因此，若进入者的运营成本较高时，高端服务为其最佳选择。

若网约车平台 1 在情景 3 与情景 4 中的服务运营成本不同，令 $c_{2H}^{S4}=c_{2H}^{S3}=4$、$c_{2L}^{S4}=c_{2L}^{S3}=1$、$g=0.8$、$c_1^{S4}=2$、$\beta=0.5$，两种情景中平台 1 利润差值不仅与竞争强

度$\tau$有关，还受平台 1 开展两种类型服务的运营成本的影响。图 4-10 展示了平台 1 在情景 3 与情景 4 中运营成本以及竞争强度对网约车平台 1 的服务类型选择的影响。

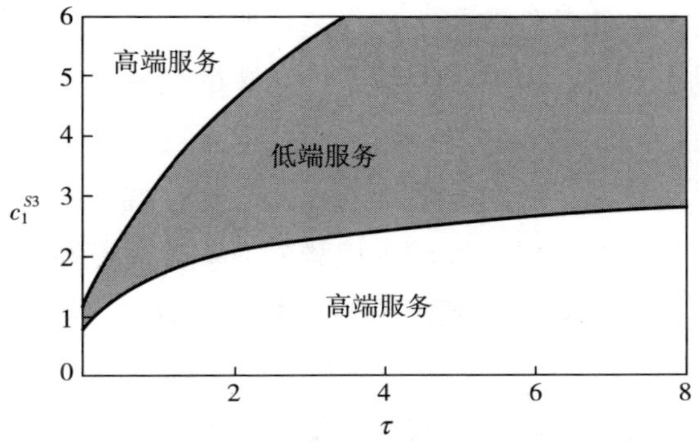


**图 4-10 情景 3 和情景 4 中运营成本及竞争强度对网约车平台 1 的服务类型选择的影响**

由图 4-10 可知，当网约车平台 1 提供高端服务的成本足够低时，此时运营高端服务是其的最佳选择。平台 1 提供高端服务具有成本优势，同时可与市场原有平台的高端与低端两种服务展开竞争，更可能抢占较多的市场份额，如曹操专车，其为吉利集团运营的网约车公司，车辆来源于集团内部，因此其运营高端专车服务的成本较低，所以曹操专车以高端服务进入网约车市场。

当网约车平台 1 运营高端服务的成本较高时，当且仅当市场竞争较为宽松时，平台 1 应选择运营高端服务。由于竞争压力低，可以在一定程度上缓解平台 1 高端服务的成本劣势，同时可与平台 2 的高端与低端两种服务展开竞争，尽可能吸引更多的乘客。若平台 1 采用低端服务，其只能与平台 2 中的低端服务竞争，此时竞争的市场份额缩小。然而，当竞争较激烈时，平台 1 的最优策略为运营低端服务，其可充分利用低端服务的成本优势：即使可竞争的市场份额小，但低成本可提高单位获利能力。若平台 1 运营高端服务，在激烈的竞争中，平台 2 具有先发优势以及成本优势，因此平台 1 的获利能力会被削弱。同时，由于平台 1 专注于一种服务，其服务质量可以得到充分的保障，避免多样化服务可能带来的差评对同一平台其他服务的影响，因此当竞争十分激烈时，平台 1 偏好低端服务，如来回拼车，其进入网约车服务市场时，竞争已经十分激烈，当时滴滴出行市场份额极大，运营高端服务需较好的车型及专业的司机等以确保服务质量，这对于来回拼车这类平台企业来说，成本极高，因此其选择拼车业务是明智之举。

当网约车平台 1 运营高端服务的成本处于中等偏低的水平时，若市场竞争较为激烈，选择高端服务可使平台 1 获利更多。鉴于成本优势和可竞争的市场份额较大等因素，平台 1 在此条件倾向于选择高端服务。若竞争环境较为宽松，即使运营高端服务的成本较低，但鉴于网约车平台 2 的先发优势，平台 1 应选择提供低端服务，利用更低的成本和差异化服务来获取更高的利润。如嘀嗒拼车进入网约车服务市场的时间较早，彼时竞争尚未如此激烈，嘀嗒拼车选择运营低服务水平的拼车业务，这一方面可以发挥成本优势，另一方面可与滴滴的专车、顺风车等服务形成差异化，以此立足于新的细分市场，从而获利更多。基于以上分析，推出结论 4-4。

**结论 4-4** 若网约车平台 1 运营高端服务的成本较高而市场竞争较为宽松，或运营成本较低时，平台 1 将选择开展高端服务。

## 本章小结

网约车服务市场中往往存在多个同质化平台的竞争，如滴滴出行与快的出行、Uber 与 Lyft 等。与此同时，市场中处于领导地位的平台如滴滴出行与 Uber 最初以高端的专车服务为主，后续相继推出了快车、顺风车、UberX 服务等。鉴于此，本章采用 Salop 模型刻画了两个网约车平台竞争的情景，并根据两个平台的决策顺序、服务多样化程度以及服务类型划分为四种情景，探讨在竞争的市场环境下，两个网约车平台的服务定价策略、市场领导者服务多样化策略以及市场跟随者的服务类型选择策略。通过算例分析，本章着重分析了运营成本以及竞争强度对网约车平台选择以上三种策略的影响。

# 5 考虑等待时间的网约车与出租车的均衡定价研究

第 3 章与第 4 章主要探讨了网约车服务在单平台垄断以及多平台竞争情景下的网约车服务的定价问题。而实践中，网约车服务的出现对出租车服务的冲击极大，网约车服务与出租车服务的竞争不容小觑。本章采用等待时间刻画影响出行服务市场需求的服务质量，考虑网约车服务质量高于或低于出租车服务质量的两种情景，探讨两种服务共存的条件及均衡定价策略，目的是在两种服务竞争的环境下为平台的定价决策提供参考，同时，为网约车服务的监管提供理论支撑。

## 5.1 问题描述

网约车服务借助于信息技术为乘客匹配上车地点附近的车辆，缩短乘客的等待时间。而等待时间在出行服务中作为衡量服务质量的重要指标，较长的等待时间会降低乘客的服务体验。[144,149] 因此，本章以等待时间刻画服务质量。网约车服务往往在降低乘客等待时间方面优于传统的出租车服务，因此深受乘客的喜爱。这也使出租车服务面临严峻的挑战。鉴于此，本章考虑在出租车服务与网约车服务竞争的市场中，两种服务的质量具有异质性。通常情况下，网约车服务具有信息技术优势可较快响应服务需求，但有时由于网约车平台中服务供给较少，虽然利用网约车 App 能够打到车，但等待时间可能超过直接使用出租车服务的等待时间。因此本章考虑网约车服务质量高于或低于出租车服务质量的两种情景。网约车服务作为一种典型的平台经济模式，具有双边市场的特性，即网络外部性。因此，本章中服务需求不仅受服务价格与服务质量的影响，还受到网络外部性的影响。网约车服务作为一种新兴的出行服务，本章将其视为跟随着，将出租车服务作为领导者，以探讨两种服务均衡定价策略以及共存的条件。

本章所用符号以及含义如表 5-1 所示。

**表 5-1　符号说明**

| 符号 | 含义 |
|---|---|
| $q_T$ | 出租车服务质量 |
| $q_R$ | 网约车服务质量 |
| $t$ | 服务等待时间 |
| $\phi$ | 乘客对出行服务的服务估值 |
| $n_T$ | 选择出租车服务的乘客数量 |
| $n_R$ | 选择网约车服务的乘客数量 |
| $p_T$ | 出租车服务价格 |
| $p_R$ | 网约车服务价格 |
| $\alpha$ | 总网络外部性 |

## 5.2　基础模型

若乘客在路边“扬招”便能立刻打到出租车，那么其等待时间为 0，但通常情况下乘客需等待一段时间才能遇到空车，并且何时以及能否打到车存在不确定性。而乘客使用网约车服务时，在下订单后，平台进行订单指派，将订单分配给离乘客较近的司机。虽然网约车服务往往不能实现乘客立刻上车，但能确保乘客打到车，降低了乘客获得服务的不确定性。与此同时，实证研究表明网约车服务通常比出租车服务更为便利，服务质量更高。[21] 因此，本章假设等待时间为 0 时，网约车的服务质量高于出租车的服务质量，即 $q_{R0}>q_{T0}$。乘客在等待时，会产生焦虑等情绪，而焦虑情绪会影响到服务体验感知。[154] 本章假设出租车服务质量随等待时间的增加而线性递减。当服务等待时间为 $t$ 时，出租车服务质量为

$q_T(t)=q_{T0}-\eta_2 t$，其中 $\eta_2$ 表示等待时间降低服务质量的程度。不同于出租车服务质量的计算形式，本章利用分段函数刻画网约车服务质量随等待时间的变化情况。当服务等待时间为 $t$ 时，网约车服务质量为：

$$q_R(t)=\begin{cases} q_{R0}-\eta_1 t, & t\leqslant \bar{t} \\ q_{R0}-\eta_1 \bar{t}-\eta_3(t-\bar{t}), & t>\bar{t} \end{cases}$$

其中 $\bar{t}$ 为出租车服务的平均等待时间。在出租车服务与网约车服务竞争的市场中，乘客会比较网约车服务等待时间与出租车服务等待时间，并将出租车服务的平均等待时间作为参照。当网约车服务等待时间短于出租车服务的平均等待时间时，网约车司机接单证明已打到车，从而降低了乘客能否打到车的不确定性，此时网约车服务等待时间对服务质量的降低作用弱于出租车服务，即 $\eta_2>\eta_1>0$。当网约车服务等待时间长于出租车服务的平均等待时间时，由于乘客在网约车司机接单后超出一定时间取消订单需付费，即使附近出现出租车，也不得不等待网约车的到达，此种现象加剧了因等待服务时间长而降低服务质量的程度。因此，本章假设一旦网约车服务等待时间长于出租车服务的平均等待时间，网约车服务质量骤降，即 $\eta_3>\eta_2$。两种服务的服务质量与等待时间的关系如图 5-1 所示。需要注意的是，本章假设虽然有时候网约车需等待一定的时间，但乘客肯定能够打到车，而不考虑由于服务供给极为短缺或服务需求极大时，乘客无法打到车的情景。

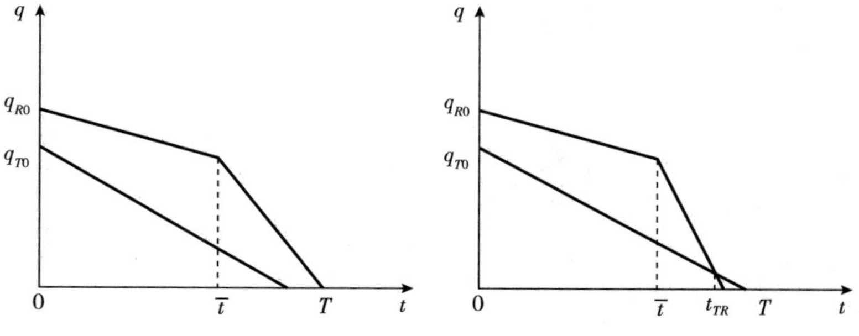


（a）$q_R(t)>q_T(t)$　　（b）$q_R(t)\geqslant q_T(t)$ 或 $q_R(t)<q_T(t)$

**图 5-1　服务质量与等待时间的关系**

若网约车服务的初始服务质量远高于出租车服务，或过长等待时间削弱网约车服务质量的作用甚微，那么在相同的等待时间下，网约车的服务质量总是优于出租车服务，如图 5-1（a）所示。若两种服务的初始服务质量差距较小，乘客对网约车服务质量期望较高，一旦等待时间超过出租车服务的平均等待时间，网约车服务的服务质量骤降，则会出现如图 5-1（b）所示的情景。两种服务的服务质量在等待时间 $t_{TR}$ 处相交。若二者等待时间相同且等待时间超过 $t_{TR}$，则出租车的服务质量更胜一筹。

图 5-1（a）中实现相同的服务质量需出租车服务提供更短的等待时间，对出租车服务的快速响应要求更高。鉴于两种服务的等待时间不同，服务质量不同，并且出租车服务已存在于市场中，无特殊的路况等情况下，其平均等待时间可估算，即可得到出租车服务的平均服务质量，$q_T(\bar{t})=q_{T0}-\eta_2\bar{t}$，因此本章利用出租车服务平均等待时间衡量出租车服务质量。而网约车服务作为新进入者，服务质量的实际情况不确定，因此本章主要探讨网约车服务等待时间对服务质量的作用如何影响两种服务的定价策略。本章中两种服务竞争时服务质量间关系如图 5-2 所示。当网约车服务等待时间长于出租车服务平均等待时间时，等待时间对服务质量的降低作用显著增强，但仍高于出租车服务质量；但当网约车服务等待时间长于 $t_{TR}$ 时，出租车服务质量高于网约车服务质量。两种服务的服务质量相同时的等待时间为 $t_{TR}=\dfrac{\Delta q+\Delta\eta\bar{t}}{\eta_3}+\bar{t}$，其中，$\Delta q=q_{R0}-q_{T0}>0$，$\Delta\eta=\eta_2-\eta_1>0$。

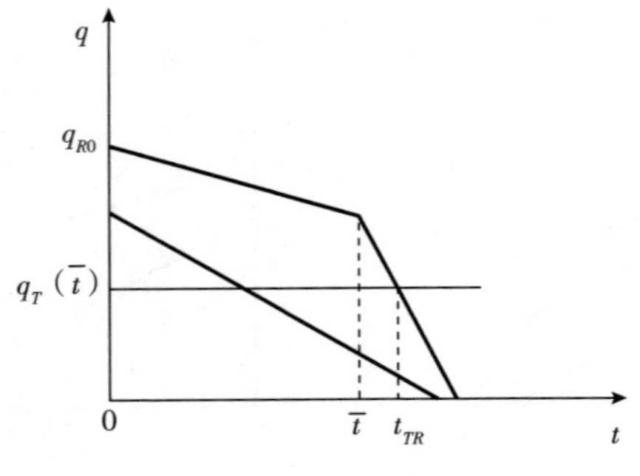


**图 5-2　网约车服务与出租车服务的服务质量之间的关系**

在现实中，乘客具有异质性，表现为不同类型的乘客对出行服务的服务估值 $\phi$ 不同，本章假设 $\phi\sim U(\tilde{\phi},1)$。$\tilde{\phi}$ 表示支付意愿最少的乘客类型，假设此值为两种服务与外部选择的效用无差异时乘客的服务估值，两种服务竞争市场的总需求为 $1-\tilde{\phi}$。借鉴传统出租车服务的研究等，[143] 本章假设某一时间段内某一地理区域内乘客的出行距离相同，均为 L，则可利用此行程的总费用作为出行服务的服务价格。

双边市场存在网络外部性问题。Katz 和 Shapiro 对网络外部性进行了较为正式的定义：随着使用同一产品或服务的用户数量的变化，每个用户从消费此产品或服务中所获得的效用的变化。[155] 网络外部性广泛存在于电信、航空等领域，是传统经济学中的外部性在网络系统中的表现。Lin 和 Wu 探讨了分享经济平台中服务使用者之间的网约外部性问题。[156] 与之类似，本章也考虑网络外部性对乘客总效用的影响。越来越多的乘客使用网约车服务，使更多自雇用形式的司机加入平台，即增加了服务供给，降低了服务等待时间，因此提高了服务质量，增加了乘客效用。然而，当服务供给较为稳定时，较多的乘客同时使用网约车服务，存在竞争效应，增加单位乘客的网约车服务的等待时间，降低了网约车服务质量。因此，网约车使用者之间存在正负两种网络外部性，$e_R(n_R)$ 表示网约车服务的总网络外部性，即 $e_R(n_R)=e_{co}(n_R)-e_c(n_R)=\alpha n_R$，其中 $\alpha=\alpha_2-\alpha_1$。令 $e_c(n_R)$ 表示由乘客之间竞争获得服务而带来的负的网络外部性，$e_{co}(n_R)$ 表示正的网络外部性。与以往网络外部性的研究类似，[156,157] 本章假设两种网络外部性均与乘客数目呈线性关系，即 $e_c(n_R)=\alpha_1 n_R$，$e_{co}(n_R)=\alpha_2 n_R$，其中，$\alpha_1>0$，$\alpha_2>0$。同样，对选择出租车服务的乘客的效用也考虑网络外部性。出租车服务的总网络外部性为 $e_T(n_T)=\alpha n_T$。本章假设出租车服务与网约车服务的网络外部性系数相同。需注意的是，由于两种网络外部性作用的强弱程度不确定，因此无法明确 $\alpha$ 的正负性。$\alpha>0$ 表明增加一名乘客带来的乘客效用增加，而 $\alpha<0$ 意味着增加一名乘客降低了乘客效用。

$\phi$ 类型乘客使用网约车服务和出租车服务的效用分别为：

$$U_R=\phi q_R(t)-p_R+\alpha n_R$$

和

$$U_T=\phi q_T(\tilde{t})-p_T+\alpha n_T$$

其中，$p_R$ 和 $p_T$ 分别表示网约车服务价格和出租车服务价格。

为实现自身的利润最大化，网约车平台和出租车公司均逐利。实际中，出租车服务价格已由政府制定，出租车公司并无定价权。但与 Yang 等[100] 类似，本章假设当新竞争者进入市场时，出租车服务受到冲击，其会调整服务价格以适应竞争环境。同时，与 Kim 和 Hwang 假设出租车服务可以自行定价相似，本章假设出租车服务可决定服务价格。[152] 而网约车服务价格由平台制定。此时，网约车服务与出租车服务形成价格竞争。出租车服务具有市场主导地位，因此两种服务为斯塔克尔伯格博弈，其中领导者为出租车服务，而网约车服务作为市场的新进入者，视其为跟随者。

与 Wang 等[132] 类似，本章关注两种服务的收益。由于网约车服务中的服务提供者为私家车主，其承担行程中的油费等运营费用，并且存在规模效应，网约车服务平台的单位乘客的运营成本可近似为 0，因此网约车服务利润即收益为 $\pi_R = p_R n_R$。与此类似，由于出租车服务运营成本主要为燃油费，而燃油费的降低往往受国家政策的影响，因此本章关注出租车服务利润即收益为$\pi_T = p_T n_T$。

## 5.3 模型求解

由于网约车服务与出租车服务竞争形成斯塔克尔伯格博弈，所以采用逆向求解的方法求解。首先计算跟随者即网约车服务的最优价格，然后计算出租车服务的最优价格。

设 $\bar{\phi}$ 为乘客选择两种服务的无差异点，即此种类型的乘客选择出租车服务或网约车服务的效用相同，$U_R(\bar{\phi}) = U_T(\bar{\phi})$。具有较高服务质量的服务需求为 $1-\bar{\phi}$，而较低服务质量的服务需求为 $\bar{\phi}-\tilde{\phi}$。由图 5-2 可知，两种服务的服务质量高低状态不确定，存在以下两种情景：情景 1[$q_T(\bar{t}) \leqslant q_R(t)$]和情景 2[$q_T(\bar{t}) > q_R(t)$]。

### 5.3.1 网约车服务质量高于出租车服务质量的情景

当网约车服务的等待时间低于 $t_{TR}$ 时，网约车的服务质量优于出租车的服务质量。因此，网约车服务需求为 $1-\tilde{\phi}$，即 $n_R = 1-\bar{\phi}$，相应的出租车服务需求为 $n_T = \bar{\phi}-\tilde{\phi}$。由 $\bar{\phi} q_R(t) - p_R + \alpha n_R = \bar{\phi} q_T(\tilde{t}) - p_T + \alpha n_T$ 可得 $\bar{\phi} = \dfrac{p_R - p_T - \alpha(1+\tilde{\phi})}{q_R - q_T - 2\alpha}$。因此，网约车服务的需求为 $1-\dfrac{p_R - p_T - \alpha(1+\tilde{\phi})}{q_R - q_T - 2\alpha}$。

**命题 5-1** 当网约车服务质量优于出租车服务时，给定出租车服务价格，网约车服务的最优价格为 $p_R(p_T)=\dfrac{G-\alpha(1-\tilde{\phi})+p_T}{2}$，乘客效用的无差异点为 $\bar{\phi}(p_T)=\dfrac{G-p_T-(3+\tilde{\phi})\alpha}{2(G-2\alpha)}$，其中 $G=q_R-q_T$。

**证明：** 由 $\bar{\phi}q_R(t)-p_R+\alpha n_R=\bar{\phi}q_T(\tilde{t})-p_T+\alpha n_T$ 得出乘客效用的无差异点为 $\bar{\phi}=\dfrac{p_R-p_T-\alpha(1+\tilde{\phi})}{G-2\alpha}$。网约车服务的需求为 $1-\bar{\phi}(p_T)=\dfrac{G-p_R+p_T-(1+\tilde{\phi})\alpha}{G-2\alpha}$，网约车服务的利润为$\dfrac{[G-p_R+p_T-(1+\tilde{\phi})\alpha]p_R}{G-2\alpha}$。由一阶导条件推出 $p_R(p_T)=\dfrac{G-\alpha(1-\tilde{\phi})+p_T}{2}$，将其代入 $\bar{\phi}$ 中，推出 $\bar{\phi}(p_T)=\dfrac{G-p_T-(3+\tilde{\phi})\alpha}{2(G-2\alpha)}$。证毕。

由命题 5-1 可知，网约车服务价格随两种服务质量差距递增。情景 1 中网约车服务质量优于出租车服务，需要乘客支付更高的价格。因此，网约车服务价格和服务需求随出租车服务价格递增。若出租车服务提高价格，网约车服务也会提价。由于良好的服务体验需付出更多的努力，此时网约车服务具有质量优势，即使提价，其性价比仍高于出租车服务。因此，网约车服务需求随出租车服务价格的提高而增加。需要注意的是，本章假设 $G>2|\alpha|$，即两种服务的服务质量差距高于乘客的网络外部性影响之和。这表明影响乘客选择两种服务的重要因素为服务质量，而非网络外部性。

将网约车服务的最优价格及乘客效用的无差异点代入出租车服务的利润函数中，可得到定理 5-1。

**定理 5-1** 网约车服务和出租车服务的最优价格和需求为：

（1）当 $\alpha\geqslant 0$，当且仅当 $0<\tilde{\phi}<\phi_1$ 且 $G>A$ 时，两种服务共存，其中，$\phi_1=0.5$，$A=\dfrac{3\alpha(1-\tilde{\phi})}{1-2\tilde{\phi}}$。网约车服务和出租车服务的最优价格分别为：

$$p_R^*=\frac{(3-2\tilde{\phi})G-5\alpha(1-\tilde{\phi})}{4},$$

$$p_T^*=\frac{(1-2\tilde{\phi})G-3\alpha(1-\tilde{\phi})}{2}。$$

两种服务的需求分别为：

$$n_R^* = \frac{(3-2\tilde{\phi})G-5\alpha(1-\tilde{\phi})}{4(G-2\alpha)},$$

$$n_T^* = \frac{(1-2\tilde{\phi})G-3\alpha(1-\tilde{\phi})}{4(G-2\alpha)}。$$

（2）当 $\alpha<0$ 时，网约车服务和出租车服务的最优价格分别为：

$$p_R^* = \frac{(3-2\tilde{\phi})G-5\alpha(1-\tilde{\phi})}{4},$$

$$p_T^* = \frac{(1-2\tilde{\phi})G-3\alpha(1-\tilde{\phi})}{2}。$$

两种服务的需求分别为：

$$n_R^* = \frac{(3-2\tilde{\phi})G-5\alpha(1-\tilde{\phi})}{4(G-2\alpha)},$$

$$n_T^* = \frac{(1-2\tilde{\phi})G-3\alpha(1-\tilde{\phi})}{4(G-2\alpha)}。$$

**证明**：条件 1：$q_R-q_T>0$ 且 $\alpha>0$

首先已知出租车服务价格，并设 $G=q_R-q_T$，将 $\bar{\phi}=\frac{p_R-p_T-\alpha(1+\tilde{\phi})}{q_R-q_T-2\alpha}$代入网约车服务利润函数$\pi_R=p_R n_R$ 中，即$\pi_R=p_R(1-\bar{\phi})=p_R\left[1-\frac{p_R-p_T-\alpha(1+\tilde{\phi})}{q_R-q_T-2\alpha}\right]$。

根据一阶导条件可得 $p_R=\frac{G-2\alpha+p_T+\alpha(1+\tilde{\phi})}{2}$。

需注意的是，假设 $G>2\alpha$，此时$\pi_R$ 为 $p_R$ 的凹函数。将 $p_R$ 代入 $\bar{\phi}$ 可得 $\bar{\phi}(p_T)=\frac{G-p_T-(3+\tilde{\phi})\alpha}{2(G-2\alpha)}$。

基于以上结果，可推出出租车服务的利润为$\pi_T=p_T\left[\frac{G-p_T-(3+\tilde{\phi})\alpha}{2(G-2\alpha)}-\tilde{\phi}\right]$。

由一阶导条件可得 $p_T=\frac{(1-2\tilde{\phi})G-3\alpha(1-\tilde{\phi})}{2}$。

将出租车服务最优价格代入网约车服务价格中，得到 $p_R=\dfrac{(3-2\tilde{\phi})G-5\alpha(1-\tilde{\phi})}{4}$。相应地，得到网约车服务与出租车服务的需求分别为：

$$n_R^*=\frac{(3-2\tilde{\phi})G-5\alpha(1-\tilde{\phi})}{4(G-2\alpha)}$$

和

$$n_T^*=\frac{(1-2\tilde{\phi})G-3\alpha(1-\tilde{\phi})}{4(G-2\alpha)}。$$

令 $p_T^*>0$，$p_R^*>0$，得到 $G\geqslant A$ 和 $G\geqslant H$，其中，$A=\dfrac{3\alpha(1-\tilde{\phi})}{1-2\tilde{\phi}}$，$H=\dfrac{5\alpha(1-\tilde{\phi})}{3-2\tilde{\phi}}$。由于 $A-H=\dfrac{3\alpha(1-\tilde{\phi})}{1-2\tilde{\phi}}-\dfrac{5\alpha(1-\tilde{\phi})}{3-2\tilde{\phi}}=\dfrac{4\alpha(1+\tilde{\phi})(1-\tilde{\phi})}{(1-2\tilde{\phi})(3-2\tilde{\phi})}$，当 $0<\tilde{\phi}<\dfrac{1}{2}$时，$A-H>0$，而当 $\dfrac{1}{2}\leqslant\tilde{\phi}<1$ 时，$A<0<H<2\alpha$，则若 $p_T^*>0$，需要 $G<A$，此条件与 $G>0$ 相悖，因此，此时 $p_T^*<0$，则网约车服务单独存在于市场中。比较 $A$、$H$ 与 $2\alpha$ 的大小，可知当 $0<\tilde{\phi}<\dfrac{1}{2}$时，$H<2\alpha<A$。当且仅当 $0<\tilde{\phi}<\dfrac{1}{2}$且 $G\geqslant A$ 时，两种服务可共存于市场中。在其余条件下，$p_T^*=0$。

条件 2：$q_R-q_T>0$ 且 $\alpha<0$

与条件 1 求解过程类似，当 $G>0$ 时，

$$p_R=\frac{(3-2\tilde{\phi})G-5\alpha(1-\tilde{\phi})}{4},$$

$$p_T=\frac{(1-2\tilde{\phi})G-3\alpha(1-\tilde{\phi})}{2},$$

$$n_R^*=\frac{(3-2\tilde{\phi})G-5\alpha(1-\tilde{\phi})}{4(G-2\alpha)},$$

$$n_T^*=\frac{(1-2\tilde{\phi})G-3\alpha(1-\tilde{\phi})}{4(G-2\alpha)}。$$

证毕。

当 $\alpha>0$ 时，$0<\tilde{\phi}<0.5$ 说明需求不仅由高类型乘客构成，还包括较低类型的

乘客。此时，结合较高的服务质量差异，两种服务可共存。需注意的是，若当$\tilde{\phi}>0.5$或$2\alpha<G<A$时，出租车服务价格为0。由于出租车服务为主导者，若其价格为0，则意味着收益为0，其会退出服务市场。这表明只有网约车服务质量远高于出租车服务质量时，两种服务才会共存。而当两种服务同质性高时，网约车服务的进入使出租车服务难以生存，虽然出租车服务具有市场主导力量，但只能将价格设为0。《网络预约出租汽车经营服务管理暂行办法》中鼓励网约车和出租车服务实行明显的差异化发展，形成互补的关系。[158] 本章的结果也表明当两种服务差异化程度较低时，对于出租车服务极为不利，甚至会导致其退出竞争市场。当网约车服务的初始服务质量与出租车服务初始服务质量差距较大，或其等待时间远低于出租车服务的平均等待时间时，两种服务异质性高，可共存于竞争市场中。当$0.5<\tilde{\phi}<1$时，意味着乘车需求仅由较高类型的乘客构成。而网约车服务质量具有优势，高类型乘客偏爱网约车服务，因此出租车服务退出市场。

由于$\alpha>0$表示乘客的总网络外部性为正，表明越多的乘客选择同一种服务将增加其服务效用，因此乘客具有选择同一种服务的倾向，也可理解为一种从众行为。此种行为将使竞争市场中服务质量相对低的一方处于极为不利的状态。若两种服务同质化程度高，两种服务的细分市场重合度高，而乘客类型又较为单一，如均为高类型乘客（$0.5<\tilde{\phi}<1$），那么这类乘客会选择为其带来质量较高的服务，即本章中的网约车服务。此时出租车服务面临着退出市场的威胁。

由定理5-1还可推出网约车服务价格高于出租车服务价格。网约车服务质量优势使其服务价格较高。高类型乘客[$\phi\in(\bar{\phi}, 1)$]选择支付较高的服务价格享受高品质的服务。

当$\alpha<0$时，两种服务共存于市场中。由于乘客的总网络外部性为负，意味着越多的乘客选择同一种服务带来了服务效用的降低，因此，乘客并不会全部选择某一种服务。负的网络外部性的作用自动驱使理性乘客选择不同的服务以获得自身的效用最大化。

**结论5-1** 当网约车服务质量优于出租车服务质量时，两种服务共存与否和总网络外部性的正负相关。

**推论5-1** 两种服务的最优价格和需求关于服务质量差异$G$和总网络外部性系数$\alpha$的关系为：

$\frac{\partial p_R^*}{\partial G}>0$，$\frac{\partial p_T^*}{\partial G}>0$，$\frac{\partial n_R^*}{\partial G}<0$ 和$\frac{\partial n_T^*}{\partial G}>0$；

$\frac{\partial p_R^*}{\partial \alpha}<0$，$\frac{\partial p_T^*}{\partial \alpha}<0$，$\frac{\partial n_R^*}{\partial \alpha}>0$ 和$\frac{\partial n_T^*}{\partial \alpha}<0$。

当两种服务的服务质量差异越大时，通常高质量的服务会制定更高的服务价格；而低质量的服务会采用低价获得价格竞争优势，以弥补质量方面的劣势。本章中的研究结果与常理相悖，两种服务的服务价格均随服务质量差异的增加而增加。由于出租车服务质量采用平均等待时间来刻画，服务质量差异的变化依赖于网约车服务质量的变化。更为具体地说，两种服务质量差异的变化依赖于网约车服务的等待时间的长短。若网约车服务等待时间较短，需要较多的车辆提供服务，以实现快速响应，因此平台会提高服务价格来激励司机。乘客不仅关注于服务质量，同时考虑服务价格，因此当网约车服务质量较高，而价格也较高时，一部分对服务价格敏感的乘客会选择质量低但价格低廉的出租车服务，因此网约车服务需求随服务质量的增加而减少。与之相反，出租车服务需求随网约车服务质量的提高而增加。出租车服务需求的增加使其服务价格相应提高。但由$\frac{\partial p_R^*}{\partial G}>\frac{\partial p_T^*}{\partial G}$可知，出租车服务价格随服务差异增加而提高的程度远低于网约车服务提价的水平。这表明虽然两种服务均提价了，但提价幅度有所不同，出租车服务利用较低的提价幅度，既提高了服务价格，又增加了需求。

本章中 $\alpha$ 为总网络外部性系数，即 $\alpha=\alpha_2-\alpha_1$。正的网络外部性体现了使用同一种出行方式的乘客之间所带来的效用增加。若系数 $\alpha_2$ 越高，则正的网络外部性越显著，乘客使用某种出行方式给选择同种出行方式的乘客所带来的效用增加越多，从而激励更多的乘客选择此种出行方式。但当越来越多的人使用同一种出行方式时，会增大负的网络外部性的作用，如在商业区附近打车较难等。因此，可以通过降低服务价格，以适当减少负的网络外部性对效用降低的影响。若系数 $\alpha_1$ 越高，说明负的网络外部性作用越显著。此时越多的乘客选择同一种出行服务，对其他乘客的效用降低作用明显。因此，可以通过提高服务价格，减少使用此种出行服务的乘客数量，削弱负的网络外部性的影响。例如，节假日出行需求较高，网约车服务的需求激增，乘客数量的增加延长了服务等待时间，影响了服务质量。因此，优步、滴滴出行等平台利用动态定价，以提高服务价格来降低乘客数量。[159,160]

对于出租车服务，虽然其价格随正的网络外部性的增加而递减，并且其减少的程度高于网约车服务，但仍不能弥补其服务质量的劣势，因此出租车服务需求随正的网络外部性递减。由前述分析可知，网约车服务通过提价降低负的网络外部性的影响，因此当负的网络外部性增加时，网约车服务需求降低。由于本章没有考虑外部选择，即乘客选择网约车服务或出租车服务，因此当网约车服务需求降低时，出租车服务需求会增加。

**推论 5-2** 在 $G>0$ 且 $\alpha>0$ 的情景下，两种服务的原始服务质量之差为 $\Delta q \in \left(A-\eta_2\bar{t},\ \frac{\eta_3 A-\Delta\eta_{31}\Delta\eta_{21}\bar{t}}{\Delta\eta_{31}}\right]$ 时，两种服务共存。

在 $G>0$ 的情景下，两种服务共存需考虑两种情况，即比较网约车服务等待时间与出租车服务等待时间。当 $A-\eta_2\bar{t}<\Delta q\leqslant A-\Delta\eta_{21}\bar{t}$，其中 $\Delta\eta_{21}=\eta_2-\eta_1$ 时，网约车服务等待时间短于出租车服务的平均等待时间。这表明若网约车服务的等待时间较短，则两种服务的原始服务质量差距会小一些。而当 $A-\Delta\eta_{21}\bar{t}<\Delta q\leqslant \frac{\eta_3 A-\Delta\eta_{31}\Delta\eta_{21}\bar{t}}{\Delta\eta_{31}}$，其中 $\Delta\eta_{31}=\eta_3-\eta_1$ 时，网约车服务的原始服务质量远高于出租车服务，可放松对其等待时间的约束，因此网约车服务等待时间可大于出租车服务的平均等待时间。

### 5.3.2 出租车服务质量高于网约车服务质量的情景

在情景 2 中，出租车服务质量优于网约车服务质量，即 $G=q_R-q_T<0$。此时，网约车服务的等待时间高于 $t_{TR}$。因此，出租车服务需求为 $1-\bar{\phi}$，相应的网约车服务需求为 $\bar{\phi}-\tilde{\phi}$。由 $\bar{\phi}q_R(t)-p_R+\alpha n_R=\bar{\phi}q_T(\bar{t})-p_T+\alpha n_T$ 可得乘客选择两种服务的无差异点为 $\bar{\phi}=\frac{p_T-p_R-\alpha(1+\tilde{\phi})}{q_T-q_R-2\alpha}$。因此，出租车服务需求为 $1-\frac{p_T-p_R-\alpha(1+\tilde{\phi})}{q_T-q_R-2\alpha}$。

**命题 5-2** 当出租车服务质量优于网约车服务质量时，给定出租车服务价格，网约车服务的最优价格为 $p_R=\frac{p_T+\tilde{\phi}G-\alpha(1-\tilde{\phi})}{2}$，乘客效用的无差异点为 $\bar{\phi}(p_T)=\frac{p_T-\tilde{\phi}G-(1+3\tilde{\phi})\alpha}{2(-G-2\alpha)}$。

**证明：**与命题 5-1 类似，此处略。

与情景 1 不同，网约车服务价格随服务质量差距 $|G|$ 的增加而降低。这表明出租车服务的服务质量越高，且远远超过网约车服务时，网约车服务的最优价格越低，这是由于网约车服务质量处于劣势，试图通过低价获得竞争优势。网约车服务的需求随两种服务的服务质量差距的拉大而增加。由于网约车服务质量较低，其立足于低类型乘客，故而采用较低的服务价格弥补服务质量的不足。与情景 1 类似，此时仍假设 $-G>2\alpha$。

**定理 5-2** 当出租车服务质量优于网约车服务时，网约车服务和出租车服务的最优价格和需求为：

（1）当 $\alpha \geqslant 0$，且仅当 $0<\tilde{\phi}<\phi_2$ 及 $|G|>B$ 时，两种服务共存，其中，$\phi_2=\dfrac{2}{3}$，$B=\dfrac{5\alpha(1-\tilde{\phi})}{2-3\tilde{\phi}}$。网约车服务和出租车服务的最优价格分别为 $p_R^*=\dfrac{(3\tilde{\phi}-2)G-5\alpha(1-\tilde{\phi})}{4}$，$p_T^*=\dfrac{(\tilde{\phi}-2)G-3\alpha(1-\tilde{\phi})}{2}$。两种服务的需求分别为 $n_R^*=\dfrac{(3\tilde{\phi}-2)G-5\alpha(1-\tilde{\phi})}{4(-G-2\alpha)}$，$n_T^*=\dfrac{(\tilde{\phi}-2)G-3\alpha(1-\tilde{\phi})}{4(-G-2\alpha)}$。

（2）当 $\alpha<0$ 时，网约车服务和出租车服务的最优价格分别为 $p_R^*=\dfrac{(3\tilde{\phi}-2)G-5\alpha(1-\tilde{\phi})}{4}$，$p_T^*=\dfrac{(\tilde{\phi}-2)G-3\alpha(1-\tilde{\phi})}{2}$。两种服务的需求分别为 $n_R^*=\dfrac{(3\tilde{\phi}-2)G-5\alpha(1-\tilde{\phi})}{4(-G-2\alpha)}$，$n_T^*=\dfrac{(\tilde{\phi}-2)G-3\alpha(1-\tilde{\phi})}{4(-G-2\alpha)}$。

**证明：** 与定理 5-1 类似，此处略。

与情景 1 类似，两种服务共存需要参数满足一定的条件。当总网络外部性为正时，需要多种类型的乘客组成以确保两种服务共存。$0<\tilde{\phi}<\dfrac{2}{3}$ 意味着需求不仅包括较高类型的乘客 $\left[\tilde{\phi}\in\left(\dfrac{2}{3},\ 1\right)\right]$ 组成，且乘客应具有一定的异质性，还应高于情景 1 中对乘客类型的要求。与情景 1 不同，当 $\tilde{\phi}\in\left(\dfrac{2}{3},\ 1\right)$ 或 $2\alpha<|G|<B$ 时，网约车服务价格为 0。此结果表明网约车服务退出市场，与情景 1 类似，只有当服务质量差距较大时，两种服务才可共存。若两种服务同质性强，则低服务质量

的网约车服务无法形成细分市场。并且，出租车服务作为市场中原有服务，其具有的主导优势以及服务质量优势，使网约车服务难以通过提供较为同质的服务进入市场。这与网约车服务的相关监管建议，鼓励网约车服务提供差异化服务，满足乘客的多样化需求相一致。$\frac{2}{3}<\tilde{\phi}<1$ 意味着需求仅包括高类型乘客，因出租车服务具有质量优势，高类型乘客更为偏爱出租车服务，因此网约车服务退出市场。

**推论 5-3** 当 $G<0$ 时，两种服务的最优价格和需求关于服务质量差异 $|G|$ 和网络外部性系数 $\alpha$ 的关系为：

$\frac{\partial p_R^*}{\partial |G|}<0$，$\frac{\partial p_T^*}{\partial |G|}<0$，$\frac{\partial n_R^*}{\partial |G|}>0$ 和 $\frac{\partial n_T^*}{\partial |G|}<0$；

$\frac{\partial p_R^*}{\partial \alpha}<0$，$\frac{\partial p_T^*}{\partial \alpha}<0$，$\frac{\partial n_R^*}{\partial \alpha}<0$ 和 $\frac{\partial n_T^*}{\partial \alpha}>0$。

情景 2 中两种服务的最优价格和需求与服务质量差异以及网络外部性的关系与情景 1 中类似。需注意的是，此时出租车服务质量优于网约车服务质量。

### 5.3.3 两种情景的比较

当总网络外部性为正时，由定理 5-1 与定理 5-2 可知，情景 1 中两种服务共存对乘客类型的多样化要求更高，即 $\phi_1<\phi_2$。由于本章假设两种服务的初始服务质量的关系为 $q_{R0}>q_{T0}$，在情景 1 中两种服务质量的差距 $G_1$ 很有可能高于情景 2 中两种服务质量差距 $G_2$，其中，$G_1>0$，$G_2>0$。因此，在网约车服务质量优于出租车服务的竞争情景中，网约车服务质量优势更为显著，此时需较低类型的乘客加入，以实现两种服务共存。而情景 2 中虽然出租车服务质量更佳，但二者服务质量差距 $G_2$ 较小，因此对乘客异质性的要求较低。由 $A-B=\frac{\alpha(1-\tilde{\phi})(1+\phi)}{(1-2\tilde{\phi})(2-3\tilde{\phi})}>0$ 可知，当总网络外部性为正时，情景 1 中两种服务共存需两种服务异质性更高。由此可知，两种服务在情景 2 中较易共存。

当两种服务共存时，比较同一情景中网约车服务与出租车服务的最优服务价格和需求，得到命题 5-3。

**命题 5-3** 在情景 1 中，当两种服务共存时，网约车服务价格和服务需求均高于出租车服务，即 $p_{R1}^*>p_{T1}^*$，$n_{R1}^*>n_{T1}^*$；在情景 2 中，当两种服务共存时，网约车服务价格和服务需求均低于出租车服务，即 $p_{R2}^*<p_{T2}^*$，$n_{R2}^*<n_{T2}^*$。

**证明：** 情景 1 中当 $\alpha>0$ 时，$p_{R1}^*-p_{T1}^*=\frac{(2\tilde{\phi}+1)G+\alpha(1-\tilde{\phi})}{4}>0$，$n_{R1}^*-n_{T1}^*=\frac{[2G-2\alpha(1-\tilde{\phi})]}{4(G-2\alpha)}>0$，因此 $p_R^*>p_T^*$，$n_R^*>n_T^*$；当 $\alpha<0$ 时，$p_{R1}^*-p_{T1}^*=\frac{(2\tilde{\phi}+1)G+\alpha(1-\tilde{\phi})}{4}$，由于$\frac{|\alpha|(1-\tilde{\phi})}{2\tilde{\phi}+1}-2|\alpha|=\frac{|\alpha|(-1-5\tilde{\phi})}{2\tilde{\phi}+1}<0$，则在 $G\geqslant2|\alpha|$的前提下，$p_{R1}^*-p_{T1}^*>0$，而 $n_{R1}^*-n_{T1}^*=\frac{2G-2\alpha(1-\tilde{\phi})}{4(G-2\alpha)}>0$。同理推出，当 $G<0$ 时，$p_R^*<p_T^*$，$n_R^*<n_T^*$。证毕。

命题 5-3 表明，当网约车服务质量优于出租车服务质量时，根据二者共存条件可知，网约车服务价格和服务需求高于出租车服务。同理，网约车服务利润高于出租车服务。网约车服务具有服务质量优势，可满足高类型乘客的需求。即使其制定高价，仍有乘客偏爱网约车服务。获益于高服务质量，网约车服务可实现更高的利润。

当网约车服务质量优于出租车服务时，根据两种服务的价格和需求可知利润为服务质量差异的凸函数。结合两种服务共存的条件，即 $G\geqslant A$，网约车服务利润为 0 时，两种服务质量差异为 $H$，其中 $H=\frac{5\alpha(1-\tilde{\phi})}{(3-2\tilde{\phi})}$。由 $H<A$ 可知，在 $G\geqslant A$ 的条件下，网约车服务利润随服务质量差异递增。这表明网约车服务质量越高，即原始服务质量越高或服务等待时间越短，网约车平台将获得越多的利润。同时对出租车服务亦是如此，获益于服务质量差异对服务价格与服务需求的影响，使其在 $G\geqslant A$ 条件下，利润函数为服务差异的增函数。由于出租车服务的服务质量采用平均等待时间衡量，因此服务差异的增加来源于网约车服务质量的提高，如较短的服务等待时间。网约车降低服务等待时间不仅增加了自己的利润，同时有助于提高出租车服务的利润，产生质量提升的溢出效应。

当出租车服务质量优于网约车服务时，与上述分析类似，可推出服务质量差异越大，二者利润越高。因为当两种服务的服务质量差异越大时，二者满足了差异化的服务需求，降低了竞争强度，所以服务异质性越高越有利于两种服务的共同发展。由此可推出结论 5-2。

**结论 5-2** 在总网络外部性为正的情况下，当网约车服务与出租车服务共存时，两种服务异质性程度越高将越有助于两种服务获得更高的利润。

当情景 1 与情景 2 中两种服务质量差距相同，即 $G_1=G_2$ 时，比较网约车服务与出租车服务在不同情景下的最优服务价格和需求，以及分别比较两种情景中竞争优势方（情景 1 中的网约车服务与情景 2 中的出租车服务）和竞争劣势方（情景 1 中的出租车服务与情景 2 中的网约车服务）的最优价格与需求，结果如表 5-2 所示。

**表 5-2 竞争优势方之间与竞争劣势方之间的最优价格和服务需求的比较结果**

| | | 情景 1 | |
|---|---|---|---|
| | | 竞争优势方 | 竞争劣势方 |
| 情景 2 | 竞争优势方 | $p_{R1}^*<p_{T2}^*$，$n_{R1}^*>n_{T2}^*$ | $p_{T1}^*<p_{T2}^*$，$n_{T1}^*<n_{T2}^*$ |
| | 竞争劣势方 | $p_{R1}^*>p_{R2}^*$，$n_{R1}^*>n_{R2}^*$ | $p_{T1}^*<p_{R2}^*$，$n_{T1}^*<n_{R2}^*$ |

若两种情景中服务质量差距相同，情景 1 中网约车服务的最优价格与需求高于情景 2 中的相应值，与之相反，情景 2 中出租车服务的最优价格和需求高于情景 1 中的相应值。两种服务均在自身具有竞争优势时制定更高的服务价格，并实现更高的服务需求，即获得更高的利润。这也说明了两种服务应立足于提高服务质量，如网约车服务可以通过大数据分析，进行服务供给与服务需求的高效匹配，以缩短乘客等待时间，从而获得竞争优势，提高获利能力。

竞争优势方之间服务价格比较结果显示，情景 2 中的出租车服务会制定更高的价格，由于情景 2 中乘客的平均服务质量要求高于情景 1，因此情景 2 中的竞争优势方需提供的服务质量将高于情景 1 中的竞争优势方。相应地，其定价也高。由于 $\phi_1<\phi_2$，这表明情景 2 中市场总需求 $1-\phi_2$ 很有可能小于情景 1 中的市场总需求 $1-\phi_1$，并且情景 2 中出租车服务价格较高，因此使其服务需求低于情景 1 中网约车服务的需求。竞争劣势方在情景 2 中定价较高并吸引更多的乘客。由于情景 2 中乘客需求较为同质，并且由竞争优势方价格比较结果可知，在情景 2 中出租车服务定价较高，因此，在情景 2 中竞争劣势方即网约车服务也同样会制定较高的价格。鉴于情景 1 中竞争优势方服务价格较低且具有服务质量优势，

则竞争劣势方的市场份额较小，因此竞争劣势方在情景 2 中实现更高的需求。结合命题 5-3 可知，在两种服务共存且服务质量差异相同的情况下，两种情景中网约车服务与出租车服务的价格与需求的关系为：$p_{T1}^*<p_{R2}^*<p_{R1}^*<p_{T2}^*$ 和 $n_{T1}^*<n_{R2}^*<n_{T2}^*<n_{R1}^*$。根据以上分析可知，出租车服务利润与网约车服务利润之间的关系为：$\pi_{T1}^*<\pi_{R2}^*<\pi_{R1}^*$ 和$\pi_{T1}^*<\pi_{R2}^*<\pi_{T2}^*$。出租车服务处于劣势时利润最低，这是因为以高服务体验著称的网约车服务的进入大幅度降低了其利润。两种情景中竞争优势方的利润关系由命题 5-4 给出。

**命题 5-4** 若两种情景中的服务质量差异相同：当总网络外部性为正时，存在 $\phi_3$ 和 $G_3$ 使得：①当 $0<\tilde{\phi}<\phi_3$ 且 $2\alpha<G<G_3$ 时，$\pi_{R1}^*<\pi_{T2}^*$；当 $0<\tilde{\phi}<\phi_3$ 且 $G\geqslant G_3$ 时，$\pi_{R1}^*\geqslant\pi_{T2}^*$；②当 $\phi_3<\tilde{\phi}<\phi_1$ 且 $2\alpha<G<G_3$ 时，$\pi_{R1}^*>\pi_{T2}^*$ 当 $\phi_3<\tilde{\phi}<\phi_1$ 且 $G\geqslant G_3$ 时，$\pi_{R1}^*\leqslant\pi_{T2}^*$。

当总网络外部性为负时，存在 $\phi_3$ 和 $G_4$ 使得：①当 $0<\tilde{\phi}<\phi_3$ 时，$\pi_{R1}^*<\pi_{T2}^*$；②当 $\phi_3<\tilde{\phi}<1$ 且 $2|\alpha|<G\leqslant G_4$ 时，$\pi_{R1}^*\geqslant\pi_{T2}^*$；当 $\phi_3<\tilde{\phi}<1$ 且 $G>G_4$ 时，$\pi_{R1}^*<\pi_{T2}^*$。

**证明：**根据定理 5-1 网约车服务的最优价格和需求，以及定理 5-2 中出租车服务的最优价格和需求，可得二者的利润差为：

$$\pi_{R1}^*-\pi_{T2}^*=\frac{m}{16(2\alpha-G)} \tag{5-1}$$

其中 $m=-7\alpha^2(-1+\tilde{\phi})^2+2\alpha(3-7\tilde{\phi}+4\tilde{\phi}^2)G+(-1+4\tilde{\phi}-2\tilde{\phi}^2)G^2$。由两种服务共存的条件可得式（5-1）的分母为负。求解 $m(G)=0$，可得 $G_3=\frac{\alpha[3-7\tilde{\phi}+4\tilde{\phi}^2+\sqrt{2}(1-\tilde{\phi}^2)]}{1-4\tilde{\phi}+2\tilde{\phi}^2}$和 $G_4=\frac{\alpha}{1-4\tilde{\phi}+2\tilde{\phi}^2}[3-7\tilde{\phi}+4\tilde{\phi}^2-\sqrt{2}(1-\tilde{\phi}^2)]$。当 $1-4\tilde{\phi}+2\tilde{\phi}^2>0$ 可推出 $0<\tilde{\phi}<\phi_3=0.292$。在总网络外部性为正时，$G_3=\frac{\alpha[3-7\tilde{\phi}+4\tilde{\phi}^2+\sqrt{2}(1-\tilde{\phi}^2)]}{1-4\tilde{\phi}+2\tilde{\phi}^2}>2\alpha$，$G_4<2\alpha$。此时，若 $0<\tilde{\phi}<\phi_3$ 且 $2\alpha<G<G_3$ 时，$\pi_{R1}^*<\pi_{T2}^*$。同理可得当总网络外部性为正，乘客组成与差异处于其他范围时，竞争优势方的利润比较情况。

当总网络外部性为负时，式（5-1）的分母仍为负，此时 $m(G)=0$ 得到 $G_3=\frac{\alpha}{1-4\tilde{\phi}+2\tilde{\phi}^2}[3-7\tilde{\phi}+4\tilde{\phi}^2+\sqrt{2}(1-\tilde{\phi}^2)]<0$，$G_4=\frac{\alpha[3-7\tilde{\phi}+4\tilde{\phi}^2-\sqrt{2}(1-\tilde{\phi}^2)]}{1-4\tilde{\phi}+2\tilde{\phi}^2}$，且

$G_4>G_3$。若 $0<\tilde{\phi}<\phi_3$ 时，$3-7\tilde{\phi}+4\tilde{\phi}^2-\sqrt{2}(1-\tilde{\phi}^2)>0$，由此推出 $G_4<0$。因此当 $G>2|\alpha|$时，$m(G)>0$。此时式（5-1）为正，即$\pi_{R1}^*>\pi_{T2}^*$。若 $\phi_3\leqslant\tilde{\phi}<1$ 时，$3-7\tilde{\phi}+4\tilde{\phi}^2-\sqrt{2}(1-\tilde{\phi}^2)\leqslant 0$，因此 $G_4\geqslant 0$。$G_4-2|\alpha|=\dfrac{-|\alpha|[3-7\tilde{\phi}+4\tilde{\phi}^2-\sqrt{2}(1-\tilde{\phi}^2)]-2|\alpha|}{1-4\tilde{\phi}+2\tilde{\phi}^2}>0$，由此可得当 $\phi_3<\tilde{\phi}<\phi_1$ 且 $2|\alpha|<G\leqslant G_4$ 时，$\pi_{R1}^*\geqslant\pi_{T2}^*$；当 $\phi_3<\tilde{\phi}<\phi_1$ 且 $G>G_4$ 时，$\pi_{R1}^*<\pi_{T2}^*$。证毕。

若乘客类型更为多样化，当两种服务同质性较高时，情景 2 中的竞争优势方获利更多。虽然情景 2 中竞争优势方的需求低于情景 1 中的优势方，但由于乘客多样化程度高，情景 2 中的市场份额有所增大，同时其最优价格高于情景 1 中的相应值。Völckner 与 Hofmann 的研究揭示了消费者采用价格作为其质量感知的信号。[161] 因此，乘客对服务质量的感知往往与服务价格有关。乘客面对两种较为同质的服务时，其对价格较低的竞争优势方的服务质量产生怀疑。因此情景 1 中的竞争优势方的需求高于情景 2 中竞争优势方需求的降低幅度。在需求与服务价格的双重作用下，情景 2 中竞争优势方赚取更多的利润。若两种服务的差异性较高，乘客易于区分两种服务，较高的服务价格迫使乘客选择服务质量较低但价格可以接受的服务，因此情景 2 中竞争优势方的服务需求相对较低。而情景 1 中竞争优势方通过低价吸引乘客，提高获利能力。若乘客较为同质，且高类型乘客所占比例增加，则当服务质量差距较低时，情景 2 中竞争优势方的高价导致服务需求较多地低于情景 1 中竞争优势方的服务需求。因此情景 1 中竞争优势方获利更多。

虽然乘客类型更为多样化，总市场需求增加，但当总网络外部性为负时，越多的乘客选择同一种服务会降低彼此的效用，因此乘客不会集中选择同一种服务，这使情景 1 中的竞争优势方的需求高于情景 2 中竞争优势方需求的降低幅度。而情景 1 中竞争优势方价格较低，且需求优势并不明显，因此其获利能力较低。当乘客类型偏高（$\phi_3<\tilde{\phi}<\phi_1$）时，服务较为同质，较高的价格可作为较高服务质量的信号，[162,163] 因此情景 2 中的竞争优势方需求较少地低于情景 1 中的竞争优势方的需求，从而使情景 2 中的竞争优势方获利更多。当乘客较为同质，总网络外部性为负时，与总网络外部性为正时的比较结果相同，这表明此时总网络外部性并不影响两种情景下的竞争优势方的利润关系。由于乘客较为同质，市场总需求相对较低，由此削弱了总网络外部性对利润的作用。根据以上分析，可得出结论 5-3。

**结论 5-3** 当两种情景下的质量差异相同时，竞争优势方利润之间的关系与乘客组成类型、服务质量差异化程度，以及总网络外部性的正负情况有关。

## 5.4 算例分析

根据 5.3 节的求解结果，本节采用算例分析，深入探讨参数对消费者剩余和两种服务共存条件的影响。

### 5.4.1 参数对消费者剩余的影响

消费者剩余往往是政府政策制定所关注的重要内容，因此，本节进一步比较两种情景下的消费者剩余。

情景 1 中使用两种服务的消费者剩余分别为：

$$RS_{R1} = \int_{\bar{\phi}}^{1} [\phi q_R - p_R + \alpha(1 - \bar{\phi})] d\phi \text{ 和 } RS_{T1} = \int_{\tilde{\phi}}^{\bar{\phi}} [\phi q_T - p_T + \alpha(\bar{\phi} - \tilde{\phi})] d\phi。$$

情景 2 中使用两种服务的消费者剩余分别为：

$$RS_{R2} = \int_{\tilde{\phi}}^{\bar{\phi}} [\phi q_R - p_R + \alpha(\bar{\phi} - \tilde{\phi})] d\phi \text{ 和 } RS_{T2} = \int_{\bar{\phi}}^{1} [\phi q_T - p_T + \alpha(1 - \bar{\phi})] d\phi。$$

（1）网约车服务等待时间与初始服务质量对消费者剩余的影响。根据罗兰贝格管理咨询公司发布的《移动互联下的城市综合出行变革》，北京乘客路边“扬招”出租车平均等待时间为 11.9 分钟，10 分钟打车成功的比例仅占 40%，而同一时间段北京地区的网约车服务的平均等待时间为 5.9 分钟，[164] 图 5-3 给出了成都、北京、青岛和上海四地的传统出租车服务的等待时间情况。4 座城市的传统出租车等待时间在 10～15 分钟，而网约车的目标等待时间为 3～5 分钟。[165] 网约车新政出台后，各地区网约车服务的等待时间均有所增加，如广州市民呼叫网约车服务的平均等待时间增加了一倍，超过四成的乘车呼叫需求得不到满足。[166] 参考罗兰贝格管理咨询公司发布的报告，本节将传统出租车服务的等待时间设置为 12 分钟，令 $\alpha=1$、$\tilde{\phi}=0.3$、$q_{T0}=15$、$\eta_1=0.2$、$\eta_2=0.5$。根据定理 5-1 中的求解结果，得到情景 1 中两种服务的消费者剩余及总消费者剩余与网约车服务等待时间的关系如图 5-4 所示。

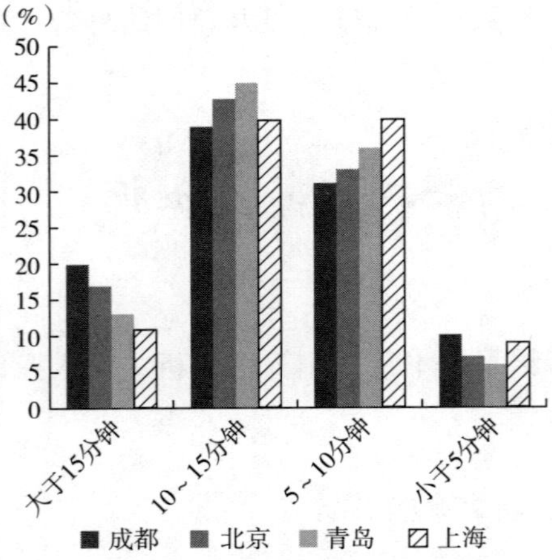


**图 5-3 成都、北京、青岛和上海的出租车服务等待时间**

资料来源：《移动互联下的城市综合出行变革》。

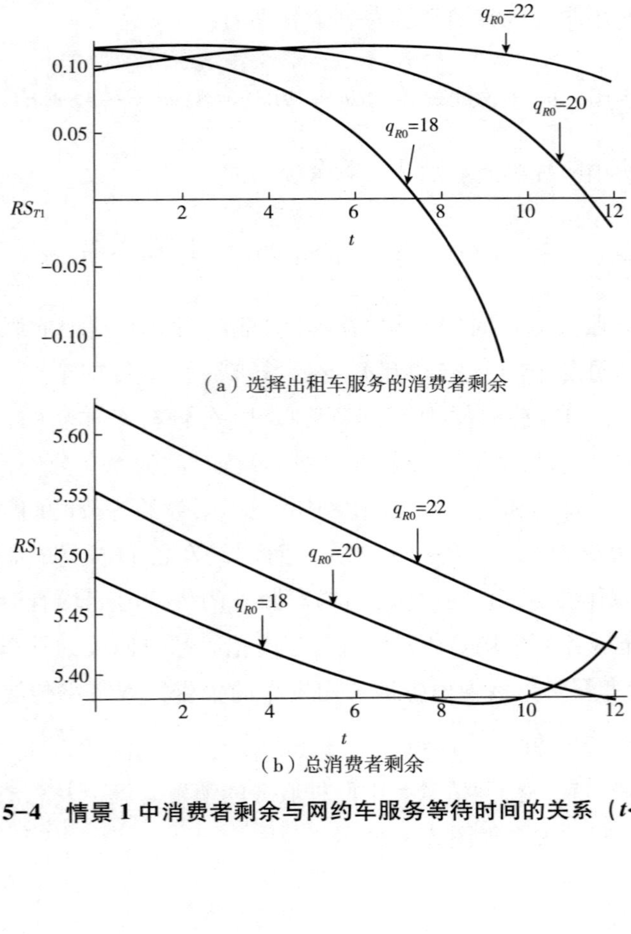


**图 5-4 情景 1 中消费者剩余与网约车服务等待时间的关系（$t<\bar{t}$）**

由推论 5-1 可知，网约车服务价格随两种服务质量差距的缩小而降低，但需求随服务质量差距的降低而增加。已知网约车服务的初始服务质量，当网约车服务等待时间增加时，两种服务的服务质量差距缩小，此时消费者剩余的变化体现在两个方面：一方面，价格降低带来了消费者剩余的增加；另一方面，需求增加带来了消费者剩余的增加。因此，网约车服务的消费者剩余随网约车服务等待时间的增加而增加。此结果表明基于消费者剩余的视角，并非网约车服务等待时间越短越好。当两种服务的服务质量较为接近时，选择网约车服务的消费者剩余更高。需注意的是，此时总网络外部性为正，因此当网约车服务需求增加时，乘客效用增加。出租车服务的消费者剩余随网约车服务等待时间变化的情况与上述关系不同，已知网约车服务的初始服务质量，出租车服务的消费者剩余随网约车服务等待时间递减，如图 5-4（a）所示。当网约车服务等待时间增加时，两种服务的服务质量差距缩小，此时选择出租车服务的消费者剩余的变化体现在两个方面：一方面，价格降低带来了消费者剩余的增加；另一方面，需求降低带来了消费者剩余的减少。由于本章中乘客的效用不仅包括服务质量和服务价格，还包括网络外部性的作用。因此当网约车服务等待时间增加时，两种服务的服务质量变得较为同质化，此时出租车服务价格降低，由此增加了出租车服务乘客的效用，但与此同时，服务需求的减少在一定程度上降低了网络外部性的作用，减少了乘客的效用。若后者的作用强于前者，则两种服务的服务质量越同质化，出租车服务的乘客效用越低。需注意的是，在图 5-4（a）中，当 $q_{R0}=18$ 和 $q_{R0}=20$ 时，消费者剩余在网约车服务等待时间较长时，变为负数。这是由于此时没能满足两种服务共存的条件 $G>A$。图 5-4（b）展示了总消费者剩余与网约车服务等待时间的关系。已知网约车服务的初始服务质量，总消费者剩余随网约车服务等待时间递减。虽然图中 $q_{R0}=18$，在网约车服务等待时间高于 9 分钟时，总消费者剩余随网约车服务等待时间递增，但此时两种服务并不能共存。此算例中 $G=9-0.5t>A=5.35$，由此推出 $t<7.3$ 分钟，即当 $q_{R0}=18$ 时，若网约车服务等待时间超过 7.3 分钟，则仅有网约车服务存在于市场中，并非本算例探讨分析的情景。

以图 5-4（a）为例分析网约车服务的初始质量对消费者剩余的影响。已知网约车服务等待时间，两种服务质量的差距随网约车服务的初始质量递增。在 $q_{R0}=18$、$q_{R0}=20$ 和 $q_{R0}=22$ 三种情景下，$G_{q_{R0}=18}<G_{q_{R0}=20}<G_{q_{R0}=22}$。与此同时，出租车服务价格随服务质量差异递增，则意味着 $G_{q_{R0}=22}$ 情景下出租车服务价格最高，

而服务需求也为最高。服务价格和需求的双重作用使消费者剩余随网约车服务初始服务质量递增。此结果表明网约车服务提高初始服务质量，有利于增加出租车服务的消费者剩余，由此产生溢出效应。

网约车新政推出后，网约车服务供给减少，这是因为符合新政要求的车辆数量锐减，由此带来网约车服务等待时间增加。虽然网约车服务质量可能仍高于出租车服务质量，但网约车服务的等待时间长于出租车服务的平均等待时间。令 $\eta_3=1$，其余参数与上述算例相同，消费者剩余与网约车服务等待时间的关系如图 5-5 所示。图 5-5（a）为出租车服务的消费者剩余随网约车服务等待时间的变化情况，不同于图 5-4（a），当 $t \geqslant \bar{t}$ 时，消费者剩余随等待时间先减后增。若两种服务的服务质量较为接近，网约车服务等待时间的增加进一步缩小了二者服务质量的差距，并且降低了出租车服务价格和需求。当网约车服务等待时间处于较低区间时，二者服务质量虽然接近但差距相对较高，出租车服务需求降低对消费者剩余的减少作用更为强烈，因此消费者剩余呈现减少趋势。而当二者服务质量十分接近，即网约车服务等待时间较长时，出租车服务价格降低对乘客效用的增加影响更为显著，因此消费者剩余随之增加。总消费者剩余如图 5-5（b）所示，其随网约车服务等待时间递减，表明两种服务的服务质量差异越大，总消费者剩余越大。这一结果也说明鼓励两种服务差异化发展，既有利于实现二者共存，又有利于提高总消费者剩余。

当网约车服务等待时间远高于出租车服务等待时间，即网约车服务质量低于出租车服务质量时，总消费者剩余随网约车服务等待时间的变化情况如图 5-6 所示。总消费者剩余随网约车等待时间递减。情景 2 中网约车服务等待时间越长意味着两种服务的服务质量差异越大。此结果表明两种服务差异化的增大削减了消费者剩余。鉴于此，在情景 2 中实现两种服务共存的前提是，二者同质化程度越高越有利于增加消费者剩余。若已知网约车服务等待时间，网约车服务初始服务质量越高，两种服务的服务质量差距越小，即 $|G_{q_{R0}=18}|>|G_{q_{R0}=20}|>|G_{q_{R0}=22}|$。由图 5-6 可知，消费者剩余随网约车服务初始服务质量递增，再次说明了降低两种服务差异化程度有利于提高消费者福利。

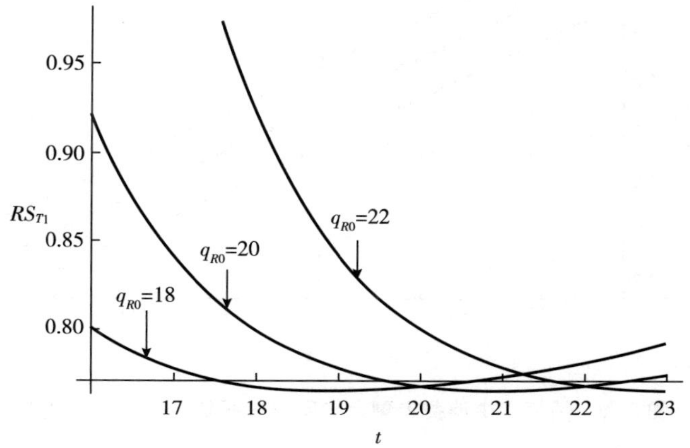


（a）选择出租车服务的消费者剩余

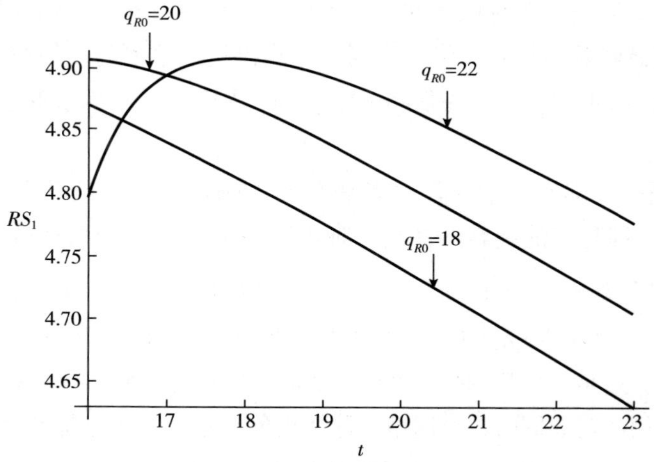


（b）总消费者剩余

**图 5-5 情景 1 中消费者剩余与网约车服务等待时间的关系（$t \geqslant \bar{t}$）**

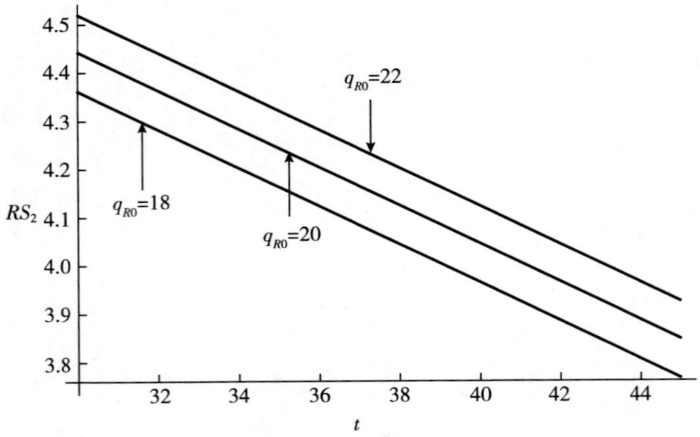


**图 5-6　情景 2 中消费者剩余与网约车服务等待时间的关系**

本章假设出租车服务初始质量不变，为 $q_{T0}=15$。而上述对情景 2 中消费者剩余的分析表明，当满足两种服务共存的条件时，两种服务差异化越低，总消费者剩余越高。这意味着在情景 2 中，可通过提高出租车服务的初始质量或缩短网约车服务的等待时间，缩小两种服务的服务质量差异，从而实现更高的消费者剩余。

（2）总网络外部性系数对消费者剩余的影响。上述讨论基于总网络外部性为正（$\alpha=1$），即越多的乘客选择同一种出行服务所带来的乘客效用更高，本部分探讨总网络外部性的高低及正负情况对消费者剩余的影响，令 $q_{R0}=20$、$\tilde{\phi}=0.3$、$q_{T0}=15$、$\eta_1=0.2$、$\eta_2=0.5$。总网络外部性为正时的总消费者剩余高于其为负时的相应值，这是因为总网络外部性为负时，选择同一种出行服务的乘客会降低彼此之间的效用。与此同时，总网络外部性正负对服务价格与需求无影响，因此负网络外部性的存在一定程度上减少了消费者剩余。对比图 5-7（c）与图 5-7（d）可知，当总网络外部性为负时，其值越小，消费者剩余越低。当总网络外部性为正且较低时（如 $\alpha=1$），由上述分析可知，网约车服务的消费者剩余随网约车服务等待时间递增，而出租车服务的消费者剩余随网约车服务等待时间递减，二者相互作用，最终使总消费者剩余随网约车服务等待时间递减。而图 5-7（b）与图 5-7（a）中的图形变化趋势相反。当总网络外部性为正且较高时（$\alpha=2$），两种服务的服务质量差异较小降低了出租车服务的需求，使选择出租车服务的消费者剩余减少，但此时网约车的价格降低且需求增加，其为乘客带来了较多的消费者剩余的增加。由于较高的正总网络外部性的存在，使网约车服务的消费者剩余增加量高于出租车服务的消费者剩余减少量，因此图 5-7（b）的曲线的变化趋势与图 5-7（a）相反。

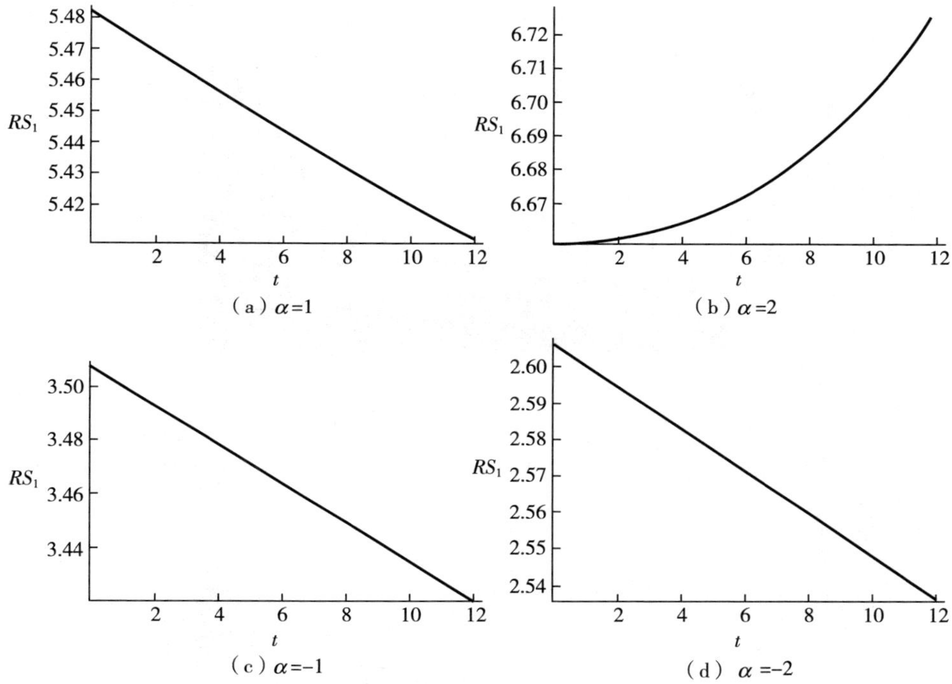


**图 5-7　情景 1 中不同总网络外部性情况下消费者剩余与网约车服务等待时间的关系（$t<\bar{t}$）**

### 5.4.2　参数对两种服务共存条件的影响

根据定理 5-1 可知，当总网络外部性为正时，在情景 1 中，两种服务共存的条件为 $G \geqslant A$。由图 5-8（a）所示，已知总网络外部性为正，当乘客组成较为同质时，只有当两种服务的服务质量差异足够大时，两种服务才可共存。由于乘客类型较为同质，若两种服务也较为同质，则具有服务质量优势的网约车服务将独占市场，迫使出租车服务退出市场。因此，在此种情景下，实现两种服务共存需要两种服务具有较高的异质性。与此同时，乘客组成较为同质或较为异质时，服务质量差异的变化较小。已知乘客组成，总网络外部性越高，对两种服务共存的条件要求越为严格，需较高的服务质量差异。总网络外部性较高意味着选择同一种服务的乘客之间的效用增加作用显著，因此乘客倾向于选择同一种服务。只有当两种服务具有较高异质性时，才能削弱乘客选择同一种服务的趋势。

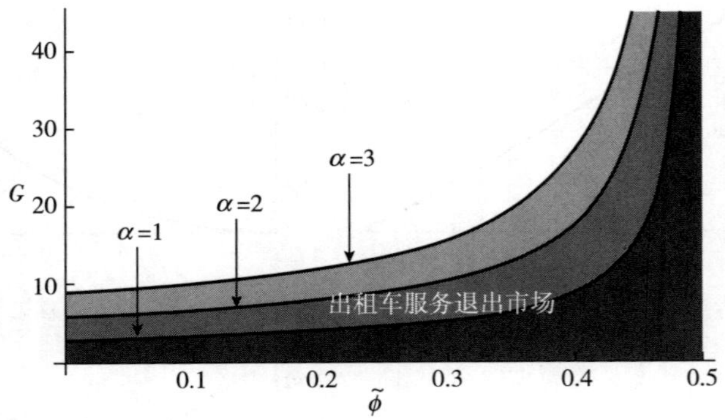


（a）$G>0$

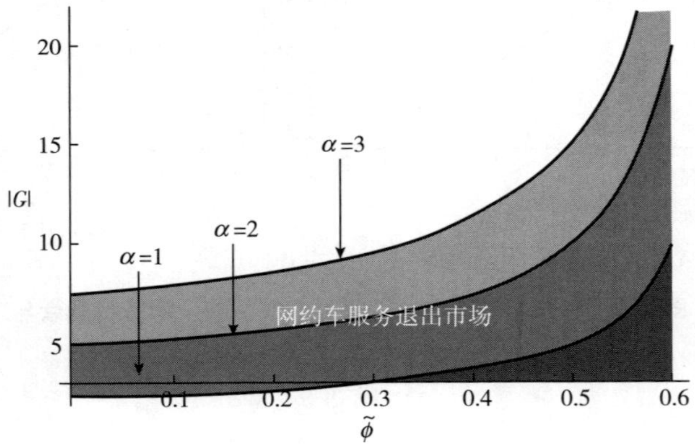


（b）$G<0$

**图 5-8　两种情景下两种服务存在状态与服务质量差异及乘客类型组成的关系（$\alpha>0$）**

当出租车服务具有服务质量优势且总网络外部性为正时，服务共存的服务质量差异的临界值与总网络外部性的关系与情景 1 类似，但其乘客组成多样化范围缩小，即 $\tilde{\phi}$ 由 0.5 扩大为 0.667。与此同时，在情景 2 中两种服务共存的服务质量差异的临界值随乘客组成类型 $\tilde{\phi}$ 的变化较为平缓。而情景 1 中此临界值在乘客组成类型为中等水平时变化较大。此结果表明当总网络外部性为正时，两种服务共存需要一定的服务质量差异。同时，乘客类型较为多样化降低了二者共存所需的服务质量差异，即二者共存的空间增大。因此，需注意两种服务的服务质量的相对高低，以及总网络外部性的大小，以探寻与之相适宜的共存条件。

## 5.5 对网约车监管的启示

当无网约车服务时，市场中仅存在出租车服务，此时出租车服务的最优价格为 $p_T^{N*}=0.5q_T$，出租车服务利润为 $\pi_T^{N*}=\dfrac{q_T^2}{4(q_T-\alpha)}$。网约车服务的进入抢占了出租车服务的市场份额，降低了出租车服务的利润。网约车新政通过规定网约车司机户籍、车型等，降低了网约车服务的供给，在一定程度上为二者共存创造了条件。本章中的研究结果表明，通过提供差异化服务可实现两种服务的共存，但其隐含的条件为出租车服务利润非负。在现实中，人们往往存在参照依赖的偏好，同样出租车司机也存在参照依赖心理。Kahneman 和 Tversky 指出人们做决策时不仅考虑其最终的经济结果，还会考虑相对于参考点的结果的变化。[167] 因此即使出租车服务在竞争市场中仍可获利，但若低于出租车服务单一存在时的利润时，出租车司机仍会表示不满。当两种服务竞争时，出租车服务通常根据无网约车服务时的利润作为可以接受的利润基准值。因此，本节基于参照依赖理论，进一步分析网约车服务等待时间对出租车服务利润的影响，从而为网约车服务监管政策提供一定的理论支撑。

本节假设网约车服务进入市场后，出租车服务的利润高于无网约车服务时的相应利润$\pi_T^N$，出租车司机将接受网约车服务的进入。出租车服务价格基于原有的公共出行方式的运力及道路资源等因素，并未考虑网约车服务的竞争冲击。本节首先讨论较为特殊的情景即当出租车服务单一存在时，出租车服务价格为实现利润最大化时的价格 $p_T^{N*}$；当网约车服务进入后，出租车服务将基于网约车服务价格制定最优反应价格，将其价格调整为 $p_T^*$。

在情景 1 中，当两种服务共存时，出租车服务的利润为 $\pi_T^*=\dfrac{1}{8(G-2\alpha)}$

$[3\alpha(-1+\tilde{\phi})+G-2\tilde{\phi}G]^2$。当无网约车服务时，出租车服务的利润为$\pi_T^N=\frac{q_T^2}{4(q_T-\alpha)}$。令 $q_{R0}=18$、$q_{T0}=15$、$\eta_1=0.2$、$\eta_2=0.5$，出租车服务在网约车服务进入前后的利润差值 $\Delta\pi=\pi_T^*-\pi_T^N$，其与网约车服务等待时间关系如图 5-9 所示。

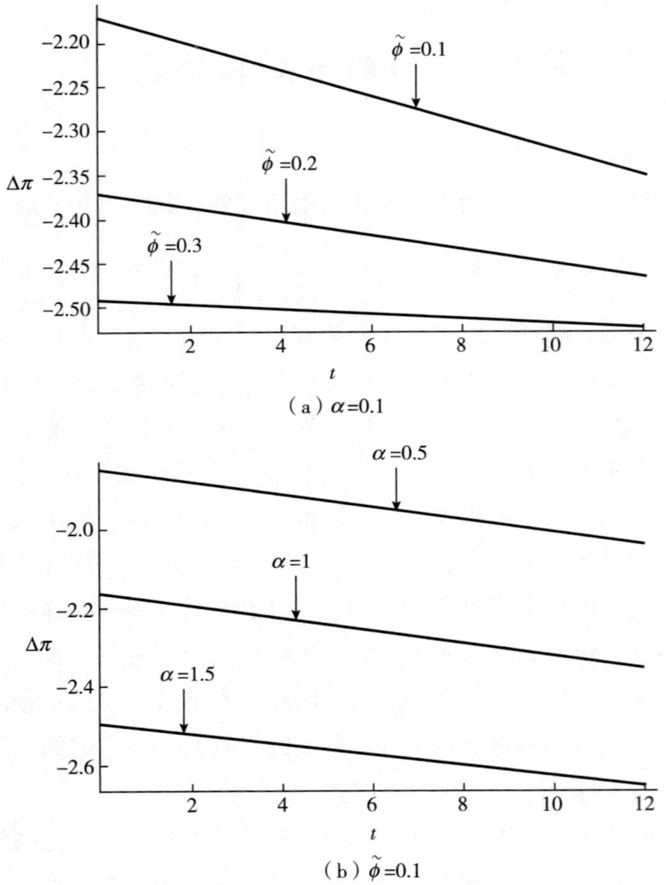


**图 5-9 出租车服务利润差值与网约车服务等待时间的关系（$G>0$，$t<\bar{t}$）**

由图 5-9（a）和图 5-9（b）可知，已知总网络外部性，出租车利润差值随网约车服务等待时间递减。两种服务越同质，网约车服务的进入对出租车服务利润的降低作用越强。虽然两种服务同质性高，但网约车服务仍具有服务质量优势，能够吸引较多的乘客，因此网约车的进入会大幅度地降低出租车服务的利润。此结果表明若两种服务具有一定的异质性，可以较少地减少出租车服务利润，即可以在一定程度上平息出租车司机的不满。这需要网约车服务凭借其信息技术和大数据的优势，以提供更短等待时间的服务。已知网约车服务等待时间，出租车服务利润差值随乘客组成类型的多样化而递增，即随 $\tilde{\phi}$ 递减。更多样化的乘客组成，即市场总份额的增加，可以在网约车服务进入市场后，使出租车服务仍维持一定的市场份额，减少网约车服务进入对出租车服务带来的冲击。已知网约车服务等待时间，出租车服务利润差值随总网络外部性递减。此结果表明若总网络外部性较高，网约车服务的进入对出租车服务的冲击较大，导致其利润显著降低。网约车服务具有质量优势，较高类型乘客偏好网约车服务，同时，较高的网络外部性使较低类型乘客也会选择网约车服务以实现较高的效用。因此出租车服务的需求降低。由推论 5-1 可知，出租车服务价格随总网络外部性递减，因此总网络外部性越高，在竞争情景中出租车服务的利润越低。

若在网约车进入市场后，保持出租车服务利润不低于无竞争时的相应值可以平息出租车司机的不满。由 $\Delta\pi=\pi_T^*-\pi_T^N>0$，可推出当两种服务的服务质量差距 $G$ 不低于 $\underline{G}$ 时，其中 $\underline{G}=\dfrac{\dfrac{\alpha^2(-3+9\tilde{\phi}-6\tilde{\phi}^2)+3\alpha(1-3\tilde{\phi}+2\tilde{\phi}^2)}{q_{T0}+q_{T0}{}^2}}{(1-2\tilde{\phi})^2(q_{T0}-\alpha)}+\dfrac{\sqrt{\begin{array}{l}q_{T0}{}^2[2\alpha^2(-1+\tilde{\phi}^2+2\tilde{\phi}^2)-\\2\alpha(-1+\tilde{\phi}^2+2\tilde{\phi}^2)q_{T0}+q_{T0}{}^2]\end{array}}}{(1-2\tilde{\phi})^2(q_{T0}-\alpha)}$，出租车服务将不会抵制网约车服务的进入。基于以上结果本章认为若基于服务质量的视角，政府应鼓励网约车提供更为优质的服务，以便与传统出租车服务形成差异化。一方面，网约车可通过提供更为舒适的服务体验而提高服务质量的初始值；另一方面，网约车可进一步借助信息技术与大数据优势，精准匹配供需，快速响应服务需求，缩短服务等待时间，增加与出租车服务的异质性，以实现二者的共同发展。目前，各地区实施的网约车新政多从司机户籍、车型等方面设置准入门槛，并未深入探讨服务质量差异对两种服务共存的影响。网约车管制需考虑多种因素对服务价格与需求的影响。需注意的是，当两种服务的服务质量差距 $G$ 不低于 $\underline{G}$ 时，此时竞争情景中的出租车服务最优价格 $p_T^*$ 高于仅有出租车服务时的最优价格 $p_T^{N*}$。这表明当网约车服务出现后，出租车服务若保持原有价格，并不能实现利润最大化，需要调整出租车服务价格。

现实中，出租车服务价格并未明显调整，仍沿用其单一存在时的服务价格，即 $\tilde{p}_T$。同时，出租车服务的定价基于原有的公共出行方式的运力及道路资源等因素，并非按照出租车利润最大化定价，因此 $\tilde{p}_T$ 并不一定与 $p_T^{N*}$ 相等。此时，出租车服务在网约车服务进入市场前后的利润分别为 $\tilde{p}_T\left(1-\frac{\tilde{p}_T-\alpha}{q_T-\alpha}\right)$ 和 $\tilde{p}_T\left\{\frac{[G-\tilde{p}_T-(3+\tilde{\phi})\alpha]}{2(G-2\alpha)}-\tilde{\phi}\right\}$。令出租车服务利润差值为 $\Delta\pi=\pi_T^*-\pi_T^N$，$q_{R0}=18$、$q_{T0}=15$、$\eta_1=0.2$、$\eta_2=0.5$、$\tilde{\phi}=0.4$、$\alpha=1$。出租车服务利润差值与出租车服务价格及网约车服务等待时间的关系如图 5-10 所示。出租车服务利润差值 $\Delta\pi$ 随出租车服务价格先递减。网约车服务的进入降低了出租车服务的利润。由命题 5-3 可知，由于情景 1 中网约车提供更为优质的服务，因此网约车服务价格高于出租车服务价格。当出租车服务价格较低时，其利用价格竞争优势削弱了网约车服务的服务质量优势，此时网约车服务的进入对出租车服务利润的影响较小。已知出租车服务价格，出租车服务利润差值随网约车服务等待时间递减。这说明网约车服务等待时间越短，不仅有利于吸引更多的乘客，还有利于满足出租车司机的利润基准。因此与 $p_T=p_T^*$ 类似，政府可以从扩大两种服务的服务质量差异入手，即促进网约车服务提供更为便捷的服务，以实现二者有效竞争。

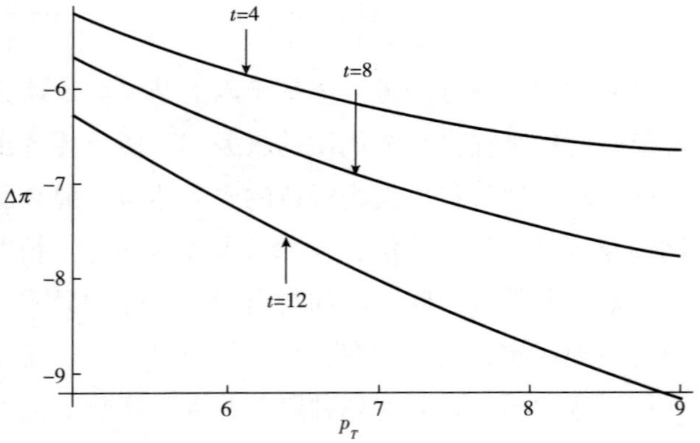


**图 5-10 出租车服务利润差值与出租车服务价格及网约车服务等待时间的关系（$G>0$，$t<\bar{t}$）**

在情景 2 中，类似于情景 1 中的讨论，本部分探讨当只存在出租车服务时，其定价为 $p_T^{N*}$，而在网约车服务进入后，其将价格调整为 $p_T^*$ 的情况。此时出租车服务在单一存在和竞争情景中的利润分别为$\frac{q_T^2}{4(q_T-\alpha)}$和$\frac{[(\tilde{\phi}-2)G-3\alpha(1-\tilde{\phi})]^2}{8(-G-2\alpha)}$，其中 $G=q_R-q_T<0$。令 $\eta_3=1$，其余参数与情景 1 中的讨论相同。出租车服务利润差值与网约车服务等待时间的关系如图 5-11 所示。

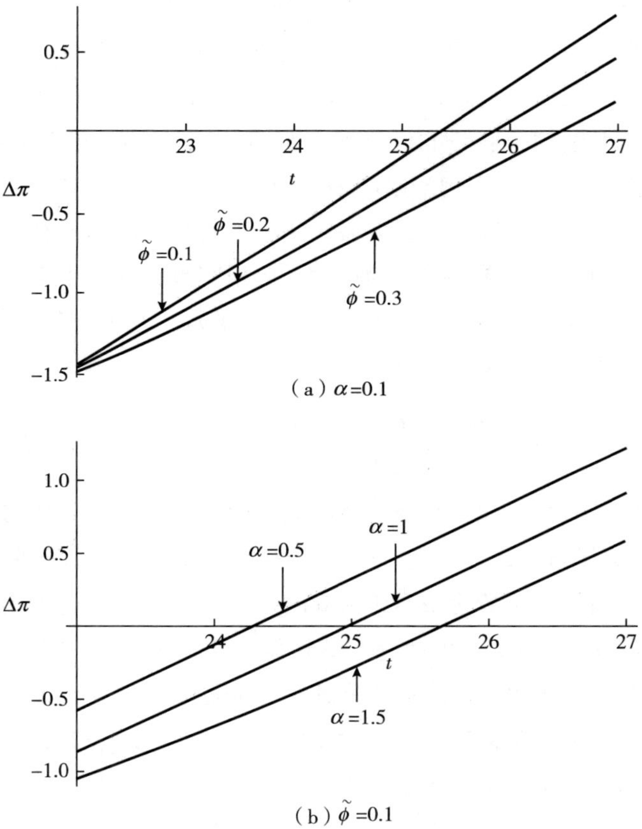


（a）$\alpha$=0.1

（b）$\tilde{\phi}$=0.1

**图 5-11　出租车服务利润差值与网约车服务等待时间的关系（$G$<0）**

出租车利润差值随网约车服务等待时间递增。与情景 1 中的结果类似，也可将其理解为出租车服务利润差值随两种服务的服务质量差距 $|G|$ 递增。此结果表明当两种服务具有一定的异质性时，网约车服务的进入对出租车服务利润的影响较小，甚至会带来利润的增加。已知网约车服务等待时间，出租车服务利润差值与乘客组成类型的多样化及总网络外部性的关系均与情景 1 中的相应关系相似。

在情景 2 中，当两种服务的服务质量差距 $|G|$ 不低于 $\underline{G}_1=\frac{-3\alpha^2(2-3\tilde{\phi}+\tilde{\phi}^2)+3\alpha(2-3\tilde{\phi}+\tilde{\phi}^2)q_{T0}+q_{T0}{}^2+\sqrt{q_{T0}{}^2[\alpha^2(4+2\tilde{\phi}-2\tilde{\phi}^2)+2\alpha(-2-\tilde{\phi}+\tilde{\phi}^2)q_{T0}+q_{T0}{}^2]}}{(2-\tilde{\phi})^2(q_{T0}-\alpha)}$ 时，网约车服务的进入并未削弱出租车服务的获利能力。因此，确保两种服务之间的差异性，既可满足出租车司机对利润的要求，又可实现了两种服务的共存。这一结论与情景 1 中的结论相同，但其作用机理不同。在情景 2 中，由推论 5-3 可知，两种服务的服务质量差距越大，出租车服务的价格越低且其需求越高。出租车服务为了应对网约车服务的低价竞争策略，也降低了服务价格。与此同时，二者服务质量差异较大，即使出租车服务价格高于网约车服务，但服务质量优势仍使较多乘客选择出租车服务。服务需求的增加对利润的影响高于价格降低对利润的影响，因此随着服务质量差距的扩大，出租车服务获利更多。

若出行市场中仅存在出租车服务，其价格为 $\tilde{p}_T$，当网约车服务进入市场后，出租车服务价格不变，仍为 $\tilde{p}_T$。此时出租车服务在网约车服务进入前后的利润分别为 $\tilde{p}_T=\left(1-\frac{\tilde{p}_T-\alpha}{q_T-\alpha}\right)$ 与 $\tilde{p}_T=\left[1-\frac{\tilde{\phi}|G|+\tilde{p}_T-(1+3\tilde{\phi})\alpha}{2(|G|-2\alpha)}\right]$。与情景 1 不同，情景 2 中，出租车服务利润差值与出租车服务价格的关系受网约车服务等待时间的影响。当网约车服务等待时间较长（$t=27$）时，出租车服务利润差值随出租车服务价格递增，尤其是当出租车服务价格高于 4.6 时，网约车服务的进入提高了出租车服务的利润，如图 5-12 所示。由命题 5-3 可知，由于情景 2 中出租车提供更为优质的服务，因此出租车服务需求高于网约车服务需求。由推论 5-3 可知，出租车服务需求随服务质量差距递增。当网约车服务等待时间较长时，两种服务的服务质量差距增大，由此带来出租车服务需求的增加。与此同时，较高的服务价格也提高了出租车的获利能力。结合服务价格和需求的双重影响，当出租车服务在二者服务差距较大且自身服务价格较高时，网约车服务的进入提高了出租车服务的利润。但需注意两种服务价格的提高，在一定程度上降低了消费者剩余。

当网约车服务等待时间较短时，虽然出租车服务质量高于网约车服务质量，但二者较为接近，网约车服务的进入占有了较多的出租车服务市场份额，因此出租车服务在竞争中的利润低于其单一存在时的利润。与此同时，出租车服务利润差值随出租车服务价格递减。鉴于两种服务较为同质，出租车服务较高的价格会削弱自身的服务质量优势，从而降低利润。

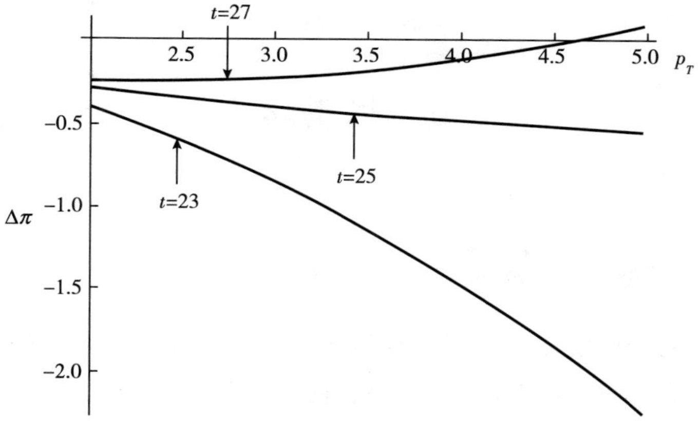


**图 5-12 出租车服务利润差值与出租车服务价格及网约车服务等待时间的关系（*G*<0）**

在情景 2 中，两种服务的服务质量差距越大，实现出租车司机的利润基准的服务价格越低，因此政府仍应着手扩大两种服务的服务质量差距。政府可促进网约车服务与出租车服务的合作，将出租车服务接入网约车服务平台，增强其服务响应性，缩短出租车服务等待时间，以形成更为差异化的服务。2016 年 11 月，滴滴出行宣布已与 150 多家出租车企业达成合作，通过滴滴大数据派单匹配，提高了出租车司机收入和运营效率，改善了乘客出行体验。[168]

目前，各地区新政采取准入管制的方式降低了网约车服务供给，增加了网约车服务等待时间，但并未十分有效地解决乘客出行的“打车难”问题。这是由于实践中网约车服务的服务质量往往高于出租车服务质量，因此网约车服务等待时间的增加并未扩大两种服务的差异性。基于以上分析，得到结论 5-4。

**结论 5-4** 扩大两种服务的服务质量差异将有利于两种服务的共存。

政府在制定网约车管制策略时，首先应分析网约车服务质量与出租车服务质量的关系，若网约车服务的服务质量更为优良，如专车的服务质量往往高于出租车服务，则可通过进一步提高网约车服务质量，如利用信息技术更为精准定位和匹配乘客，由此扩大两种服务的异质性，实现二者共存。若出租车的服务质量更高，如拼车或顺风车的服务质量往往低于出租车服务，则可通过将出租车服务接入网约车服务平台，提高出租车服务的便利性，以实现更高的服务质量差异，有助于形成两种服务的有效竞争。

# 5.6 模型拓展

### 5.6.1 考虑服务转移成本

由于存在对新产品或新服务的使用流程不熟悉、较难改变自己已形成的使用习惯等问题，人们使用新产品或服务时，往往具有转移成本。[169] 网约车服务作为新进入者，原使用出租车服务出行的乘客转而选择网约车服务时也存在一定的转移成本，如下载 App、学习如何使用 App 下订单、了解网约车服务流程等。令 $c_s$ 表示乘客使用网约车服务的转移成本，乘客使用网约车服务的效用变为 $U_R=\phi q_R(t)-p_R+\alpha n_R-c_s$。与基础模型的计算过程类似，可得到定理 5-3。

**定理 5-3** （1）当 $\alpha\geqslant0$ 且 $0<\tilde{\phi}<\frac{1}{2}$ 且 $G>A_1$ 时，或当 $\alpha<0$ 时，两种服务共存。网约车服务和出租车服务的最优价格分别为 $p_R^*=\frac{(3-2\tilde{\phi})G-5\alpha(1-\tilde{\phi})-c_s}{4}$，$p_T^*=\frac{(1-2\tilde{\phi})G-3\alpha(1-\tilde{\phi})+c_s}{2}$。两种服务的需求分别为 $n_R^*=\frac{(3-2\tilde{\phi})G-5\alpha(1-\tilde{\phi})-c_s}{4(G-2\alpha)}$，$n_T^*=\frac{(1-2\tilde{\phi})G-3\alpha(1-\tilde{\phi})+c_s}{4(G-2\alpha)}$，其中 $A_1=\frac{3\alpha(1-\tilde{\phi})-c_s}{1-2\tilde{\phi}}$。

（2）当 $\alpha\geqslant0$ 且 $0<\tilde{\phi}<\frac{2}{3}$ 且 $-G>B_1$ 时，或当 $\alpha<0$ 时，两种服务共存。网约车服务和出租车服务的最优价格分别为 $p_R^*=\frac{(3\tilde{\phi}-2)G-5\alpha(1-\tilde{\phi})-c_s}{4}$，$p_T^*=\frac{(\tilde{\phi}-2)G-3\alpha(1-\tilde{\phi})+c_s}{2}$。两种服务的需求分别为 $n_R^*=\frac{(3\tilde{\phi}-2)G-5\alpha(1-\tilde{\phi})-c_s}{4(-G-2\alpha)}$，$n_T^*=\frac{(\tilde{\phi}-2)G-3\alpha(1-\tilde{\phi})+c_s}{4(-G-2\alpha)}$，其中 $B_1=\frac{5\alpha(1-\tilde{\phi})+c_s}{2-3\tilde{\phi}}$。

**证明：**与定理5-2类似，此处略。

由定理5-3可知，无论两种服务质量的相对高低，由于使用网约车服务具有转换成本，因此，网约车服务价格和需求分别降低了$\frac{c_s}{4}$和$\frac{c_s}{[4(|G|-2\alpha)]}$，出租车服务价格和需求则分别提高了$\frac{c_s}{2}$和$\frac{c_s}{[4(|G|-2\alpha)]}$。人们形成一定的出行习惯，不易改变，因此转移成本的存在对新进入市场的网约车服务不利，其需降低服务的使用难度，便于用户较快的熟悉和便利的使用。与此同时，以$G>0$为例，当考虑转移成本时，两种服务共存的范围扩大，服务转移成本越高，两种服务共存的范围越大。当转移成本$c_s=\alpha(1+\tilde{\phi})$时，满足$G>2\alpha$条件即可实现两种服务的共存。现实中，网约车服务的进入虽然掠夺了出租车服务的需求和利润，但二者仍可共存。由于乘客使用网约车服务具有一定的服务转移成本，即使网约车服务更为便利，一部分乘客仍会选择使用出租车服务。

当网约车服务质量不及出租车服务质量时，服务价格与需求的变化与情景1类似。

### 5.6.2 考虑忠实乘客

当两种同质的产品或服务竞争时，有一部分消费者只会偏好其中一种，可谓是忠实乘客，其并不会因为新产品或新服务的出现而改变其购买决策，而另一部分乘客则会根据两种产品促销或更新情况而“摇摆不定”。[170,171] 虽然网约车提供与出租车类似的出行服务，但作为新进入者，乘客存在学习使用等问题，如老年人对手机App的应用较为生疏，因此转而使用网约车服务的概率较低。即使网约车服务具有便利性和良好的服务体验等优势，但仍有一部分乘客选择出租车服务，不会因网约车服务的服务质量或服务补贴而改变选择。这部分乘客对网约车服务与出租车服务竞争所带来的价格或服务质量的变化不敏感。需注意在基础模型中，市场总需求为$1-\tilde{\phi}$，乘客在网约车服务和出租车服务中选其一，因此若存在此种忠实乘客则降低了两种服务自由竞争的市场需求，即$\tilde{\phi}$增加。$\beta$表示出租车服务的忠实乘客的数量，且$0<\beta<1-\tilde{\phi}$。

**命题5-5** 出租车服务的忠实乘客越多，两种服务的最优价格越低。网约车服务需求随忠实乘客数量增加而降低，出租车服务需求随忠实乘客数量增加而增加。

当出租车服务忠实乘客数量增加时，网约车服务为了提高竞争力，试图通过降低服务价格来获得价格竞争优势。出租车服务作为市场领导者，察觉到网约车服务的此种行为，因此也会适度降价。与此同时，由 $\left|\frac{\partial p_R}{\partial \tilde{\phi}}\right| > \left|\frac{\partial p_T}{\partial \tilde{\phi}}\right|$ 可推出随着出租车服务忠实乘客数量增加，出租车服务降价的程度低于网约车服务。由于一部分出租车服务乘客不会选择网约车服务，因此出租车服务的需求有所保证。在情景 1 中，由于存在忠实乘客，虽然网约车服务质量优于出租车服务，但对忠实乘客的选择并无影响，这表明两种服务自由竞争的市场份额缩小。网约车服务不同于传统的出租车服务，其服务提供者为自雇用形式的私家车车主，因此当网约车服务面临的市场整体需求较小时，由于存在跨边网络外部性，降低了服务提供者的数量，进而影响了网约车服务的等待时间。而为了保持一定的服务质量，网约车平台将通过保证一定的服务价格水平以维持服务提供者数量，尽力实现服务供给与需求的高效匹配，促使乘客选择网约车服务。而忠实乘客的存在，使出租车服务能够降低价格吸引更多的乘客，同时保持一定的利润水平。因此，出租车服务需求随忠实乘客数量的增加而增加，即 $\frac{\partial n_T}{\partial \beta}>0$。与之相反，忠实乘客越多，两种服务竞争的市场需求越小，网约车服务即使低价高质，但需求仍会降低，即 $\frac{\partial n_R}{\partial \beta}<0$。

当出租车服务质量优于网约车服务质量时，服务价格与服务需求的变化与情景 1 相似。

## 本章小结

首先，本章基于网约车与出租车竞争的视角，利用等待时间刻画网约车服务和出租车服务的服务质量，分别讨论并比较了在网约车服务质量高于或低于出租车服务质量的两种情景下，两种服务的定价策略及共存条件。通过数值算例分析服务等待时间、网约车服务质量初始值及总网络外部性等参数对消费者剩余和两种服务共存条件的影响。其次，本章基于服务质量差异的视角，探讨了网约车服务监管问题，并提出通过扩大两种服务的质量差异，实现出租车司机的利润基准，从而促使两种服务共同发展。最后，本章探讨了乘客转移成本和忠实乘客数量对两种服务定价策略的影响。

# 6 网约车服务价格管制策略研究

基于前文对网约车服务的定价研究，我们对网约车服务已有深入了解。由于网约车服务的出现，打破了原有出租车服务的市场均衡，给出租车服务带来了强烈冲击。自 2016 年起，国家出台了一系列的网约车管制政策。前人关于网约车服务管制的研究多注重政策分析与对比，以及法理和社会影响等问题，并没有考虑网约车服务与出租车服务竞争情景下，如何通过管制策略实现双赢即出租车司机无抵制情绪且网约车服务具备生存空间，以及管制目标对价格管制策略制定的影响。鉴于此，本章从价格管制策略入手，探究网约车服务的管制策略。

## 6.1 问题描述

鉴于网约车服务与出租车服务的相似性，可借鉴出租车服务的管制方式。出租车服务管制主要从价格管制和数量管制两方面展开。目前，网约车新政主要设立准入门槛，实现数量管制。与传统出租车服务的数量管制不同，网约车服务的准入管制涉及服务提供者的户籍以及车牌、车型等情况。受新政影响，在限制严格的城市中符合条件的网约车数量锐减。面临服务提供者大幅度减少的局面，网约车平台的反应是提高服务价格。[172] 一方面，准入门槛的设置最终影响服务价格；另一方面，由于网约车服务基于“使用而非拥有”的共享理念，无须多大的公共资源占用和支出，采取与房屋限购、户籍管理等相关管制方式。[173] 易引起社会矛盾。[133,174] 同时，准入管制对于神州专车这种 B2C 模式，影响甚微。因此，本章考虑网约车服务与出租车服务竞争市场中，按照服务感知体验的高低将网约车服务分为高端服务如专车服务和低端服务如顺风车服务，政府政策直接从价格入手，探讨如何通过价格管制分别实现参与和公平两个管制目标。参与目标立足于利润的视角，旨在实现出租车司机的净利润非负；而公平目标基于服务需求的视角，旨在实现出租车服务需求量高于出租车司机能够接受的需求量底线。

本章使用的主要符号及其含义如表 6-1 所示。

**表 6-1　符号说明**

| 符号 | 含义 |
|---|---|
| $v$ | 乘客对出租车服务估值 |
| $v_g^I$ | 乘客选择 $g$ 服务的服务估值阈值 $g$（$g$=$T$ 或 $R$） |
| $v^d$ | 乘客选择网约车服务和出租车服务的估值无差异点 |
| $\alpha$ | 乘客对网约车服务的感知体验系数 |
| $p_g$ | $g$ 服务的服务价格 $g$（$g$=$T$ 或 $R$） |
| $c_R$ | 网约车服务的单位运营成本 |
| $c_T$ | 出租车服务的单位运营成本 |
| $\lambda_g$ | $g$ 服务的需求 $g$（$g$=$T$ 或 $R$） |
| $\pi_g$ | $g$ 服务的利润 $g$（$g$=$T$ 或 $R$） |

注：T 和 R 分别表示出租车服务和网约车服务的相应变量。

## 6.2　基础模型

出租车服务弥补了公共交通运力不足并满足了乘客的个性化出行需求。本章研究的出行市场主要包括出租车服务和网约车服务，而其他出行服务如公交车、地铁等并不在探讨范围内。

### 6.2.1　无竞争市场模型

无竞争市场指的是出行市场中仅存在出租车服务，即单一服务。乘客对出租车服务的感知价值不同，即具有异质性。假设乘客的总数为 1，乘客对出租车服务的估值由随机变量 $v$ 刻画。本章假设 $v$ 服从均匀分布，即 $v \sim U[0, V]$。鉴于出行服务市场是一个动态系统，为了剔除这种动态变化，与出租车市场研究相类似，[146,147] 本章假设研究的焦点为一天中的某一段时间，如早上9点到10点。本章关注的是某一时间段内的需求，并排除高峰期与拥堵期。与 Douglas[143] 的研究相似，本章假设在某一区域内乘客的打车里程相同，均为L，因此可将此行程的总费用作为服务价格 $p_T$。乘客选择出租车服务的效用为 $U_T(v, p_T)=v-p_T$。不失一般性地，本章假设乘客的外部机会选择效用为0。当且仅当乘客对出租车服务估值不低于服务价格，即 $U_T(v, p_T)\geqslant 0$ 时，乘客选择使用出租车服务，否则，乘客选择公交车、地铁等方式出行。$v_T^I$ 表示乘客选择出租车服务与外部机会的无差异点，无竞争市场中出租车服务需求为：

$$\lambda_T=Pr(U_T\geqslant 0)=1-\frac{v_T}{V}=1-\frac{p_T}{V} \tag{6-1}$$

$\pi_T$ 表示出租车服务的利润，则 $\pi_T(p_T)=\lambda_T(p_T-c_T)$，其中 $c_T$ 为服务的运营成本。

### 6.2.2 竞争市场模型

拓展6.2.1节中的模型，考虑网约车服务与出租车服务共存的竞争市场。从2010年易到用车创立，到滴滴打车分别与快的打车、优步（中国）合并，网约车服务迅猛发展，给出租车服务带来了巨大的竞争压力。出租车服务市场由无竞争变为激烈竞争。

网约车服务满足了不同类型乘客的需求。打开滴滴出行 App，可看到其为乘客提供多种服务选择，如专车、顺风车、快车等。专车以配备高档车型和高水平司机著称，给乘客提供了不一样的乘车体验，但其价格较高，本章将其称为高端服务。而快车或顺风车充分利用车辆空闲座位，立足于便捷和低价，但其服务水平欠佳，本章将其称为低端服务。注重服务质量的乘客会选择专车，而关注价格的乘客可选择快车、顺风车等。本章采用服务体验感知系数 $\alpha$ 刻画网约车服务与出租车服务在服务体验感知方面的差异，其中，$\alpha>1$ 意味着网约车服务的感知服务水平高于出租车服务，此时网约车平台提供高端服务，竞争市场可视作专车服务与出租车服务的竞争，称为C1情景；$0<\alpha<1$ 表明网约车服务的感知服务水平低于出租车服务，此时网约车平台提供低端服务，竞争市场可被视为快车或顺风车服务与出租车服务的竞争，称为C2情景。

网约车服务平台具有定价权，可根据市场供需状况进行自由定价，$p_R$ 表示网约车服务价格。乘客对网约车服务的服务体验估值为 $\alpha v$。与无竞争市场相似，乘客选择网约车服务的条件为乘车感知服务体验高于支付的费用，即 $U_R=\alpha v-(1-\theta)p_R\geqslant 0$，其中 $\theta$ 为平台给予乘客补贴的比例。$v_R^I$ 表示乘客选择网约车服务和外部机会的无差异点，市场中若仅存在网约车服务时，网约车服务需求为：

$$\lambda_R=PR(U_R\geqslant 0)=1-\frac{v_R^I}{V}=1-\frac{\bar{\theta}p_R}{\alpha V} \tag{6-2}$$

其中 $\bar{\theta}=1-\theta$。$c_R$ 表示网约车服务的运营成本，则网约车服务的利润为 $\pi_R=\lambda_R(p_R-c_R)$。

在网约车服务与出租车服务竞争共存的情况下，只有当服务效用不低于 0 时，乘客才可能选择此种服务，若两种服务效用均不低于 0，则乘客选择为其带来更高效用的服务，因此存在三种可能的情况：①$U_R\geqslant \text{Max}\{U_T, 0\}$，乘客选择网约车服务；②$U_T\geqslant \text{Max}\{U_R, 0\}$，乘客选择出租车服务；③$U_R<0$，$U_T<0$，乘客选择外部其他服务。由两种服务的效用函数可推出乘客选择两种服务的无差异点 $v^d$，即 $v^d=\frac{(\bar{\theta}p_R-p_T)}{\bar{\alpha}}$，其中 $\bar{\alpha}=\alpha-1$。根据网约车服务的感知服务体验分为两种情景：

（1）C1 情景：网约车平台提供高端服务。当网约车服务价格 $p_R\in\left(0, \frac{\alpha p_T}{\bar{\theta}}\right]$ 时，存在 $v^d<v_R^I<v_T^I$。当乘客的服务估值处于区间 $[0, v_R^I)$ 时，乘客选择网约车服务和出租车服务的效用均低于 0，即 $U_R<0$，$U_T<0$，因此，其会选择外部其他服务，如公交、地铁等。若乘客服务估值处在区间 $[v_R^I, V]$，此时 $U_R\geqslant \text{Max}\{U_T, 0\}$，则乘客将选择网约车服务。此种情况下，网约车平台提供高端服务，服务价格和服务水平的双重作用使其性价比高于出租车服务。与此同时，出租车服务则因网约车的进入而被排除于竞争市场之外。此时，网约车服务需求为 $\lambda_R^{C1}=1-\frac{v_R}{V}=1-\frac{\bar{\theta}p_R}{\alpha V}$，出租车服务需求为 0。

当网约车服务价格 $p_R\in\left(\frac{\alpha p_T}{\bar{\theta}}, \frac{p_T+\bar{\alpha}V}{\bar{\theta}}\right]$ 时，则存在 $v_T^I<v_R^I<v^d<V$。在此条件下，根据乘客对服务的估值不同，其选择可分为三种情况：①服务估值处于 $[0, v_T^I]$ 时，乘客对两种服务的估值较低，无法弥补服务价格，由此导致乘客选择网约车服务或出租车服务的效用均为负，因此乘客将选择外部其他服务。②服务估值处

于 $[v_T^I, v^d]$ 时，其中，若服务估值处于 $[v_T^I, v_R^I]$，此时乘客估值仅能弥补出租车服务价格，因此选择出租车服务；若服务估值处于 $[v_R^I, v^d]$，虽然两种服务均为乘客带来非负的效用，但出租车服务为乘客带来的效用更高，即 $U_R \leqslant U_T$，因此乘客还是会选择出租车服务。③服务估值处于 $[v^d, V]$ 时，两种服务为乘客均带来非负的效用，但网约车为乘客带来的效用更高，即 $U_R \geqslant U_T$，因此乘客选择网约车服务。此情景中两种服务可共存于竞争市场中，这也是本章研究的重点。此时，网约车服务需求为 $\lambda_R^{C1} = 1 - \frac{v^d}{V} = 1 - \frac{\bar{\theta} p_R - p_T}{\bar{\alpha} V}$，出租车服务需求为 $\lambda_T^{C1} = \frac{(v^d - v_T^I)}{V} = \frac{(\bar{\theta} p_R - \alpha p_T)}{\bar{\alpha} V}$。

此外，当网约车服务价格 $p_R \in \left(\frac{p_T + \bar{\alpha} V}{\bar{\theta}}, V\right]$ 时，存在 $v_T^I < v_R^I < V < v^d$。乘客的服务估值处于 $[0, v_T^I]$ 时，其选择地铁、公交车等出行服务。而服务估值较高时，即 $v \in [v_T^I, V]$，乘客选择出租车服务，此时过高的网约车服务价格驱使乘客放弃此种出行方式，出租车服务单一存在于市场中，出租车服务需求为 $\lambda_R^{C1} = 1 - \frac{v_T^I}{V} = 1 - \frac{p_T}{V}$。

基于以上分析，可得在 C1 情景下，出租车服务的需求为：

$$\lambda_T^{C1} = \begin{cases} 1 - \frac{p_T}{V}, & p_R > \frac{p_T + \bar{\alpha} V}{\bar{\theta}} \\ \frac{\bar{\theta} p_R - \alpha p_T}{\bar{\alpha} V}, & \frac{\alpha p_T}{\bar{\theta}} < p_R \leqslant \frac{p_T + \bar{\alpha} V}{\bar{\theta}} \\ 0, & 0 < p_R \leqslant \frac{\alpha p_T}{\bar{\theta}} \end{cases} \tag{6-3}$$

网约车服务的需求为：

$$\lambda_R^{C1}=\begin{cases}0, & p_R>\dfrac{p_T+\bar{\alpha}V}{\bar{\theta}}\\ 1-\dfrac{\bar{\theta}p_R-p_T}{\bar{\alpha}V}, & \dfrac{\alpha p_T}{\bar{\theta}}<p_R\leqslant\dfrac{p_T+\bar{\alpha}V}{\bar{\theta}}\\ 1-\dfrac{\bar{\theta}p_R}{\alpha V}, & 0<p_R\leqslant\dfrac{\alpha p_T}{\bar{\theta}}\end{cases}\tag{6-4}$$

需注意的是，为了表示无竞争市场、竞争市场且网约车平台提供高端服务，以及竞争市场且网约车平台提供低端服务三种不同的市场情况，笔者采用上标 $S$、$C1$ 和 $C2$ 进行区分。

（2）C2 情景：网约车平台提供低端服务。与 C1 情景类似，可推出出租车服务需求为：

$$\lambda_T^{C2}=\begin{cases}1-\dfrac{p_T}{V}, & p_R\geqslant\dfrac{\alpha p_T}{\bar{\theta}}\\ 1+\dfrac{p_T-\bar{\theta}p_R}{\bar{\alpha}V}, & \dfrac{p_T+\bar{\alpha}V}{\bar{\theta}}\leqslant p_R<\dfrac{\alpha p_T}{\bar{\theta}}\\ 0, & 0<p_R<\dfrac{p_T+\bar{\alpha}V}{\bar{\theta}}\end{cases}\tag{6-5}$$

网约车服务的需求为：

$$\lambda_R^{C2}=\begin{cases}0, & p_R\geqslant\dfrac{\alpha p_T}{\bar{\theta}}\\ \dfrac{\bar{\theta}p_R-p_T}{\bar{\alpha}V}-\dfrac{\bar{\theta}p_R}{\alpha V}, & \dfrac{p_T+\bar{\alpha}V}{\bar{\theta}}\leqslant p_R<\dfrac{\alpha p_T}{\bar{\theta}}\\ 1-\dfrac{\bar{\theta}p_R}{\alpha V}, & 0<p_R<\dfrac{p_T+\bar{\alpha}V}{\bar{\theta}}\end{cases}\tag{6-6}$$

由式（6-3）和式（6-4），以及式（6-5）和式（6-6）可知，$\lambda_R^{C1}+\lambda_T^{C1}<1$ 和 $\lambda_R^{C2}+\lambda_T^{C2}<1$ 成立，表明总是存在乘客选择外部其他服务。与此同时，可知当网约车服务价格与出租车服务价格满足一定条件，即 C1 情景中 $\dfrac{p_T+\bar{\alpha}V}{\bar{\theta}}\leqslant p_R<\dfrac{\alpha p_T}{\bar{\theta}}$ 和

C2 情景中$\frac{\alpha p_T}{\bar{\theta}}<p_R\leqslant\frac{p_T+\bar{\alpha}V}{\bar{\theta}}$时，此时两种服务可共存。本章假设 C1 情景中由于较高的服务水平要求，使其服务运营成本高于 C2 情景下的运营成本，即 $c_R^{C1}>c_R^{C2}$。

### 6.2.3 竞争市场分析

在两种服务竞争的出行市场中，与 Kim 和 Hwang[152] 类似，本章假设出租车服务可自行定价，无论网约车服务平台还是出租车公司均是逐利的，其在定价时会考虑竞争对手的价格，由此形成价格竞争博弈。基于两种服务价格的最优反应曲线，可得到价格均衡解，如定理 6-1 所示，其中，$J_1=\frac{[(2\alpha-1)c_{R1}-\alpha c_T]}{2\alpha\bar{\alpha}}$，$J_2=\frac{[(2\alpha-1)c_{R1}-c_T]}{\bar{\alpha}}$，$J_3=\frac{[\alpha c_T-(2-\alpha)c_{R2}]}{\alpha\bar{\alpha}}$，$J_4=\frac{[c_{R2}-(2-\alpha)c_T]}{2\bar{\alpha}}$。

**定理 6-1** 两种服务价格竞争存在唯一均衡解，均衡价格和相应的出行需求如表 6-2 所示。

**证明**：详见附录。

网约车平台和出租车公司根据竞争对手的定价情况单独决策服务价格。根据两种服务的运营成本关系及网约车服务感知体验系数可将均衡解分为四种情境：$\alpha\geqslant1$ 且 $c_R^{C1}\geqslant\alpha c_T$；$\alpha\geqslant1$ 且 $c_R^{C1}<\alpha c_T$；$0<\alpha<1$ 且 $c_R^{C1}\geqslant\alpha c_T$；$0<\alpha<1$ 且 $c_R^{C1}<\alpha c_T$。由表 6-2 可知，两种服务在一些条件下可共存，而在一定条件下二者单独存在。两种服务能否共存依赖于乘客对出行服务价值估计的最大值 $V$。

在情境 1 中，当且仅当 $V>J_1$ 时，两种服务共存。这表明网约车服务与出租车服务共存需乘客对出行服务估值的最大值足够大。同时，这也说明此时乘客对服务的估值差异较大，乘客较为异质，网约车服务的进入增加了出行服务的多样性，满足了单一服务市场无法满足的乘客需求，因此两种服务可以共存。然而，当 $V$ 较小，即 $c_T<V<\frac{(2c_R^{C1}-c_T)}{(2\alpha-1)}$时，尽管网约车平台对乘客有所补贴，但乘客对出行服务估值较低，很难实现正效用，此时网约车服务退出市场。与此类似，当 $V$ 处于中等水平时，出租车服务实现垄断。由于 $\alpha>1$，网约车服务的运营成本远超出租车服务的运营成本，促使网约车平台为了获得利润而制定高价，甚至高于乘客对服务的最大估值，因此，乘客放弃网约车服务。

表 6-2 均衡价格（$p_R$，$p_T$）与相应的出行需求（$\lambda_R$，$\lambda_T$）

| 条件 | $\lambda_R$ | $\lambda_T$ | $p_R$ | $p_T$ |
|---|---|---|---|---|
| $\alpha \geqslant 1$，$c_R^{C1} \geqslant \alpha c_T$ | | | | |
| $V>J_1$ | $1-\frac{(2\alpha-1)(\bar{\alpha}V+c_R^{C1})-\alpha c_T}{\bar{\alpha}V(4\alpha-1)}$ | $\frac{\alpha[\bar{\alpha}V+c_R^{C1}-(2\alpha-1)c_T]}{\bar{\alpha}V(4\alpha-1)}$ | $\frac{\alpha(2\bar{\alpha}V+c_R^{C1}+2c_T)}{\bar{\theta}(4\alpha-1)}$ | $\frac{\bar{\alpha}V+c_R^{C1}+2\alpha c_T}{(4\alpha-1)}$ |
| $\frac{2c_R^{C1}-c_T}{2\alpha-1}<V<J_1$ | 0 | $\frac{\alpha V-c_R^{C1}}{V}$ | 0 | $c_R^{C1}-\bar{\alpha}V$ |
| $c_T<V<\frac{2c_R^{C1}-c_T}{2\alpha-1}$ | 0 | $\frac{V-c_T}{2V}$ | 0 | $\frac{V+c_R^{C1}}{2}$ |
| $\alpha \geqslant 1$，$c_R^{C1}<\alpha c_T$ | | | | |
| $V>J_2$ | $1-\frac{(2\alpha-1)(\bar{\alpha}V+c_R^{C1})-\alpha c_T}{\bar{\alpha}V(4\alpha-1)}$ | $\frac{\alpha[\bar{\alpha}V+c_R^{C1}-(2\alpha-1)c_T]}{\bar{\alpha}V(4\alpha-1)}$ | $\frac{\alpha(2\bar{\alpha}V+c_R^{C1}+2c_T)}{\bar{\theta}(4\alpha-1)}$ | $\frac{\bar{\alpha}V+c_R^{C1}+2\alpha c_T}{(4\alpha-1)}$ |
| $\frac{2\alpha c_T-c_R^{C1}}{\alpha}<V<J_2$ | $\frac{V-c_T}{V}$ | 0 | $\frac{\alpha c_T}{\bar{\theta}}$ | 0 |
| $\frac{c_R^{C1}}{\alpha}<V<\frac{2\alpha c_T-c_R^{C1}}{\alpha}$ | $\frac{\alpha V-c_R^{C1}}{2\alpha V}$ | 0 | $\frac{\alpha V+c_R^{C1}}{2\bar{\theta}}$ | 0 |
| $0<\alpha<1$，$c_R^{C2} \geqslant \alpha c_T$ | | | | |
| $V>J_4$ | $\frac{(2-\alpha)c_R^{C2}-\alpha(c_T-\bar{\alpha}V)}{\bar{\alpha}V(4-\alpha)\alpha}$ | $\frac{2\bar{\alpha}V+(2-\alpha)c_T-c_R^{C2}}{\bar{\alpha}V(4-\alpha)}$ | $\frac{\alpha(c_T-\bar{\alpha}V)+2c_R^{C2}}{(4-\alpha)\bar{\theta}}$ | $\frac{2c_T+c_R^{C2}-2\bar{\alpha}V}{4-\alpha}$ |
| $\frac{2c_T-c_R^{C2}}{\alpha-2\bar{\alpha}}<V<J_4$ | $\frac{V-c_T}{\alpha V}$ | 0 | $\frac{c_T+\bar{\alpha}V}{\bar{\theta}}$ | 0 |
| $\frac{c_R^{C2}}{\alpha}<V<\frac{2c_T-c_R^{C2}}{\alpha-2\bar{\alpha}}$ | $\frac{\alpha V-c_R^{C2}}{2\alpha V}$ | 0 | $\frac{c_R^{C2}+\alpha V}{2\bar{\theta}}$ | 0 |
| $0<\alpha<1$，$c_R^{C2} \geqslant \alpha c_T$ | | | | |
| $V>J_3$ | $\frac{(2-\alpha)c_R^{C2}-\alpha(c_T-\bar{\alpha}V)}{\bar{\alpha}V(4-\alpha)\alpha}$ | $\frac{2\bar{\alpha}V+(2-\alpha)c_T-c_R^{C2}}{\bar{\alpha}V(4-\alpha)}$ | $\frac{\alpha(c_T-\bar{\alpha}V)+2c_R^{C2}}{(4-\alpha)\bar{\theta}}$ | $\frac{2c_T+c_R^{C2}-2\bar{\alpha}V}{4-\alpha}$ |
| $\frac{2c_R^{C2}-c_T}{2\alpha}<V<J_3$ | 0 | $1-\frac{c_R^{C2}}{\alpha V}$ | 0 | $\frac{c_R^{C2}}{\alpha}$ |
| $c_T<V<\frac{2c_R^{C2}-c_T}{2\alpha}$ | 0 | $\frac{V-c_T}{V}$ | 0 | $\frac{V+c_T}{2}$ |

在情境 2 中，与情境 1 相似的是，当且仅当 $V>J_2$ 时，两种服务共存。而与情境 1 不同的是，在其他条件下，网约车服务实现垄断。由于 $c_R^{C1}<\alpha c_T$，意味着

网约车服务运营成本低于或接近于出租车服务的运营成本，网约车服务具有一定的成本优势，并且由 $\alpha>1$ 可知网约车服务具有服务感知体验优势。较高的服务感知体验和合理的价格，使得乘客选择网约车服务。

情境 3 与情境 4 的结果与分析过程与上述情境类似。

根据 6.2.1 节和 6.2.2 节中的相关结果，已知出租车服务价格 $p_T$，在无竞争市场中，出租车服务的需求为 $1-\frac{p_T}{V}$，有 $\frac{p_T}{V}$ 位乘客选择公交、地铁等出行方式。在竞争市场中，两种服务共存的情况下，市场总需求与两种服务的需求情况如表 6-3 所示。C2 情景中总市场需求 $\lambda^{C2}$ 为 $1-\frac{\bar{\theta}p_R}{\alpha V}$，选择其他出行服务的乘客数量为 $\frac{\bar{\theta}p_R}{\alpha V}$。根据快车或顺风车服务与出租车服务共存的前提条件 $\frac{\alpha p_T+\bar{\alpha}V}{\bar{\theta}}\leqslant p_R<\frac{\alpha p_T}{\bar{\theta}}$，推出命题 6-1。

**表 6-3　三种情景下市场总需求、出租车服务市场需求与网约车服务市场需求**

| 情景 | 市场总需求 | 出租车服务市场需求 | 网约车服务市场需求 |
|---|---|---|---|
| S | $1-\frac{p_T}{V}$ | $1-\frac{p_T}{V}$ | — |
| C1 | $1-\frac{p_T}{V}$ | $\frac{c_R^{C1}-\bar{\alpha}p_T+\bar{\alpha}V}{2\bar{\alpha}V}$ | $\frac{c_R^{C1}-\bar{\alpha}V}{2\bar{\alpha}V}$ |
| C2 | $1-\frac{\alpha p_T+c_R^{C2}}{2\alpha V}$ | $\frac{2\bar{\alpha}V-c_R^{C2}+(\alpha-2)p_T}{2\bar{\alpha}V}$ | $\frac{c_R^{C2}-\alpha p_T}{2\bar{\alpha}\alpha V}$ |

**命题 6-1**　当两种服务共存时，S 情景与 C1 情景下市场总需求相同，均低于 C2 情景下市场总需求，即 $\lambda^{C2}>\lambda^{C1}=\lambda^{S}$。同时，出租车服务需求在 C1 情景与 C2 情景下均小于 S 情景下的相应值，即 $\lambda_T^{C1}<\lambda^{S}$，$\lambda_T^{C2}<\lambda^{S}$。

**证明：** 由 6.2.1 节和 6.2.2 节中结果可知，S 情景下与 C1 情景下总市场需求均为 $1-\frac{p_T}{V}$。对比 C2 情景与 S 情景下的市场总需求，可得：

$$\lambda^{C2}-\lambda^{S}=1-\frac{\bar{\theta}p_R}{\alpha V}-\left(1-\frac{p_T}{V}\right)=\frac{\alpha p_T-\bar{\theta}p_R}{\alpha V}。$$

当 $0<\alpha<1$ 时，两种出行服务共存的条件为 $\frac{\alpha p_T+\bar{\alpha}V}{\bar{\theta}}\leqslant p_R<\frac{\alpha p_T}{\bar{\theta}}$，由此推出 $\frac{\alpha p_T-\bar{\theta}p_R}{\alpha V}>0$，即 $\lambda^{C2}>\lambda^S$。

由 $\lambda_T^{C1}=\left(\frac{\bar{\theta}p_R-\alpha p_T}{\bar{\alpha}V}\right)$ 和 $\lambda_T^S=1-\frac{p_T}{V}$ 可推出 $\lambda_T^{C1}-\lambda_T^S=\frac{\bar{\theta}p_R-\alpha p_T}{\bar{\alpha}V}-\left(1-\frac{p_T}{V}\right)=\frac{\bar{\theta}p_R-\bar{\alpha}V-p_T}{\bar{\alpha}V}$，结合两种服务共存的条件 $p_R\leqslant\frac{(p_T+\bar{\alpha}V)}{\bar{\theta}}$，可知 $\lambda_T^{C1}<\lambda_T^S$，类似的可证 $\lambda_T^{C2}<\lambda_T^S$。证毕。

命题 6-1 表明，虽然快车或顺风车服务体验低于出租车服务体验，但因其价格低廉，使原来选择地铁、公交车等公共出行方式的乘客转而选择快车或顺风车，在 C2 情景下进入本章所研究的出行市场中，使市场总需求增加。因此，网约车服务的进入具有市场需求的拓展效应。与此同时，由于网约车服务的进入使 $\lambda_T^{C2}<\lambda^S$，网约车服务侵占了出租车服务的市场需求，因此具有市场需求掠夺效应。而 C1 情景中的网约车服务如专车这类高端出行服务的进入，对市场总需求无影响，即无拓展效应，但出租车服务需求降低，此时网约车服务的进入仅展现市场需求的掠夺效应。

由于存在市场需求的掠夺效应，使出租车服务需求骤降，[175,176] 削减了出租车服务的利润，引起出租车司机不满，严重时会暴发罢工行为。此时需要采取管制策略对网约车平台予以监管。

## 6.3 网约车价格管制策略

国家对新业态、新模式的监管采取“包容审慎，鼓励创新”的原则。2019 年 10 月，“包容审慎监管”原则被写入《优化营商环境条例》，成为中国特色社会主义法治体系的一部分。[177] 所谓包容，就是容得下不同，眼界辽阔一些，视野宏观一点；所谓审慎，就是守得住底线，尊重新动能，了然新方位。[178] 在我国，不同城市的出租车运营服务模式存在差异，如表 6-4 所示。[179] 如北京出租车司机需向出租车公司上缴承包费、经营使用费等，即“份子钱”；而温州出租车司机的此项固定成本的数额则较低；在天津出租车司机则无须缴纳“份子钱”。因此，网约车服务管制也应考虑不同地区出租车服务的不同运营模式，形成一定的针对性。基于审慎包容原则及出租车服务的运营模式，本章提出参与和公平两种管制目标。参与目标（目标1）基于利润视角，实现出租车服务的参与底线——司机获得非负净利润的同时为两种服务提供共存空间，即审慎原则；公平目标（目标2），立足于服务需求的角度，关注出租车司机的心理参照依赖，满足其对服务需求的要求，同时包容网约车服务的发展，即包容原则。政府可根据各地区不同的出租车服务的运营模式制定具有针对性的管制策略，如对于具有固定成本的北京、上海等地可采用更为严格烦琐的、以参与为目标的管制策略，以平息出租车司机的不满。对于无须缴纳“份子钱”的地区如天津等，可制定以服务需求公平为目标的管制策略，以实现二者共存。

**表6-4 我国出租车服务运营模式**

| 运营模式 | 代表城市 | 模式详解 |
| --- | --- | --- |
| 承包运营模式 | 北京 | 车辆产权经营权归公司所有，个人出押金，交“份子钱”租公司的车来运营 |
| 公车共营模式 | 上海 | 出租车司机作为公司职员，享有公司的“四险一金”，出租车公司在享受权利的同时，也承担了必要的义务 |
| 个体运营模式 | 温州 | 车辆产权、经营权归个人所有，个人自主经营，只向公司交少量管理费 |

### 6.3.1 参与目标（管制目标1）

西安、重庆、沈阳等地在网约车服务进入市场时均出现不同程度的出租车司机抵制网约车服务的现象。一些司机反映网约车的出现使其每天的收入大幅度降低，[180] 难以弥补“份子钱”这一固定成本，所以其抵制情绪强烈。在美国亦是如此，网约车服务的进入降低了出租车服务的需求，增加了需要承担牌照费用的出租车司机的成本压力。[90] 一些地区的出租车司机需向出租车公司缴纳“份子钱”，若其同一时期的收入不能弥补此项费用，出租车服务提供者将选择退出市场，本章将此条件作为出租车服务的参与约束，并将满足出租车服务参与约束设置为管制目标1，通过价格管制，试图实现出租车服务与网约车服务的共存。

在无竞争市场中，某一时间段的出租车服务“份子钱”为 $B$。结合6.2.1节的计算结果可得出租车服务的净利润为：

$$\pi_T-B=\left(1-\frac{p_T}{V}\right)(p_T-c_T)-B \tag{6-7}$$

式（6-7）非负才能满足出租车服务的参与约束。因此，单一服务市场中出租车服务价格的可行范围为$\left[\frac{V+c_T-\sqrt{(V-c_T)^2-4VB}}{2},\ \frac{V+c_T+\sqrt{(V-c_T)^2-4VB}}{2}\right]$。在管制部分，本节假设受益于信息技术的便利性，网约车服务的运营成本低于出租车服务的运营成本，即 $c_R^{C2}<c_R^{C1}<c_T$。

在竞争市场中，由于网约车服务的进入具有市场需求掠夺效应，会降低出租车服务的净利润。因此，本节探讨在竞争市场中，采用价格管制确保出租车司机的净利润非负，即实现参与约束。

（1）C1 情景：网约车平台提供高端服务。在无管制竞争市场中，出租车服务的净利润为$\pi_T^n=\frac{(\bar{\theta}p_R-\alpha\tilde{p}_T)(\tilde{p}_T-c_T)}{\bar{\alpha}V}-B$，实现参与约束需要$\pi_T^n\geqslant0$。由此可得命题 6-2。

**命题 6-2** C1 情景下，给定出租车服务的价格 $\tilde{p}_T$，满足出租车服务的参与约束，此时网约车服务的最优价格为：

$$p_{R1}^*=\begin{cases}\dfrac{\tilde{p}_T+c_R^{C1}+\bar{\alpha}V}{2\bar{\theta}}, & p_T^{P1}<\tilde{p}_T\leqslant p_T^{P2}\\[2ex] \dfrac{\bar{\alpha}VB+\alpha\tilde{p}_T(\tilde{p}_T-c_T)}{\bar{\theta}(\tilde{p}_T-c_T)}, & \underline{c}_T^P\leqslant\tilde{p}_T<p_T^{P1}\cup p_T^{P2}\leqslant\tilde{p}_T<\bar{c}_T^P\end{cases}$$

**证明**：由$\pi_T^n=\frac{(\bar{\theta}p_R-\alpha\tilde{p}_T)(\tilde{p}_T-c_T)}{\bar{\alpha}V}-B\geqslant0$，可推出 $p_R\geqslant\frac{\bar{\alpha}VB+\alpha\tilde{p}_T(\tilde{p}_T-c_T)}{\bar{\theta}(\tilde{p}_T-c_T)}$。由于$\frac{\alpha\tilde{p}_T}{\bar{\theta}}<\frac{\bar{\alpha}VB+\alpha p_T(\tilde{p}_T-c_T)}{\bar{\theta}(\tilde{p}_T-c_T)}<\frac{\tilde{p}_T+\bar{\alpha}V}{\bar{\theta}}$，则网约车服务价格可行区间为$\left[\frac{\bar{\alpha}VB+\alpha\tilde{p}_T(\tilde{p}_T-c_T)}{\bar{\theta}(\tilde{p}_T-c_T)},\ \frac{\tilde{p}_T+\bar{\alpha}V}{\bar{\theta}}\right]$。可行区域的交点为 $\underline{c}_T^P=\frac{V+c_T-\sqrt{(V-c_T)^2-4VB}}{2}$，$\bar{c}_T^P=\frac{(c_T+V)+\sqrt{(c_T-V)^2-4BV}}{2}$。

管制情景下网约车服务的最优价格需结合无管制情景下的最优价格$\frac{\tilde{p}_T+c_R^{C1}+\bar{\alpha}V}{2\bar{\theta}}$（见

图 6-1)，可得到当出租车服务的价格 $\tilde{p}_T \in (p_T^{P1}, p_T^{P2}]$ 时，$p_R^* = \dfrac{\tilde{p}_T + c_R^{C1} + \overline{\alpha} V}{2\overline{\theta}}$，其中 $p_T^{P2} = \dfrac{1}{2(2\alpha-1)}[H + \sqrt{H^2 - 4(2\alpha-1)L}]$，$p_T^{P1} = \dfrac{1}{2(2\alpha-1)}[H - \sqrt{H^2 - 4(2\alpha-1)L}]$，$L = c_R^{C1} c_T + 2\overline{\alpha} BV + \overline{\alpha} c_T V$，$H = c_R^{C1} + (2\alpha-1) c_T + \overline{\alpha} V$。而在其他可行范围内，网约车服务的最优价格在可行域的边界处取得。证毕。

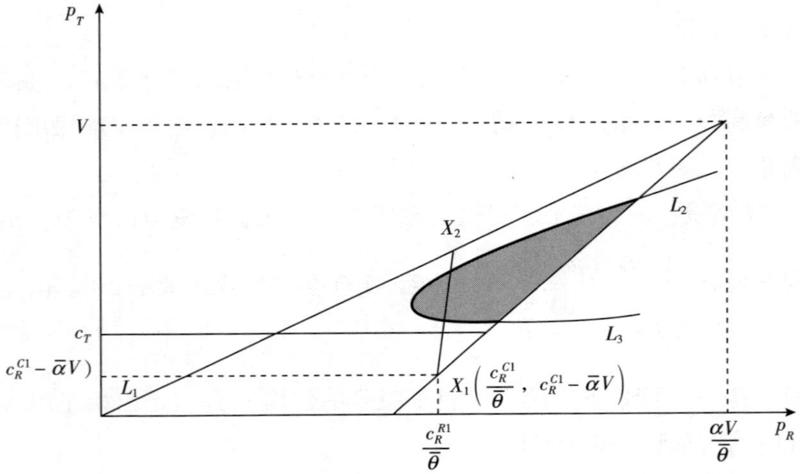


**图 6-1 管制目标 1 下网约车服务的最优反应价格（$\alpha$>1）**

已知出租车服务价格，管制后网约车服务在价格可行区域边界处获得最优价格。由命题 6-2 可知，当出租车服务价格较低或较高时，价格管制提高了网约车服务的最优反应价格，其均高于非管制时的最优价格。当两种服务存在竞争时，为确保出租车服务的参与，需加强出租车服务的竞争力，相应地削弱网约车服务的竞争力。由于网约车提供高端服务，其服务感知体验优于出租车服务，当出租车服务价格处于较高水平时，网约车服务具有更高的性价比。此时即使网约车服务价格高于出租车服务，具有较高服务体验诉求的乘客仍将选择网约车，由此导致出租车服务需求大幅降低。因此，价格管制会提高网约车最优价格，使乘客对其的需求降低，从而有利于出租车服务的净利润足以满足参与约束。

虽然出租车服务的参与约束在无竞争情景下得以实现，但一旦遭受到同行业新进入者的冲击，出租车服务需求的小幅度降低就会带来获利水平骤降，以至于无法满足其参与约束。此时需要通过价格管制提高网约车价格，削弱网约车服务的需求掠夺效应。此结果与现实中网约车平台在网约车新政推出后提价相一致。如《重庆市网络预约出租汽车经营服务管理暂行办法》和最初的《兰州市网络预约出租汽车经营服务管理实施细则》中提出网约车经营的车辆计税价格应高于同期巡游车价格。[181,182] 这有利于降低网约车服务对出租车服务的冲击。而本节的研究结果表明仅仅粗略地要求网约车服务价格高于出租车服务价格并不能实现市场的最优配置。由图 6-1 可知，实现管制目标 1 的网约车价格的可行域为阴影区域，其为网约车价格高于出租车价格所形成的可行域的子集。因此，采用价格管制需对网约车服务价格高于出租车服务价格的程度有较为清晰的界定。

当出租车服务价格处于中等水平 $\{\tilde{p}_T \in (p_T^{P1},\ p_T^{P2}]\}$ 时，网约车最优价格在管制与非管制两种情况下一致。本章的结果表明当出租车的价格处于中等水平时，管制策略并非必须。此时无管制，即可实现管制目标 1，两项服务可共存。这也说明是否采取价格管制，避免出租车司机罢工，需考虑出租车服务自身的价格水平。实现两种服务的共存，一方面需要对网约车服务进行管制，另一方面需要考虑原有服务即出租车服务的价格是否处于过高或过低的水平。

需注意的是，当出租车价格处于较高水平时，若已知网约车最优价格，出租车的最优反应价格随网约车最优价格递增，这与美国对网约车服务价格的要求相似。美国政府最初对网约车服务价格的管制建议为降低网约车服务的价格，为乘客提供更为低廉的出行服务。由于美国出租车服务价格较高，网约车服务的出现有利于缓解“打车贵”与“打车难”的问题。在此种管制下，既可以满足出行需求，降低出行成本，同时可实现两种服务共存。

此外，由于出租车服务价格的制定主要考虑公共交通运力以及道路资源状况等，因此难以适应新的竞争环境。政府可以从调整出租车服务价格的视角处理司机罢工问题，若原有出租车服务价格偏高或偏低，可将其调整为中等水平，从而实现出租车服务的参与约束，而非对网约车服务价格进行直接干预。

（2）C2 情景：网约车服务提供低端服务。在无管制竞争市场中，出租车服务的净利润为 $\dfrac{(\overline{\alpha}V+p_T-\overline{\theta}p_R)(p_T-c_T)}{\overline{\alpha}V}-B$。与 C1 情景类似，满足参与约束，可推出网约车服务价格的可行区间与最优价格。

**命题 6-3** C2 情景下，给定出租车服务价格 $\tilde{p}_T$，满足出租车服务的参与约束，网约车服务的最优价格为：

①$\frac{c_R^{C2}}{\underline{c}_T^P}<\alpha<1$，

$$p_{R2}^*=\begin{cases}\dfrac{\alpha\tilde{p}_T+c_R^{C2}}{2\overline{\theta}},\ p_T^{P3}<\tilde{p}_T\leqslant\dfrac{c_R^{C2}-2\overline{\alpha}V}{2-\alpha}\\ \dfrac{(\tilde{p}_T+\overline{\alpha}V)(\tilde{p}_T-c_T)-\overline{\alpha}VB}{\overline{\theta}(\tilde{p}_T-c_T)},\ \underline{c}_T^P\leqslant\tilde{p}_T<p_T^{P3}\end{cases};$$

②$0<\alpha<\frac{c_R^{C2}}{\underline{c}_T^P}$，

$$p_{R2}^*=\frac{\alpha\tilde{p}_T+c_R^{C2}}{2\overline{\theta}},\ \frac{c_R^{C2}}{\alpha}<\tilde{p}_T\leqslant\frac{c_R^{C2}-2\overline{\alpha}V}{2-\overline{\alpha}}。$$

**证明：**详见附录。

**推论 6-1** C2 情景下，给定 $\tilde{p}_T$，当 $c_R^{C2}/\underline{c}_T^P\leqslant\alpha<1$ 且 $\underline{c}_T^P\leqslant\tilde{p}_T<p_T^{P3}$ 时，监管提高网约车服务的价格，此时无须监管其他条件，即可实现出租车服务的参与约束。

由推论 6-1 可知，与 C1 情景结果类似，是否需要管制与出租车服务价格有关，但此时还需考虑网约车服务体验感知 $\alpha$ 的高低程度，当网约车平台提供的低端服务的体验感知较低$\left(0<\alpha<\frac{c_R^{C2}}{\underline{c}_T^P}\right)$时，意味着两种出行服务差异化程度高，此时无须管制即可实现参与这一管制目标。当出租车服务体验感知显著高于网约车服务时，虽然网约车服务的进入会抢占一部分的市场需求，降低出租车服务的净利润，但不足以对出租车服务造成威胁。因此，自由竞争市场即可实现出租车服务的参与约束。

网约车平台提供的低端服务的体验感知较高$\left(\frac{c_R^{C2}}{\underline{c}_T^P}<\alpha<1\right)$表明两种出行服务同质性高，网约车的进入展现较强的市场需求掠夺效应，使出租车服务价格在较低水平时无法满足参与约束，因此需通过管制来提高网约车最优价格。这是因为出租车服务本身价格较低，一旦需求有所降低，将显著影响其获利能力，打破参与约束，而提高网约车服务价格，可降低其竞争力。当出租车服务价格较高时，虽然网约车的进入降低了市场需求，但获益于高价格，竞争市场内部自我调节机制即可实现出租车服务参与约束。

C1 情景和 C2 情景下，网约车平台提供不同类型的服务，其管制策略不同，当网约车平台提供低端服务时，政府需更为关注出租车服务与网约车服务的差异化程度。若二者异质性较高，则无须管制。这表明政府在出台管制政策时，应针对网约车高端服务和低端服务制定不同的管制策略，以有效实现出租车与网约车的共同发展。

现实中，网约车新政的实施迫使网约车平台提高服务价格。以北京为例，在无拥堵的情况下，同样 5 千米的行程，快车服务需 11.5 元、专车服务需 38.5 元、出租车服务需 17.6 元，快车与专车的服务费用均有所提高[183]。需注意的是，虽然快车与专车的服务费用均有所增加，但快车服务费用仍低于出租车服务费用，而专车服务费用高于出租车服务费用，即 $p_R^{C2*}<\tilde{p}_T<p_R^{C1*}$，与本章的结果一致。由于快车服务在服务体验感知方面的劣势，导致其需以低廉价格抢占一部分市场，即使实施管制，其服务价格仍会低于出租车服务价格。

### 6.3.2 公平目标（管制目标 2）

根据行为心理学的参照依赖理论[167] 可知，在判断得失时，人们往往将他人的收益作为自己可接受收益的底线，若自己收益低于他人的收益，则感知到损失，产生不公平的感觉。在出行市场中，出租车服务提供者直观感受到的是需求的多少。针对无须缴纳“份子钱”地区的网约车服务监管，本章提出公平这一目标。基于服务需求的视角，假设出租车需求高于出租车司机的需求要求底线，即可实现管制目标，两种服务可共存。

（1）C1 情景：网约车平台提供高端服务。当政府管制目标为公平时，基于服务需求的视角，在满足出租车司机服务需求基准值的同时尽可能给予网约车服务生存空间。网约车服务的进入对出租车服务最为直观的影响为出租车服务需求的降低，网约车服务抢占出租车服务的客源，由此引致出租车司机反抗罢工。借鉴参照依赖理论，本节假设在竞争市场中，出租车司机将网约车服务需求视为自身需求底线。出租车服务需求高于网约车服务需求，即 $\lambda_R \leqslant \lambda_T$，出租车服务提供者会接受网约车服务进入市场，并不反抗。因此本节所提出的管制目标 2 为实现 $\lambda_R \leqslant \lambda_T$。

**命题 6−4** C1 情景下，已知出租车服务价格 $\tilde{p}_T$，两种服务在公平管制目标下共存要求网约车服务的价格处于 $\left[\frac{\bar{\alpha}V+(2+\bar{\alpha})\tilde{p}_T}{2\bar{\theta}}, \frac{\tilde{p}_T+\bar{\alpha}V}{\bar{\theta}}\right)$，且网约车服务最优

价格为 $p_R^*=\frac{\bar{\alpha}V+(2+\bar{\alpha})\tilde{p}_T}{2\bar{\theta}}$，其中 $\tilde{p}_T\in(c_T，V)$。

**证明：**由 $\lambda_R\leqslant\lambda_T$ 可得 $\frac{\bar{\theta}p_R-\alpha\tilde{p}_T}{\bar{\alpha}V}\leqslant 1-\frac{\bar{\theta}p_R-\tilde{p}_T}{\bar{\alpha}V}$，推出 $p_R\geqslant\frac{\bar{\alpha}V+(2+\bar{\alpha})\tilde{p}_T}{2\bar{\theta}}$。由于 $\frac{\alpha\tilde{p}_T}{2\bar{\theta}}<\frac{\bar{\alpha}V+(2+\bar{\alpha})\tilde{p}_T}{2\bar{\theta}}<\frac{\bar{\alpha}V+\tilde{p}_T}{2\bar{\theta}}$。由 $\frac{d^2\pi_R^{C1}}{dp_R^2}=-2\bar{\theta}<0$ 与 $\frac{\bar{\alpha}V+(2+\bar{\alpha})\tilde{p}_T}{2\bar{\theta}}>\frac{\bar{\alpha}V+\tilde{p}_T+c_R^{C1}}{2\bar{\theta}}$ 可知，网约车服务最优价格为 $\frac{\bar{\alpha}V+(2+\bar{\alpha})\tilde{p}_T}{2\bar{\theta}}$。证毕。

与管制目标 1 中 C1 情景类似，命题 6-4 也表明实现管制目标需网约车服务价格与出租车服务价格满足一定条件才能使两种服务共存。管制策略需给出具体的网约车服务价格可行区间，即 $p_R\in\left[\frac{\bar{\alpha}V+(2+\bar{\alpha})\tilde{p}_T}{2\bar{\theta}}，\frac{\tilde{p}_T+\bar{\alpha}V}{\bar{\theta}}\right)$。由于专车服务面向要求高服务体验的乘客，在无管制情况下，专车服务的价格往往已高于出租车服务的价格，因此，仅仅要求二者的价格关系为 $p_R>p_T$ 并不能解决出租车司机感知不公平这一问题，而需给予网约车服务价格更为严格的约束，使其处于 $\left[\frac{\bar{\alpha}V+(2+\bar{\alpha})\tilde{p}_T}{2\bar{\theta}}，\frac{\tilde{p}_T+\bar{\alpha}V}{\bar{\theta}}\right)$，如图 6-2 所示。

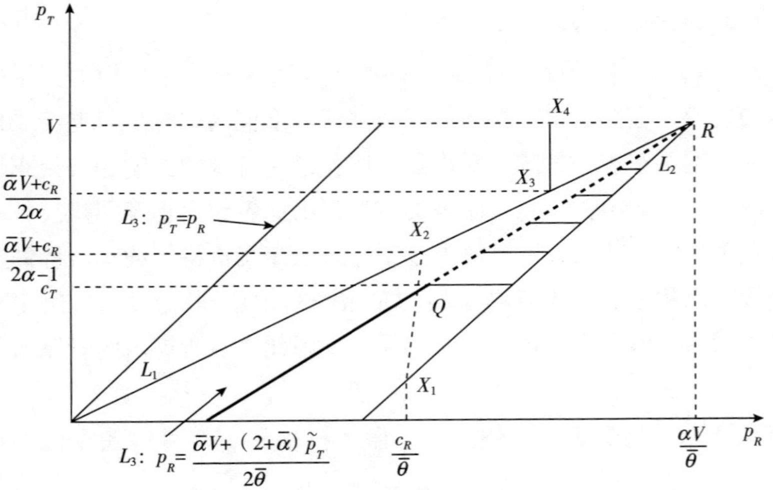


**图 6-2　价格管制下网约车服务可行价格（$\alpha\geqslant 1$）**

由图 6-2 可知，在价格管制下，已知出租车服务价格，则在区域边界（虚线部分）获得了网约车服务最优价格，这一价格高于无管制下相应的价格。这表明管制策略提高了网约车服务的价格，削弱了网约车服务的竞争力，降低了其性价比优势。即使网约车服务的服务感知体验高于出租车服务，但过高的价格驱使处于两种服务选择临界处的乘客放弃网约车服务，转而选择出租车服务，因此网约车管制策略减少了网约车服务需求，实现了 $\lambda_R^{C1} \leqslant \lambda_T^{C1}$。

（2）C2 情景：网约车平台提供低端服务。由于车型、司机服务水平等差异，快车或顺风车服务的价格低廉，但服务体验感低于出租车服务。较低的价格会吸引原来选择地铁、公交车等公共出行方式的乘客转而选择快车或顺风车服务，进入本部分所研究的出行市场中，会产生服务总需求的拓展效应。此时的管制目标为公平，即 $\lambda_R^{C2} \leqslant \lambda_T^{C2}$。

**命题 6-5** 在 C2 情景下，已知出租车服务价格 $\tilde{p}_T$，为实现公平管制目标，两种服务共存要求网约车服务价格处于 $\left[\frac{2\alpha\tilde{p}_T+\bar{\alpha}\alpha V}{(\alpha+1)\bar{\theta}}, \frac{\alpha\tilde{p}_T}{\bar{\theta}}\right)$，并且网约车服务最优价格为：

（1）当 $\phi<\alpha<1$ 时，$p_R^* = \frac{2\alpha\tilde{p}_T+\bar{\alpha}\alpha V}{(\alpha+1)\bar{\theta}}$，$\tilde{p}_T \in (c_T, V)$，

（2）当 $0<\alpha<\phi$ 时，

$$p_R^* = \begin{cases} \frac{\alpha\tilde{p}_T+c_R^{C2}}{2\bar{\theta}}, & \tilde{p}_T \in \left(\max\left\{c_T, \frac{c_R^{C2}}{\alpha}\right\}, p^1\right] \\ \frac{2\alpha\tilde{p}_T+\alpha\bar{\alpha}V}{(\alpha+1)\bar{\theta}}, & \tilde{p}_T \in (p^1, V) \end{cases},$$

其中 $p^1 = \frac{\left[2\alpha\bar{\alpha}V-c_R^{C2}(\alpha+1)\right]}{\alpha(\alpha-3)}$。

**证明**：详见附录。

当两种服务感知体验差距较小（$\phi<\alpha<1$）时，出租车服务体验优势不明显，管制政策需提高网约车服务价格以满足公平目标。此结果表明在自由竞争市场中，当两种服务同质化程度高且网约车服务价格较低时，网约车服务具有价格竞争优势，而出租车服务的服务感知体验优势并不突出，网约车服务的进入导致出租车服务需求大幅度降低，以至于不能满足出租车服务提供者的公平诉求。此时

通过价格管制提高网约车服务的最优价格，以降低需求掠夺效应，实现公平管制目标。但同时，拓展效应也有所降低，处于网约车服务与公共出行服务选择临界处的乘客随着网约车服务的提价而会选择公共出行方式。

当两种服务的感知体验差异较大（$0<\alpha<\phi$）时，网约车管制策略的制定需考虑出租车服务自身的价格水平。当出租车服务价格较低时，网约车服务价格在无管制与有管制情景下相同，均为$\frac{(\alpha\tilde{p}_T+c_R)}{2\bar{\theta}}$。此结果表明在自由竞争市场中已满足公平这一管制目标，无须价格管制。不同于 C1 情景，在此情景下网约车服务感知体验低于出租车服务，出租车服务具有一定的服务体验优势。虽然网约车服务采用低价吸引乘客，但此时出租车服务价格也较低，网约车服务的价格优势并不明显，并且出租车服务的服务体验优势显著，因此，网约车服务的需求掠夺效应小。虽然网约车服务参与市场竞争会侵占$\frac{(\bar{\theta}p_R-\alpha p_T)}{\bar{\alpha}V}$的出租车市场需求，但出租车服务的需求仍能够满足其需求底线，即 $\lambda_R^{C2}\leqslant\lambda_T^{C2}$。

当两种服务的感知体验差异较大，并且出租车服务价格较高时，管制政策需提高网约车服务价格以满足公平目标，此时 $p_R^*=\frac{(2\alpha\tilde{p}_T+\alpha\bar{\alpha}V)}{(\alpha+1)\bar{\theta}}$。这一结果表明在自由竞争市场中，网约车服务价格较低，价格竞争优势明显，超过了出租车服务体验优势对需求的影响，网约车服务的进入导致出租车服务需求低于网约车服务需求，此时，政府需提高网约车服务价格，削弱其竞争力。

此外，由命题 6-5 可推出，在异质化程度较高的两种服务竞争市场中，如果出租车服务市场需求因网约车服务进入降低较多，那么有可能是自身服务价格过高所导致，即价格处于（$p^1$，$V$）。面对这一情况，政府在采取价格管制时，不仅应从网约车服务的价格入手，考虑管制与否及其力度，还可从另一角度深入思考现有出租车服务价格是否合理。无竞争市场中出租车服务的价格设定基于公共交通运力等因素，而当网约车这一新兴出行服务出现后，原有出租车服务价格是否需要改变以应对竞争，则是需要深入探讨的问题。政府管制若从出租车服务价格入手，限定 $\max\left\{c_T,\ \frac{c_R^{C2}}{\alpha}\right\}<\tilde{p}_T\leqslant\frac{[2\alpha\bar{\alpha}V-c_R(\alpha+1)]}{\alpha(\alpha-3)}$，则无须对网约车服务实施价格管制，而是需要降低出租车服务价格，使网约车服务的需求掠夺效应降低，这不仅可以实现公平这一目标，还可以提高乘客效用。

# 6.4 不同管制目标的比较分析

## 6.4.1 网约车服务最优价格比较

结合命题 6-2 至命题 6-5，可知不同管制目标对网约车服务的可行价格区间及最优价格的影响不同。本节用上标 $t1$ 和 $t2$ 对两种目标中的相应变量进行区分，得到定理 6-2。

**定理 6-2** 为实现参与和公平管制目标，网约车服务的最优价格的比较结果如表 6-5 所示。

**证明：** 详见附录。

**表 6-5 参与和公平管制目标下网约车服务最优价格比较**

| $\alpha$ 的范围 | $p_T$ 的范围 | 价格比较 |
| --- | --- | --- |
| $0<\alpha\leqslant\frac{c_R^{C2}}{\underline{c}_T^P}$ | $\left(\max\left\{\underline{c}_T^P, \frac{c_R^{C2}}{\alpha}\right\}, p^1\right]$ | $p_R^{t1*}=p_R^{t2*}$ |
| | $\left(p^1, \frac{c_R^{C2}-2\overline{\alpha}V}{2-\overline{\alpha}}\right)$ | $p_R^{t1*}<p_R^{t2*}$ |
| $\frac{c_R^{C2}}{\underline{c}_T^P}<\alpha\leqslant\phi$ | $(\underline{c}_T^P, p_T^3)$ | $p_R^{t1*}>p_R^{t2*}$ |
| | $(p_T^3, p^1)$ | $p_R^{t1*}=p_R^{t2*}$ |
| | $\left[p^1, \frac{c_R^{C2}-2\overline{\alpha}V}{2-\overline{\alpha}}\right)$ | $p_R^{t1*}<p_R^{t2*}$ |
| $\phi<\alpha<1$ | $(\underline{c}_T^P, p_T^4)$ | $p_R^{t1*}>p_R^{t2*}$ |
| | $\left[p_T^4, \frac{c_R^{C2}-2\overline{\alpha}V}{2-\overline{\alpha}}\right)$ | $p_R^{t1*}<p_R^{t2*}$ |
| $\alpha>1$ | $(\overline{c}_T^P, \varphi_1)$ 或 $(\varphi_2, \overline{c}_T^P)$ | $p_R^{t1*}>p_R^{t2*}$ |
| | $(\varphi_1, \varphi_2)$ | $p_R^{t1*}<p_R^{t2*}$ |

在 C1 情景下，当出租车服务价格处于较高或较低水平时，管制目标 1 中网约车服务的最优价格高于管制目标 2 中的相应值。管制目标 1 使网约车服务的掠

夺效应大幅度降低，这表明出租车服务在管制目标1中需求增量大。由于管制目标1考虑到出租车服务的“份子钱”问题，若仅使网约车服务需求低于出租车服务需求即实现管制目标2，并不能弥补每期的“份子钱”，因此管制目标1更为严格。

当出租车服务价格处于中档水平时，管制目标1更为宽松。在无管制竞争市场中，出租车服务价格即可实现或接近实现净利润大于0这一个目标。因此，网约车服务的进入，虽然降低了出租车服务的需求，但对出租车服务净利润的影响较小，此时网约车服务最优价格可不变或小幅度提升。即使网约车服务需求超过出租车服务需求，但只要$\lambda_T^{C1} \geqslant \frac{B}{\tilde{p}_T - c_T}$成立，出租车服务的参与约束即可实现，由此可推出此时管制目标1的管制强度要低于管制目标2。

在C2情景下，两种管制目标对网约车服务价格影响不仅与出租车服务价格有关，还依赖于两种服务体验感知差异。我们分三种情况来讨论：

第一，当两种服务的服务感知体验差异较大，即$0<\alpha \leqslant \frac{c_R^{C2}}{\underline{c}_T^{P}}$，且出租车服务价格处于较低水平时，两种管制目标对网约车服务的最优价格影响相同，且与无管制下相应值相同。此结果表明C2情景下若出租车服务价格较低，采用价格管制实现参与或公平目标，二者效果相同，且均未改变原有自由竞争的市场状态。而出租车服务若价格较高，目标2的提价作用会更显著。此时在目标1中，虽然网约车服务进入侵占了出租车服务的需求，但较高的出租车服务价格仍可得到非负净利润，因此无须提价。目标2在提高网约车服务的价格，降低其掠夺效应的同时，也削弱了拓展效应，实现了出租车服务需求维持较高水平的目标。由此发现C2情景中若两种服务感知体验差异较大，且出租车服务价格较高时，管制目标2更为严格。

第二，当两种服务的感知体验差异处于中档水平，且出租车服务价格较低时，管制目标1比管制目标2更为严格。由于出租车服务价格较低，因此需维持较高的乘车需求，以实现出租车服务净利润非负。而目标2中出租车服务价格较低，不仅具有价格优势，还具有服务体验优势，此时网约车服务需求低于出租车服务需求。因此，在出租车服务价格较低的情况下，管制目标2更为宽松。当出租车服务价格处于中等水平时，两种目标均可在无管制情景下实现，且管制效果相同。当出租车服务价格较高时，即使在无管制的竞争市场中，出租车服务仍可获得非负净利润，因此目标 1 可实现，但不能达到管制目标 2。由于此时二者服务感知体验较为接近，出租车服务的服务感知体验优势不明显，而其服务价格又处于劣势，因此需要政府提高网约车的服务价格来削弱其竞争优势。此时目标 2 比目标 1 更为严格。

第三，当两种服务同质性较高，且出租车服务价格较低时，无须通过管制即可实现目标 2，但对于目标 1，需要政府提价，因此目标 1 更为严格。与之相反，当出租车服务价格较高时，目标 2 更为严格。综上所述得到结论 6-1。

**结论 6-1** 参与和公平两种管制目标对网约车服务的影响与两种服务的感知体验差异及出租车服务价格有关。

政府对网约车服务价格的监管应根据管制目标的不同而适时调整，不仅需要考虑网约车服务的多种类型，如专车、快车、顺风车等，制定与其类型相适宜的价格管制策略，还需重视出租车服务自身的价格水平。管制政策应在实现相应管制目标的同时为网约车服务与出租车服务的共同发展提供良好的政策环境，既鼓励新业态的发展，又对市场中原有服务的生存给予充分考虑。

### 6.4.2 社会福利比较

网约车服务的进入虽然抢占了出租车服务的利益，但考虑其对社会福利的影响，需要谨慎处理出行市场中二者的关系。

（1）C1 情景：网约车平台提供高端服务。在无竞争的出行市场（S）中，社会福利为 $SW^S = \int_{v^T}^{V}(v - c_T)\frac{1}{V}dv = \frac{(V - p_T)(V + p_T - 2c_T)}{2V}$。无管制竞争市场（C1）中，社会福利为 $SW_{CN}^{C1} = \frac{Y}{8\overline{\alpha}V}$，其中 $Y = c_R^{C1}c_R^{C1} + (3-4\alpha)p_T^2 + 2\overline{\alpha}p_T V + \overline{\alpha}(3\alpha-1)V^2 - 4c_R^{C1}(c_T - 2\overline{\alpha}V) + 4c_R^{C1}[(\alpha+\overline{\alpha})p_T - \overline{\alpha}V]$。易得 $SW^S - SW_{CN}^{C1} = \frac{1}{8\overline{\alpha}V}[-c_R^{C1}c_R^{C1} - (4c_T + p_T + 3\overline{\alpha}V)(p_T + \overline{\alpha}V) - 2c_R^{C1}(2c_T + p_T + 3\overline{\alpha}V)] \leqslant 0$。网约车服务的进入提高了社会福利，有利于社会的整体利益，因此应支持网约车服务与出租车服务的共存。由图 6-3 可知，网约车服务的进入对社会福利的影响可从乘客效用和服务提供者的利润两方面考虑。一方面，网约车服务提供了更为高质量的服务，可进一步挖掘拥有高服务感知诉求的乘客，充分满足其高服务体验的需求，因此可以提高乘客效用；另一方面，本章假设由于网约车服务的信息技术优势降低了运营成本，即 $c_T > c_R^{C1} >$

$c_R^{C2}$，此种成本优势提高了出行服务提供者的利润，因此社会福利随着网约车服务的进入而增加。

在管制目标 1 中，社会福利为 $SW_{C1}^{t1}=p_T(p_T-2c_T)+V(2c_T-\alpha V)+\frac{(1+\alpha)(c_Tp_T-p_T^2+BV)^2}{(p_T-c_T)^2}$。

在管制目标 2 中，社会福利为 $SW_{C1}^{t2}=\frac{1}{8V}[-(5+\alpha)p_T^2+8c_T(p_T-V)-2(1+\alpha)p_TV+(3\alpha-1)V^2]$。

以管制目标 2 为例，我们比较无管制与有管制情景下的出行市场中的社会福利，可得 $SW_{CN}^{C1}-SW_{C1}^{t2}=\frac{M}{8\overline{\alpha}V}$，其中 $M=c_R^{C1}c_R^{C1}+(3-4\alpha)p_T^2-4c_R^{C1}(c_T+p_T-2\alpha p_T-\overline{\alpha}V)+\overline{\alpha}\{-8c_T(p_T-V)+p_T[(5+\alpha)p_T+2(2+\alpha)V]\}>0$，则可知 $SW_{CN}^{C1}>SW_{C1}^{t2}$。由于网约车管制提高服务价格，只有对网约车服务估值($\alpha v$)较高的乘客才愿意支付相应的高价来获得服务，如图 6-4 所示。而无管制时处于使用网约车服务与出租车服务临界处的乘客则会受网约车服务提价的影响，转而选择价格低廉而服务感知体验仍能接受的出租车服务，因此网约车服务提价降低了其对乘客总效用的增量。与此同时，由于网约车服务市场需求的减少，使网约车服务成本优势降低，由此可知服务提供者的利润增量减少，网约车服务管制降低了竞争市场的社会福利。

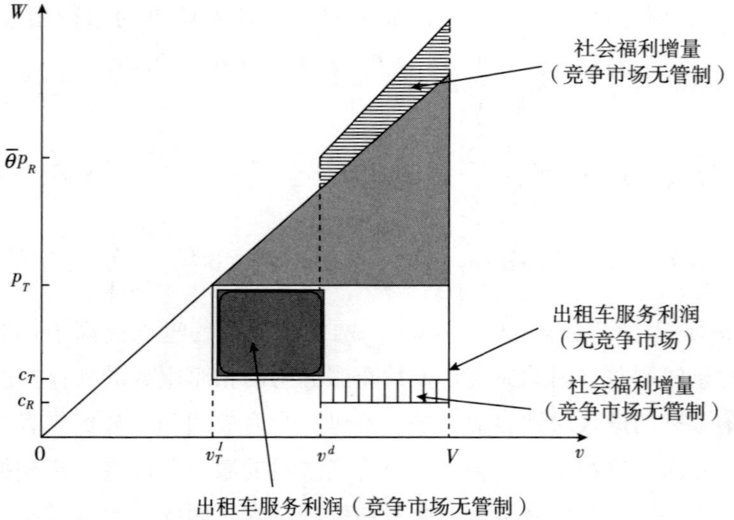


**图 6-3　C1 情景下无竞争市场与无管制竞争市场下的社会福利变化**

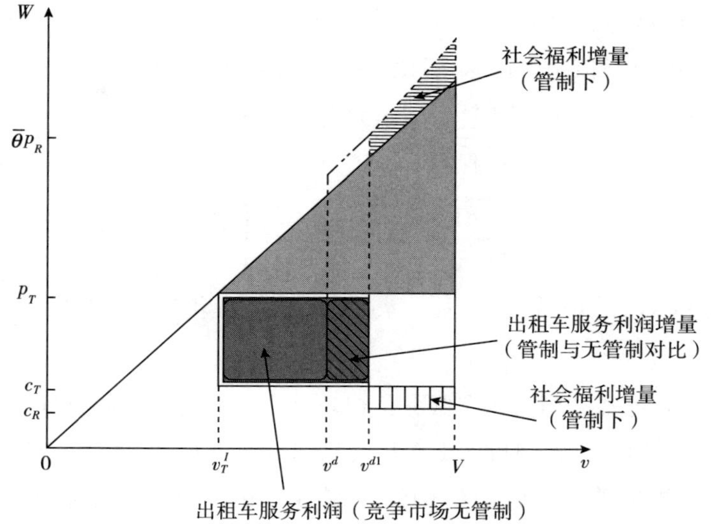


**图 6-4　C1 情景下有管制竞争市场与无管制竞争市场下出行市场的社会福利变化**

图 6-4 表明，在管制情景下，竞争市场的社会福利虽然低于无管制情景下的相应值，但其仍高于无竞争市场中的社会福利。管制牺牲了网约车服务提供者的利润，提高了出租车服务的利润，但由于网约车的进入所带来的高服务体验和运营成本优势，使社会福利仍大于无竞争情景时的相应值。

由于管制目标 1 使网约车服务的最优价格不低于无管制情景下的相应值，因此，管制目标 1 下的社会福利变化与管制目标 2 下的社会福利变化相似。

**结论 6-2**　已知出租车服务价格，出行市场的竞争提高了社会福利，但网约车服务管制降低了社会福利，即 $SW^S<SW_{C1}^{t1}<SW_{CN}^{C1}$，$SW^S<SW_{C1}^{t2}<SW_{CN}^{C2}$。

结论 6-2 表明网约车服务的进入提高了出行市场的竞争强度，从无竞争到两种服务竞争的市场状态转变，对社会福利有积极影响。高服务体验乘客的需求可由网约车服务满足，同时网约车服务的成本优势可提高社会福利。虽然管制下网约车服务所带来的社会福利增量降低，但出行市场竞争能够满足乘客异质性的需求，不同服务体验要求的乘客均可获得相应的服务，因此管制下出行市场的社会福利仍高于无竞争情景下的社会福利。

笔者比较管制目标 1 与管制目标 2 中的社会福利，得到命题 6-6。

**命题 6-6**　当存在 $\varphi_1=\dfrac{(V+c_T)-\sqrt{(V-c_T)^2-8VB}}{2}$和 $\varphi_2=\dfrac{(V+c_T)+\sqrt{(V-c_T)^2-8VB}}{2}$

使 $p_T\in(\overline{c}_T^P,\ \varphi_1)$ 或 $p_T\in(\varphi_2,\ \overline{c}_T^P)$ 时，$SW_{C1}^{t1}\leqslant SW_{C1}^{t2}$，$p_T\in(\varphi_1,\ \varphi_2)$，$SW_{C1}^{t1}>SW_{C1}^{t2}$。

证明：两种管制目标下的社会福利差值为 $SW_{C1}^{t1}-SW_{C1}^{t2}=\frac{-(1+\alpha)[(p_T-c_T)(p_T-V)+2VB][(p_T-c_T)(3p_T+V)+2VB]}{8(p_T-c_T)^2V}$。当 $SW_{C1}^{t1}-SW_{C1}^{t2}=0$ 时，

$p_T=\varphi_1=\left[\frac{(V+c_T)-\sqrt{(V-c_T)^2-8VB}}{2}\right]$ 或 $p_T=\varphi_2=\left[\frac{(V+c_T)+\sqrt{(V-c_T)^2-8VB}}{2}\right]$。而 $\underline{c}_T^P\leqslant\varphi_1$、$\overline{c}_T^P\geqslant\varphi_2$，因此当 $p_T\in(\varphi_1,\ \varphi_2)$ 时，$SW_{C1}^{t1}>SW_{C1}^{t2}$，其余情况下，$SW_{C1}^{t1}\leqslant SW_{C1}^{t2}$。证毕。

由命题 6-6 可知，当出租车服务价格较高或较低时，管制目标 2 实现更高的社会福利。与之相反，管制目标 1 在社会福利方面更有优势。社会福利与网约车服务价格呈负相关关系，较高的网约车服务价格降低了社会福利。而当 $p_T\in(\underline{c}_T^P,\ \varphi_1)$ 或 $p_T\in(\varphi_2,\ \overline{c}_T^P)$ 时，由定理 6-2 可知管制目标 1 下的网约车服务价格高于管制目标 2 下的网约车服务价格，此时，管制目标 1 降低社会福利的作用显著。而当出租车服务价格处于中档水平时，网约车服务在管制目标 1 中价格更为低廉，因此，管制目标 1 中的社会福利更高。

（2）C2 情景：网约车平台提供低端服务。以管制目标 2 为例，比较无管制竞争市场与管制竞争市场中的社会福利变化。

C2 情景下无管制竞争市场中的社会福利为 $SW_{CN}^{C2}=\frac{1}{8\alpha\overline{\alpha}V}[-3c_R^{C2}c_R^{C2}+2\alpha c_R^{C2}(2c_T+p_T)]+\alpha\{(4-3\alpha)p_T^2+4\overline{\alpha}V^2+4c_T[(\alpha-2)p_T-2\overline{\alpha}V)]\}$，

C2 情景下管制竞争市场中的社会福利为 $SW_{C2}^{t2}=\frac{1}{2(1+\alpha)^2V}\{(V-p_T)[-2(1+\alpha)(c_R^{C2}+c_T)+p_T+V+\alpha(3p_T+V+2\alpha V)]\}$。

无管制竞争市场中与 S 情景下的社会福利比较：$\Delta SW=SW_{CN}^{C2}-SW^S=\frac{Q}{8\alpha\overline{\alpha}V}<0$，其中 $Q=-(\alpha p_T-c_R^{C2})[3c_R^{C2}+\alpha(p_T-4c_T)]$。

C2 情景下网约车服务的进入对社会福利的影响可分为三部分，如图 6-5 所示：①掠夺效应中较低的运营成本带来的社会福利增加；②掠夺效应中较低的服务感知体验带来的社会福利减少；③拓展效应带来的社会福利增加。分别用 $\Delta sw_1$、$\Delta sw_2$ 和 $\Delta sw_3$ 表示网约车服务进入带来的社会福利变化：

$$\Delta sw_1=\frac{(\alpha p_T-c_R^{C2})}{2\overline{\alpha}V}(c_T-c_R^{C2}),$$

$$\Delta sw_2=\frac{(\alpha p_T-c_R^{C2})}{8\overline{\alpha}V}[c_R^{C2}+(3\alpha-4)p_T],$$

$$\Delta sw_3=\frac{3(\alpha p_T-c_R^{C2})^2}{8\alpha V},$$

而 $\Delta SW=\Delta sw_1-\Delta sw_2+\Delta sw_3$。网约车服务感知体验较低，但价格低廉，使一部分原选择公共出行方式的乘客会选择它，从而享受到高于公共出行方式的服务体验，则乘客效用增加。同时，拓展的市场需求提高了服务提供者的获利区域。因此拓展效应带来了社会福利的增加。在掠夺效应中，网约车服务受益于低运营成本，扩大了服务提供者的利润空间，但较低的服务水平降低了位于两种服务选择临界处乘客的效用和服务提供者的利润。因此掠夺效应对社会福利存在正负两方面的影响。

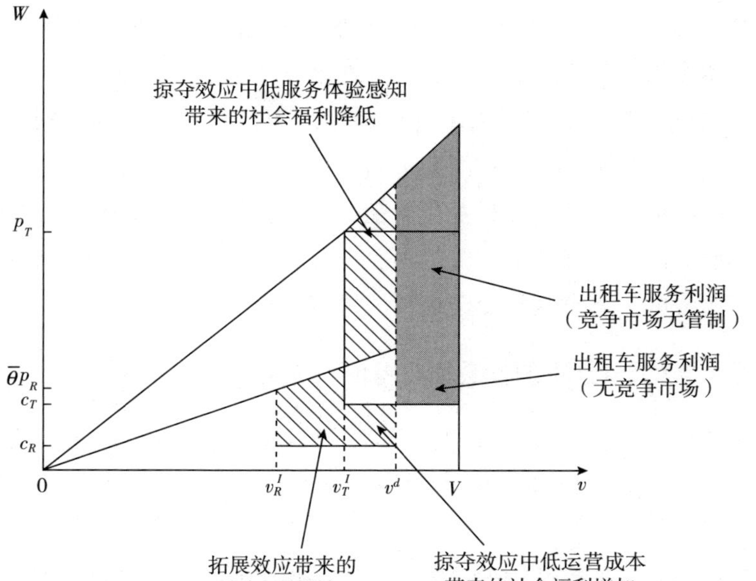


**图 6-5　C2 情景下网约车服务的市场需求掠夺效应与拓展效应对社会福利的影响**

**结论 6-3**　C2 情景下，已知网约车服务感知体验，网约车服务进入对社会福利的影响与出租车服务价格有关，如图 6-6 所示。

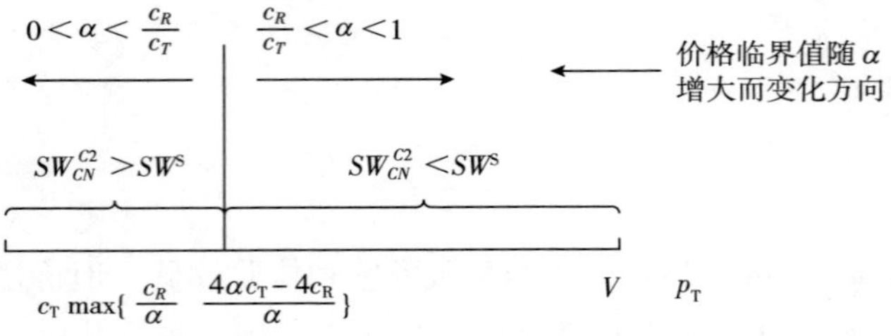


**图 6-6　C2 情景下无竞争市场与无管制竞争市场的社会福利比较**

C2 情景下网约车服务的进入对社会福利的影响不同于 C1 情景下的作用结果。已知网约车服务感知体验系数 α，网约车服务的进入对社会福利的影响受出租车服务价格的影响。当出租车服务价格处于较高水平时，网约车服务的最优反应价格较高。虽然网约车服务价格提高，但网约车服务拓展效应显著，由此带来了较大的社会福利增加。而较高的出租车服务价格增强了网约车服务的掠夺效应。由于出租车服务价格过高，乘客会选择服务体验接近但价格相对低的网约车服务，因此出租车服务的市场需求降低较多。而掠夺效应中社会福利的减少量 $\Delta sw_2$ 随 $p_T$ 递增，社会福利增加量 $\Delta sw_1$ 随 $p_T$ 递减，二者综合作用使掠夺效应对社会福利的影响为负。社会福利变化的三方面综合作用使在出租车服务价格较高时，网约车服务的进入降低了社会福利。类似可推出当出租车价格处于较低水平时，网约车服务的进入有利于社会福利的提高。

S 情景下与 C2 情景下的社会福利差值的价格临界点 $\max\left\{\frac{c_R^{C2}}{\alpha},\ \frac{(4\alpha c_T-3c_R^{C2})}{\alpha}\right\}$ 与网约车服务感知体验系数 $\alpha$ 有关，当网约车服务与出租车服务的感知体验差异较小时，此时临界值为 $\frac{(4\alpha c_T-3c_R^{C2})}{\alpha}$。当两种服务同质性高且较为接近时，网约车服务的进入越有可能提高社会福利。由于两种服务较相似，网约车服务享有价格优势，因此网约车服务的拓展效应显著。同时，由于两种服务相似，网约车服务的掠夺效应对社会福利的降低影响较小，而网约车服务进入对社会福利的积极影响范围扩大。当两种服务的异质性较高时，价格临界点 $\frac{c_R^{C2}}{\alpha}$ 为关于 $\alpha$ 的减函数，这表明在此范围内，只有在出租车服务价格更低的情况下降低异质性，才有可能使竞争市场的社会福利高于无竞争市场中的社会福利。

政府管制下竞争市场中社会福利与无竞争市场中社会福利比较：$SW^S-SW_{C2}^{t2}=\frac{(V-p_T)}{2V(1+\alpha^2)}\{2(1+\alpha)c_R^{C2}-\alpha[2(\alpha-1)c_T+(3-\alpha)p_T+(1+\alpha)V]\}$。

在政府管制下，社会福利的变化与两种服务的感知体验差异及两种服务成本有关，但未能得出清晰的社会福利变化情况。

**命题 6-7** C2 情景下，价格管制对竞争市场中社会福利的影响如表 6-6 所示。

**证明：**详见附录。

网约车服务感知体验较低（$0<\alpha<\phi$）意味着两种服务异质性高，出租车服务在感知体验方面具有优势，此时网约车服务如快车试图采用低价的方式进入市场，抢占出租车服务的市场需求。而当出租车服务价格也较低时，网约车服务的低价优势并不明显，且出租车服务的体验优势显著。由此可推出网约车服务进入所带来的市场需求掠夺效应较小，无须管制即可实现管制目标 2。因此，有管制与无管制情景下的社会福利相同。当出租车服务价格较高时，网约车服务的价格竞争优势强于出租车服务的感知体验优势，因此通过管制提高网约车服务价格，可以削弱网约车服务的需求掠夺效应。由此可知与无管制下的竞争市场相比，管制会使处于选择两种服务临界点的乘客选择性价比更高的出租车服务，享受更高的服务体验。在管制后，较高的出租车服务价格和网约车服务价格，降低了乘客的总服务效用。与此同时，削弱了网约车服务的拓展效应，由此带来的社会福利增量减少，因此，管制后的社会福利低于非管制情景下的社会福利。

**表 6-6 价格管制对社会福利的影响（$0<\alpha<1$）**

| $\alpha$ 的范围 | $p_T$ 的范围 | 社会福利比较 |
| --- | --- | --- |
| $0<\alpha<\phi$ | $\max\left\{c_T,\ \frac{c_R^{C2}}{\alpha}\right\}<p_T<p^1$ | $SW_{CN}^{C2}=SW_{C2}^{t2}$ |
| $0<\alpha<\phi$ | $p^1<p_T<V$ | $SW_{CN}^{C2}>SW_{C2}^{t2}$ |
| $\phi<\alpha<\frac{1}{3}$ | $c_T<p_T<V$ | $SW_{CN}^{C2}>SW_{C2}^{t2}$ |
| $\frac{1}{3}<\alpha<1$ | $c_T<p_T<V$ | $SW_{CN}^{C2}<SW_{C2}^{t2}$ |

同理，当 $\alpha$ 处于中档水平时，管制提高了网约车服务价格，降低了社会福利。然而，当 $\frac{1}{3}<\alpha<1$ 时，网约车服务的出现可使乘客以低价享受与出租车服务较为相似的服务体验，虽然管制提高了网约车服务价格，但转向出租车服务的乘客数量相对较少。因二者的服务体验较为接近，乘客的总体服务体验效用只有少量降低，而由网约车服务的成本优势带来的社会福利增加起主导作用，从而提高了管制后的社会福利。

**结论 6-4** 当网约车平台提供低端服务时，竞争市场中有无管制两种情景下的社会福利变化与网约车服务感知体验及出租车服务价格有关。

当网约车服务与出租车服务同质化高或网约车服务与出租车服务异质性高，且出租车服务价格处于较低水平时，管制有利于社会整体的利益。而在网约车服务与出租车服务较为异质或异质性高，且出租车服务价格较高的情况下，管制降低了社会整体利益。从社会福利角度考虑，若管制后社会福利有所降低，则需谨慎考虑管制力度。

根据 6.4.1 节中两种管制目标下网约车服务最优价格比较结果可知，只有当两种服务异质性高且出租车服务价格较低，或两种服务较为同质且出租车服务价格处于中等水平时，两种管制目标下的社会福利才会相同。而在其他条件下，由结论 6-3 可知二者关系并不清晰。

## 6.5 模型拓展

### 6.5.1 其他管制策略探讨

（1）出租车公司与网约车平台合作战略。网约车服务的进入对出租车服务产生巨大的冲击，其利用信息技术减少了车辆的空巡里程，为司机和乘客提供了双向便利，降低了司机的运营成本。基于提高出租车服务获利能力的视角，笔者尝试探讨通过出租车服务与网约车服务平台合作，以替代管制策略的可行性。本节以管制目标 1 为例。

**命题 6-8** 管制目标 1 下，出租车服务运营成本 $c_T$ 和每期“份子钱”$B$ 对网约车服务价格可行区间及最优反应价格的影响：

$$\frac{\partial \underline{c}_T^P}{\partial c_T}>0，\frac{\partial \overline{c}_T^P}{\partial c_T}<0，\frac{\partial p_{R1}^*}{\partial c_T}>0 \text{ 和 } \frac{\partial p_{R2}^*}{\partial c_T}>0；$$

$$\frac{\partial \underline{c}_T^P}{\partial B}>0，\frac{\partial \overline{c}_T^P}{\partial B}<0，\frac{\partial p_{R1}^*}{\partial B}>0 \text{ 和 } \frac{\partial p_{R2}^*}{\partial B}>0。$$

**证明：** 详见附录。

命题 6-8 表明 C1 情景下随出租车服务运营成本增加，网约车服务价格可行区间的端点范围缩小，意味着管制变得更为严格。当出租车服务价格处于较高或较低水平时，由$\frac{\partial p_{R1}^*}{\partial c_T}>0$可推出网约车服务的最优价格是关于出租车服务运营成本的增函数，即出租车服务运营成本越高，价格管制下网约车服务的最优反应价格越高。由于较高的出租车服务运营成本削弱了获利能力，因此需更为严格的管制网约车服务。

在 C2 情景下，结合$\frac{\partial \underline{c}_T^P}{\partial c_T}>0$与$\frac{\partial W}{\partial \underline{c}_T^P}<0$，可得 $W$ 为关于 $c_T$ 的减函数，其中，$W=c_R^{C2}/\underline{c}_T^P$ 因此随着出租车服务运营成本的增加，$\alpha\in(0,\ W)$的可能性降低，只有当网约车服务与出租车服务的感知体验差异较大时，可实现有管制与无管制时相同的效果。与此同时，$\alpha\in(W,\ 1)$的可能性增加意味着管制使网约车服务提价的可能性增加。并且，由$\frac{\partial p_{R2}^*}{\partial c_T}>0$可知出租车服务运营成本的提高增加了网约车服务的提价水平，管制策略更为严格。

每期的“份子钱”$B$ 变化对于网约车服务的可行价格区间和最优价格的影响与运营成本类似。由以上分析可得到结论 6-5。

**结论 6-5** 随着出租车服务运营成本和每期“份子钱”的增加，网约车服务价格可行区间缩小，价格管制更为严格。

根据结论 6-5，政府可通过帮助出租车服务降低运营成本来实现管制目标。由于出租车服务的平均空驶率高于网约车服务，因此增加了运营成本。如果利用信息技术使需求地点可见性增强，那么可有效降低出租车空驶率。清华大学媒介调查实验室的数据显示，使用打车软件后，41.2%的出租车司机每月空载率下降10%~30%。[184]。因此，通过出租车服务与网约车服务平台合作的方式，可以降低出租车服务运营成本。目前，滴滴平台已与北京、上海等十余个城市的近 50 家出租车企业达成战略合作，[185] 其实在网约车新政出台前，滴滴出行平台便与海博出租开展了合作，500 辆海博出租车加盟滴滴专车，线下车辆、司机和运营资质由海博负责，而线上订单派接、用户运营、支付等由滴滴出行负责。[186]

（2）准入管制策略。在各地相继出台的网约车新政中，均从司机户籍、车型等方面设置准入门槛，并非直接进行价格管制。作为传统出租车服务管制的一种重要策略，准入管制可从服务供给出发，控制网约车服务的发展，降低其竞争力。本小节以管制目标 2 为例，考虑若政府采取准入管制，探究其对网约车服务的最优定价及社会福利的影响。

在价格管制中，本章假设网约车服务司机数量足够满足网约车服务需求，乘客对网约车服务的感知体验主要来自车型、司机素质和出行便利性等方面。而实施准入管制后，由于对司机户籍和车型等的限制减少了网约车服务提供者的数量，会出现利用网约车服务软件打车需长时间等待的情况。因此，本小节假设在实施准入管制后，网约车服务的感知体验由于服务供给的缩减而有所降低，与 Bellos 等[68] 的研究类似，采用 $\beta(0<\beta<1)$ 刻画服务需求的匹配率，此时乘客使用网约车服务的效用为 $U_R^E=\alpha\beta v-\overline{\theta}p_R$。

**C1 情景**：网约车平台提供高端服务：

当准入管制较为宽松 $\left(\dfrac{1}{\alpha}<\beta<1\right)$ 时，如济南市网约车新政对司机户籍、车型等无明确的限制，此时，准入管制下网约车服务最优价格的形式与价格管制时相似。网约车服务价格的可行区间为：

$$p_R\in\left[\frac{(\alpha\beta-1)V+(\alpha\beta+1)\tilde{p}_T}{2\overline{\theta}},\ \frac{(\alpha\beta-1)V+p_T}{\overline{\theta}}\right],$$

最优价格为 $p_R^*=\dfrac{(\alpha\beta-1)V+(\alpha\beta+1)\tilde{p}_T}{2\overline{\theta}}$，其中 $c_T<\tilde{p}_T<V$。而准入管制较为严格 $\left(0<\beta<\dfrac{1}{\alpha}\right)$ 时，网约车服务感知体验大幅度降低，以至于低于出租车服务体验感知，即 $\alpha\beta<1$。网约车服务的最优价格为：

$$p_R^*=\begin{cases}\dfrac{\alpha\beta\tilde{p}_T+c_R^{C2}}{2\overline{\theta}},\ \max\left\{c_T,\ \dfrac{c_R^{C2}}{\alpha\beta}\right\}<\tilde{p}_T\leqslant\dfrac{[2\alpha\beta(\alpha\beta-1)V-c_R^{C2}(\alpha\beta+1)]}{\alpha\beta(\alpha\beta-3)}\\[2ex] \dfrac{2\alpha\beta\tilde{p}_T+\alpha\beta(\alpha\beta-1)V}{(\alpha\beta+1)\overline{\theta}},\ \dfrac{[2\alpha\beta(\alpha\beta-1)V-c_R^{C2}(\alpha\beta+1)]}{\alpha\beta(\alpha\beta-3)}<\tilde{p}_T<V\end{cases}\quad(0<\alpha\beta<\phi),$$

$$p_R^* = \frac{2\alpha\beta\tilde{p}_T+\alpha\beta(\alpha\beta-1)V}{(\alpha\beta+1)\bar{\theta}}，c_T<\tilde{p}_T<V(\phi<\alpha\beta<1)$$

**命题 6-9** C1 情景中价格管制与准入管制下，网约车服务最优价格及出租车服务需求比较结果如表 6-7 所示。

**表 6-7 两种管制策略下网约车服务最优价格与出租车服务需求比较**

| 管制力度 | 范围 | 网约车服务价格比较 | 出租车服务需求比较 |
|---|---|---|---|
| $\frac{1}{\alpha}<\beta<1$ | $\tilde{p}_T\in\left(c_T,\ \frac{\bar{\alpha}V+c_R^{C1}}{2\alpha-1}\right)$ | $p_R^E<p_R^N<p_R^P$ | $\lambda_T^E=\lambda_T^P>\lambda_T^N$ |
| $\frac{1}{\alpha}<\beta<1$ | $\tilde{p}_T\in\left(\frac{\bar{\alpha}V+c_R^{C1}}{2\alpha-1},\ V\right)$ | $p_R^E<p_R^P$ | $\lambda_T^E=\lambda_T^P$ |
| $\frac{\phi}{\alpha}<\beta<\frac{1}{\alpha}$ | $\tilde{p}_T\in(c_T,\ V)$ | $p_R^E<p_R^N<p_R^P$ | $\lambda_T^E>\lambda_T^P>\lambda_T^N$ |
| $0<\beta<\frac{\phi}{\alpha}$ | $\tilde{p}_T\in\left(\max\left\{c_T,\ \frac{c_R^{C2}}{\alpha\beta}\right\},\ V\right)$ | $p_R^E<p_R^N<p_R^P$ | $\lambda_T^E>\lambda_T^P>\lambda_T^N$ |

需注意的是，本小节中管制力度表示网约车服务供给的降低程度，网约车新政实施后，符合条件的网约车司机数量减少的越多，意味着管制力度越大即 $\beta$ 越小，而此时服务需求降低得越多。由表 6-7 可知，在准入管制下，当准入管制较为宽松时，网约车服务最优价格最低，与之相反，价格管制下的网约车服务最优价格最高。此结果与实践中网约车新政实施后专车服务提价相悖。由于实践中大部分地区采用较为严格的司机户籍、车辆牌照及车型的限制方式，因此新政使网约车服务供给大幅度降低。网约车平台为了激励更多符合条件的私家车主加入平台，提高了服务价格。而在本节中当准入管制较为宽松时，平台司机的流失量较低，但叫车等待时间变长，会对乘客的服务体验感知有所影响，所以平台通过降价吸引乘客。因此，准入管制既实现了管制目标又使乘客享受到感知体验高且价格低廉的出行服务。

需注意的是，政府的管制策略扩大了两种服务共存的可行域，即从 $\tilde{p}_T\in\left(c_T,\ \frac{\bar{\alpha}V+c_R^{C1}}{2\alpha-1}\right)$ 扩展为 $\tilde{p}_T\in(c_T,\ V)$。在非管制下，两种服务共存空间小，以至于网约车服务的进入引起了出租车司机的抵制活动。虽然网约车的进入仍抢占了出租车服务市场的份额，但管制后生存空间的扩大，在一定程度上缓解了出租车司机的不满情绪。

当准入管制力度较大时，使网约车服务的感知体验低于出租车服务，即 $0<\alpha\beta<1$。网约车服务最优价格和出租车服务需求均与出租车服务价格有关。根据出租车服务价格的不同范围，可将管制力度由弱到强分为 $\frac{\phi}{\alpha}<\beta<\frac{1}{\alpha}$ 和 $0<\beta<\frac{\phi}{\alpha}$ 两种情景。这两种情景下，网约车服务的最优价格和出租车服务需求量的比较结果相同。准入管制下网约车服务的最优价格最低，而价格管制提高了网约车服务的最优价格。在市场需求方面，准入管制显著降低了网约车服务的需求掠夺效应。

当准入管制较为严格时，如对司机户籍、车辆牌照和车型均给予明确规定，使符合条件的网约车服务提供者数量骤降，导致乘客服务等待时间增加、乘客的服务感知体验下降，甚至低于出租车服务的体验感知，导致高服务体验诉求的乘客转而选择出租车服务。因此，准入管制削弱了网约车服务的需求掠夺效应。即使网约车服务通过降价吸引乘客，但仍无法阻挡大量的乘客流失，使得出租车服务需求大于价格管制下的相应值。

在价格管制下，网约车服务提价，乘客在高价格和高感知服务水平之间权衡，只有那些处于较高服务估值水平的乘客［$v\in(v_P^d, V)$］选择高价高质的网约车服务，其中 $v_P^d$ 表示价格管制下乘客选择两种服务的无差异点。对出行服务估值较高而非最高［$v\in(v^d, v_P^d)$］的乘客则会转而选择出租车服务，如图 6-7 所示。由于价格管制与无管制时网约车服务的最优价格差异 $p_R^{PN}$ 随 $\alpha$ 递增，因此，两种服务的差异化程度越高，即网约车服务在感知服务体验方面远胜于出租车服务时，价格管制提价的程度越高，越能削弱网约车服务的服务感知优势，确保出租车司机的公平诉求。出租车服务价格越高或网约车服务的补贴越高，价格管制下网约车服务最优价格提高幅度越大，越能降低网约车服务的价格优势。

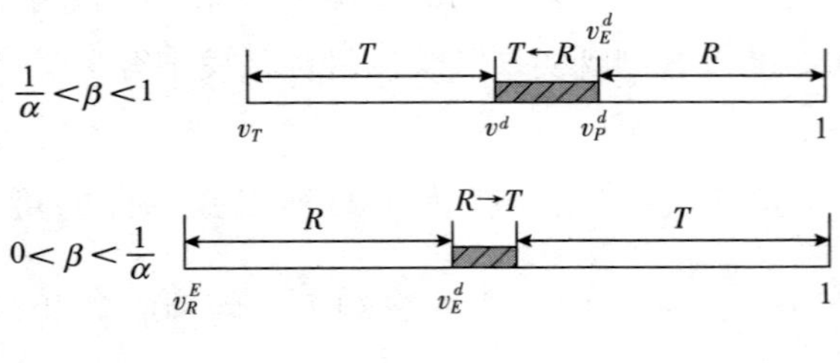


**图 6-7　无管制、价格管制与准入管制下两种服务的需求变化（$\alpha\geqslant1$）**

实施管制后更多的乘客会选择出租车服务。当准入管制力度较低$\left(\frac{1}{\alpha}<\beta<1\right)$时，虽然两种管制方式对出租车服务市场需求量的作用效果相同，但其作用机理不同。价格管制直接从价格入手，通过提高网约车服务价格，以降低网约车服务的需求量，但网约车服务的整体需求不变。而准入管制从服务供给端入手，通过设置牌照、户口等门槛限制降低服务供给，从而改变服务供给曲线，由 $S$ 变为 $S^1$，网约车服务匹配速率随之降低，如图 6-8 所示。网约车服务的提供者独立于平台，平台对网约车服务提供者何时提供服务及服务提供量无法掌控，如在恶劣天气、节假日等情况下，网约车服务提供者数量减少，即使采用了动态定价如优步的浪涌定价等，仍然很难打到车，这表明网约车服务的供给量很难随着服务涨价而及时增加，因此网约车服务供给是缺乏弹性的。与此同时，服务供给与服务感知体验息息相关，准入管制在一定程度上降低了乘客的服务体验感知水平，进而减少了服务需求，如图 6-8 所示需求曲线由 D 变为 $D^1$。网约车服务作为出行市场中的新进入者，其服务水平尚不确定，乘客使用此种服务易受价格的影响，正因如此，滴滴出行等平台采用补贴乘客的方式拓展市场，由此可知网约车服务的需求极富弹性。在供给和需求的相互作用中，服务供给曲线的弹性作用更为显著，因此，在准入管制下，网约车服务的最优价格与需求量均减少。

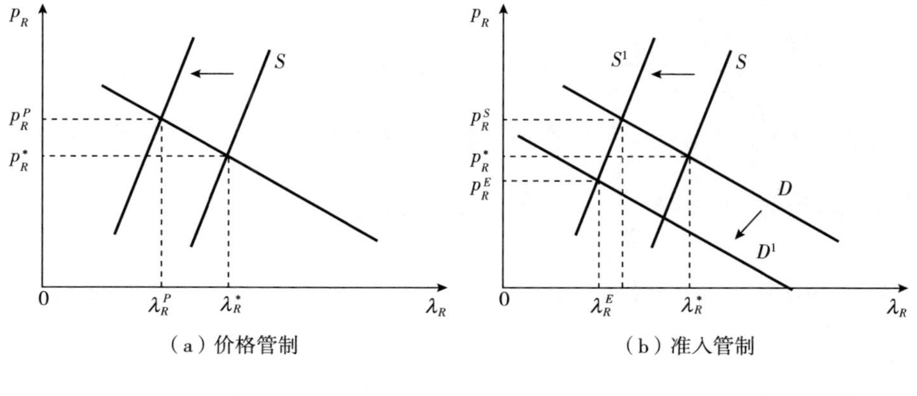


**图 6-8　出行需求与供给的关系**

价格管制提高了网约车服务的最优价格，使需求量沿着原需求曲线向左上方移动。由于网约车服务需求弹性较大，因此由价格增加带来的需求量下降较大。

网约车平台为了实现供给与需求均衡，需适当减少网约车服务的供给量。由于需求量减少，若维持原有的服务供给量，将降低成本收益率。

准入管制降低了网约车服务提供者的数量，即供给减少，供给曲线向左上方平移。网约车服务供给的减少降低了乘客的效用，使服务需求降低，需求曲线向左下方平移。结合供给与需求曲线的弹性关系可知，准入管制下网约车服务价格低于原有供给与需求的均衡价格。

对比来看，以价格管制为主的方式更为强势，其使网约车服务最优价格大幅度提高，削减了一部分乘客的效用。而以准入管制为主的方式更为柔性，既实现了公平的目标，又增加了网约车服务忠实乘客的效用。两种管制策略的作用效果相同，但准入政策对网约车服务平台更为不利，因为服务需求量与价格的“双降低”，将大幅度降低网约车服务的利润。

**C2 情景：**网约车平台提供低端服务：

当政府采用准入管制使网约车服务感知体验由 $\alpha$ 降低为 $\alpha\beta(0<\beta<1)$ 时，网约车服务的最优价格与价格管制时的解形式相似，即：

$$p_R^* = \begin{cases} \dfrac{\alpha\beta\tilde{p}_T + c_R^{C2}}{2\bar{\theta}}, & \max\left\{c_T, \dfrac{c_R^{C2}}{\alpha\beta}\right\} < \tilde{p}_T \leqslant \dfrac{[2\alpha\beta(\alpha\beta-1)V - c_R^{C2}(\alpha\beta+1)]}{\alpha\beta(\alpha\beta-3)} \\ \dfrac{2\alpha\beta\tilde{p}_T + \alpha\beta(\alpha\beta-1)V}{(\alpha\beta+1)\bar{\theta}}, & \dfrac{[2\alpha\beta(\alpha\beta-1)V - c_R^{C2}(\alpha\beta+1)]}{\alpha\beta(\alpha\beta-3)} < \tilde{p}_T < V \end{cases} \quad (0<\alpha\beta<\phi),$$

$$p_R^* = \frac{2\alpha\beta\tilde{p}_T + \alpha\beta(\alpha\beta-1)V}{(\alpha\beta+1)\bar{\theta}}, \quad c_T < \tilde{p}_T < V(\phi<\alpha\beta<1)。$$

**命题 6-10** C2 情景中两种管制策略下，网约车服务最优价格和出租车服务需求变化情况为：①$0<\beta<\dfrac{\phi}{\alpha}$，当 $\max\left\{c_T, \dfrac{c_R^{C2}}{\alpha\beta}\right\}<\tilde{p}_T<p^1$ 时，$p_R^N=p_R^P<p_R^E$，$\lambda_T^N=\lambda_T^P<\lambda_T^E$；当 $p^1<\tilde{p}_T<V$ 时，$p_R^P>p_R^N>p_R^E$，$\lambda_T^N<\lambda_T^P<\lambda_T^E$。②$\dfrac{\phi}{\alpha}<\beta<1$，当 $c_T<\tilde{p}_T<V$ 时，$p_R^P>p_R^N>p_R^E$，$\lambda_T^N<\lambda_T^P<\lambda_T^E$。

**证明：**详见附录。

网约车服务采用降价回应准入管制政策，但其降价程度与管制力度相关。当准入管制力度（$1-\beta$）处于较高状态即 $0<\beta<\dfrac{\phi}{\alpha}$，并且出租车服务价格处于较低水平时，根据前述分析可知，在此情景中价格管制下的网约车服务价格与无管制

时相同，但在准入管制策略下网约车服务价格低于非管制下的相应值，这时对乘客更为有利。需注意的是，虽然此时网约车服务价格较低，但准入管制降低了网约车服务需求。当出租车服务价格较高时，为了实现公平这一目标，价格管制提高了网约车的服务价格，这对使用网约车服务的忠实乘客不利，而准入管制下价格依旧低于非管制下的服务价格。由于出租车服务本身价格较高，网约车服务的价格优势明显，展现出较高的性价比，价格管制通过提价降低了网约车服务的竞争力。但准入管制的作用机理却不同，其降低网约车服务供给，削弱了网约车服务的感知体验优势，对非忠实用户的冲击较大，一部分（$v_N^d-v_E^d$）用户转而使用出租车服务，如图 6-9 所示。此时网约车平台为了吸引并保留用户，在准入管制下会降低价格，试图获得价格竞争优势。当管制较为宽松$\left(\frac{\phi}{\alpha}<\beta<1\right)$时，网约车服务供给降低幅度小，因此服务价格降低较少。

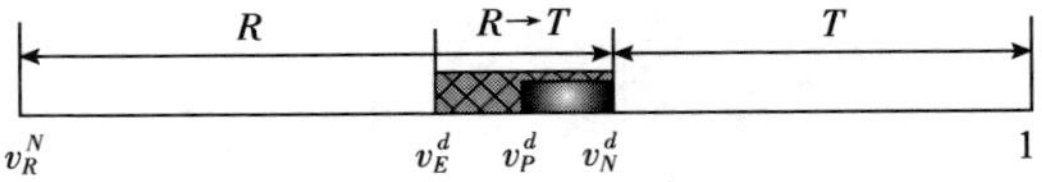


**图 6-9　无管制、价格管制与准入管制下两种服务需求变化（$0<\alpha<1$）**

在服务需求方面，准入管制下的出租车服务需求最大，价格管制下的出租车服务需求次之。对市场总需求而言，即 $1-\frac{\bar{\theta}p_R}{\alpha V}$，价格管制下两种服务的总需求低于非管制情景，这表明由于网约车服务价格的提高，一部分参与此出行市场的乘客选择了其他出行方式，整体市场竞争力降低，但出租车服务需求比非管制下有所增加，满足了追求公平的司机的心理诉求。

出行市场总需求与网约车服务感知体验系数和出租车服务价格的关系如图 6-10 所示，其中，$p_R=\left[\frac{(2\alpha\tilde{p}_T+\alpha(\alpha-1)V)}{(\alpha+1)\bar{\theta}}\right]$、$V=7$、$\theta=0.5$。保持出租车服务价格不变，服务总需求随 $\alpha$ 递减。两种出行服务的服务感知体验越接近，即服务的同质化程度越高，乘客越易于将两种服务认知为一种服务。而网约车服务价格随 $\alpha$ 递增，服务同质化水平高所带来的平均服务价格的提高，驱使一部分乘客选择其他的出行方式，因此降低了网约车服务进入的需求拓展效应，这表明服务体验感知的差异化会满足异质性的需求并相应地保持一定的价格优势，以拓展原有服务需求，对整体市场有利。由于准入管制扩大了两种服务的服务差异化程度，由 $1-\alpha$ 变为 $1-\alpha\beta$，此时准入管制既实现了公平的管制目标，又展现了较强的拓展效应。若保持 $\alpha$ 不变，总市场需求随出租车服务价格递减。因为网约车服务价格随出租车价格递增，较高的出租车服务价格表明网约车最优价格也较高，高价使大部分乘客退出市场，总市场需求急剧缩减。

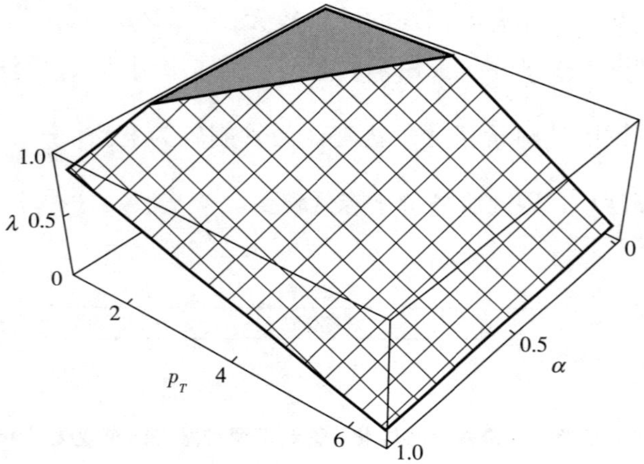


**图 6-10　出行市场总需求与网约车服务感知体验系数和出租车服务价格的关系**

虽然准入管制与价格管制均能实现公平这一目标，但对乘客更为有利的方式为准入管制。由于准入管制降低了网约车服务价格，使两种服务的平均价格降低，乘客能够以低价享受服务。需注意的是，价格管制的作用效果为提高网约车服务最优价格，降低其价格竞争优势，此结果与实践中网约车新政实施后，滴滴出行平台提高服务价格一致。而本小节中准入管制产生降价的作用，与现实相悖。如当网约车准入管控较为严格时，常有新闻报道打车价格会翻倍，这是平台通过加价以维持原有的服务水平，但此种需求为网约车服务的黏性需求。本章假设乘客可自由转换出行方式，其综合考虑服务感知体验和价格，以此选择适宜的出行方式，两种服务可替代，而非黏性需求，网约车服务并非必选项。首先，本章并未考虑已经形成的网络叫车习惯。在完全竞争的出行市场中，一旦网约车服务感知体验有所降低，会使一部分乘客转换出行方式，进而选择出租车服务。当准入管制越严格，价格竞争越激烈时，网约车服务通过降价来吸引乘客，从而实现利润最大化。其次，本章中网约车服务提供者数量降低由准入管制这一客观因素引起，并非受天气恶劣、节假日等因素的影响，即并非网约车服务提供者主观不愿提供服务。同时，即使网约车服务平台涨价，未能符合准入要求的服务提供者仍不能提供服务。而在现实中面对黏性需求，虽然涨价会增加司机端的新加入人数，但并不能在短期内加大活跃司机的数量。由于本章仅考虑单一时间段，司机端由于准入政策减少了一定的服务提供者，活跃司机数量缩减，在这一时间段内，并不能通过涨价加大活跃司机的数量。因此，网约车服务平台在准入管制下通过降低服务价格吸引乘客。此外，不同于节假日或恶劣天气等情况，出行服务对于乘客的整体价值（$\alpha v$）并不会因为服务供给严重短缺而减少，有时甚至会增加，如在暴雨天迫切想要回家的乘客，能够打到车回家的感知体验价值可能比日常情况更高，相应地，平台会制定更高的价格，如图 6-8（b）中网约车服务价格为 $p_R^S$。这与乘客到达目的地的迫切性相关，本章并未考虑此因素，因此与平台动态定价结果相悖。

### 6.5.2 其他管制目标的探讨

（1）考虑环境因素。出行服务的碳排放是日常生活碳排放的重要组成部分。公共出行方式在碳减排方面具有较大的优势，通过人们共用同一交通工具，可以实现单人出行的碳减排。出租车服务在寻找乘客时，空巡中依然会排放尾气，污染环境。而网约车服务利用信息技术，增强了需求地点可见性，通过指派附近的车辆提供服务，降低了空巡里程，减少了碳排放。此外，网约车服务中的顺风车或拼车服务，利用共享形式，不仅实现了类似于公共出行方式的效果，还提高了乘客的乘车体验。滴滴出行年报数据显示，2022 年滴滴拼车乘客共乘里程达到 16.9 亿千米，[187] 滴滴出行通过电动网约车、拼车、顺风车、共享单车、共享电单车业务，共约助力城市减少二氧化碳排放 338 万吨。[188]

假设两种服务某一时间段内寻找一位出行距离为 $L$ 千米的乘客的空巡里程系数分别为 $\eta_R$ 和 $\eta_T$，即找寻乘客的空巡里程分别为 $\eta_R L$ 千米和 $\eta_T L$ 千米。某一时间段内两种服务的碳排放量分别为 $G_R = G_e(1+\eta_R)L\lambda_R$ 和 $G_T = G_e(1+\eta_T)L\lambda_T$，其中 $G_e$ 为车辆每千米的碳排放量。

若政府关心碳减排问题，要求网约车服务的碳排放量低于出租车服务的碳排放量，则具体的管制目标为 $G_R \leqslant G_T$。

**C1 情景：** 网约车平台提供高端服务：

如果两种服务的空巡里程系数相同，即 $\eta_R=\eta_T$。实现 $G_R\leqslant G_T$ 这一目标可转化为实现公平目标，即 $\lambda_R\leqslant\lambda_T$。两种服务的空巡里程系数若不同，网约车服务可行价格区域为 $p_R\in\left[Z,\ \frac{p_T+\bar{\alpha}V}{\bar{\theta}}\right]$，其中 $Z=\frac{[(1+\eta_R)+(1+\eta_T)\alpha]\tilde{p}_T+\bar{\alpha}V(1+\eta_R)}{\bar{\theta}(2+\eta_R+\eta_T)}$。当 $\eta_R>\eta_T$ 时，网约车服务空巡里程低，此情形贴近现实。与公平目标相比，网约车服务可行价格区域变大，如图 6-11 所示。当网约车服务供给较少时，乘客需求地点若无可用车辆，平台会指派距离乘客较近的车辆提供服务，但空巡里程会变高，即出现 $\eta_R<\eta_T$ 的情景。此时，网约车服务的可行价格区域变小，考虑环境因素的管制目标严于公平目标，如图 6-12 所示。

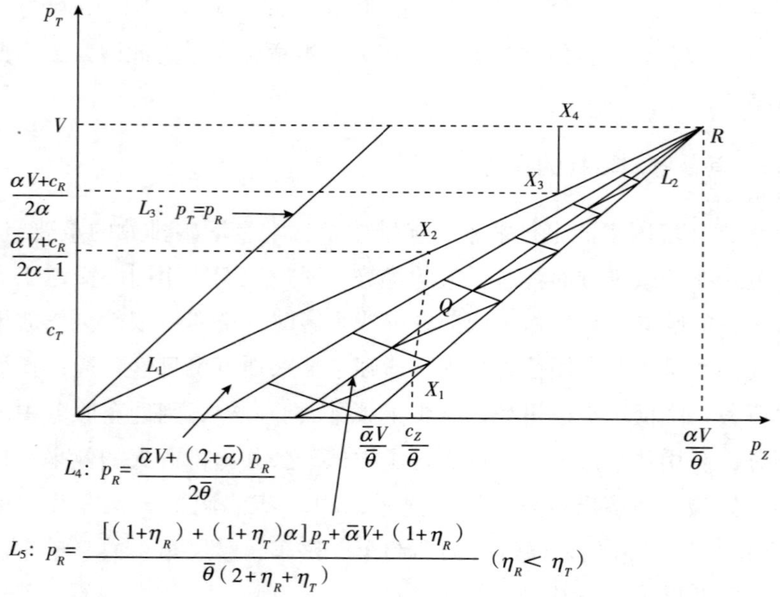


**图 6-11　考虑环境因素的管制目标与公平目标下网约车价格可行范围比较（$\eta_R>\eta_T$）**

**C2 情景：** 网约车平台提供低端服务：

网约车平台提供低端服务，如顺风车或拼车服务，可供多人同时乘车，假设某一单次行程中共有 $n$ 人，则采用此种网约车服务形式出行所带来的总碳排放量

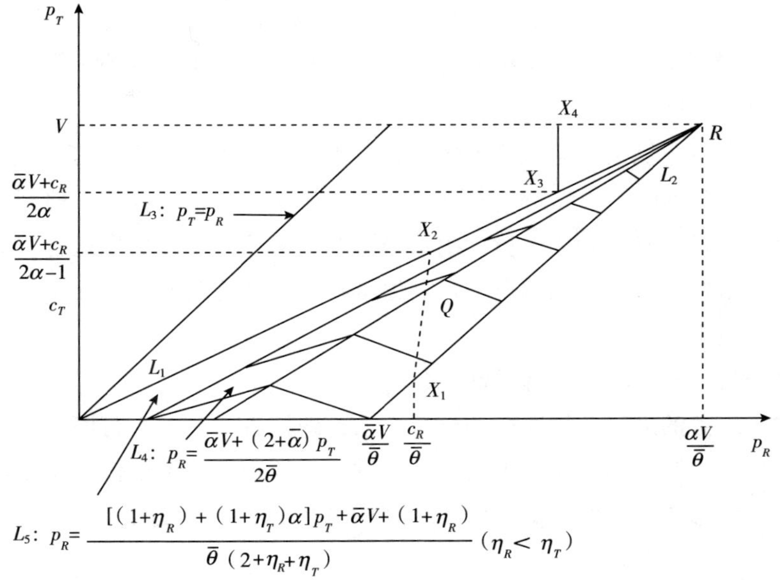


**图 6-12 考虑环境因素的管制目标与公平目标下网约车价格可行范围比较（$\boldsymbol{\eta_R<\eta_T}$）**

为 $G_R=\dfrac{G_e(1+\eta_R)L\lambda_R}{n}$。此处仅探讨$\dfrac{c_R(n\eta_T\alpha+1+\eta_R)-2n\eta_T\bar{\alpha}\alpha V}{\alpha(1+2n\eta_T-\alpha n\eta_T+\eta_R)}<c_T$ 时，网约车服务的最优价格，即为 $p_R^*=\dfrac{\alpha(n\eta_T+1+\eta_R)\tilde{p}_T+n\eta_T\alpha\bar{\alpha}V}{\bar{\theta}(\alpha n\eta_T+\eta_R+1)}$，其中 $c_T<\tilde{p}_T<V$。与 C1 情景类似，若$\dfrac{(1+\eta_R)}{n}\geqslant 1+\eta_T$，则公平目标较为宽松；相反，则公平目标较为严格。需注意的是，乘客在同时、同地上车，并且目的地接近可以视为同一地点时，$\eta_R=0$，此时考虑环境因素的管制目标为网约车服务发展提供了更大的空间。

若政府考虑环保目标，要求竞争市场中网约车服务与出租车服务的总碳排放量应不高于无竞争时的相同市场需求的碳排放量，即 $G_R+G_T\leqslant G_T^S+G_P^S$，其中 $G_P^S$ 为无竞争市场中公共出行服务的碳排放量。

**C1 情景**：网约车平台提供高端服务：

C1 情景中，竞争市场与无竞争市场中需求相同，即 $\lambda_T^S=\lambda_T^{C1}+\lambda_R^{C1}$。因此 $G_P^S=0$。由 $G_R+G_T\leqslant G_T^S+G_P^S$ 推出：

$$G_e(1+\eta_R)L\lambda_R+G_e(1+\eta_T)L\lambda_T\leqslant G_e(1+\eta_T)L\lambda_T^S, \tag{6-8}$$

当且仅当 $\eta_R \leqslant \eta_T$ 时，式（6-8）成立。此结果表明只要网约车服务的空巡里程低于出租车服务，网约车服务的进入就有利于碳减排。网约车服务的最优价格与无管制时相同。

若网约车服务供给在某一区域较少，会出现接单司机距离乘客较远，则 $\eta_R > \eta_T$，此时式（6-8）无法成立，表明二者无法共存。这说明若某一地区的网约车服务供给较少，其进入会对环境产生负面影响，从环保角度出发进行管制，会使其退出竞争市场。此时，网约车平台需保持某一地区的服务供给，确保其在市场中拥有立足之本。

**C2 情景：**网约车平台提供低端服务：

网约车服务的进入拓展原有的出行需求，即抢占了公共出行服务需求。基于环保的视角，管制目标为竞争市场的总碳排放量低于无竞争市场和所抢占的公共出行服务的碳排放的总额。由此可知实现管制目标，需要满足条件 $G_R + G_T \leqslant G_T^S + G_P^S$，即 $G_e(1+\eta_R)L\dfrac{\lambda_R}{n} + G_e(1+\eta_T)L\lambda_T \leqslant G_e(1+\eta_T)L\lambda_T^S + \mu G_e L\dfrac{\Delta\lambda}{m}$，其中 $\Delta\lambda$ 表示公共出行服务被抢占的服务需求，即 $\Delta\lambda = \lambda_T^S - \lambda_R^{C2} - \lambda_T^{C2}$，$m$ 表示公共出行服务同一段行程服务的总人数，$\mu$ 表示公共出行服务单位里程的碳排放量与出租车服务单位里程的碳排放量的系数比，且 $\mu>1$。当 $\eta_R < \alpha n(1+\eta_T) - \dfrac{\bar{\alpha}\mu n V}{m} - 1$ 时，网约车服务和出租车服务可共存。需注意的是，若 $\mu = 0$ 表示乘客步行或自行车出行方式，则 $\eta_R < \alpha n(1+\eta_T) - 1$，此时对网约车服务空巡里程要求更为严格。

若政府关注环保问题，其对网约车服务管制可相对放宽。一方面由于信息技术的优势，网约车空巡里程较低；另一方面顺风车或拼车等车辆公乘方式降低了单人单程出行的碳排放量。此外，曹操专车平台提供服务的汽车为电动汽车，也可实现绿色低碳出行的目标。

（2）公平目标拓展。网约车服务进入市场后，使出租车服务需求降低。出租车司机更为直观地感受到需求的变化。参考经典公平关切的文章，[167] 结合出租车司机的关注点，司机实际感知的需求为：

$$\bar{\lambda} = \lambda_T^C - \tau \max\ \{\lambda_R^{C1} - \lambda_T^{C1},\ 0\} \tag{6-9}$$

其中 $\tau$ 为感知不公平系数。式（6-9）表明若两种服务竞争，网约车服务超过出租车服务的需求，出租车司机心理感知的服务需求会有所降低。假设某一时间段内，出租车司机所能接受的服务需求最小值为 $\underline{\lambda}_T$，且 $\lambda_S > \underline{\lambda}_T$，即无竞争市场中，出租车服务需求足以实现其对服务需求最低限度的要求。由此可知，只要 $\bar{\lambda}\geqslant\underline{\lambda}_T$，出租车司机不会抗拒网约车服务的进入。本小节仅讨论 C1 情景，C2 情景的讨论与此类似。

**命题 6-11** 拓展公平目标下两种服务共存条件与网约车服务最优价格如表 6-8 所示。

**证明：** 详见附录。

**表 6-8 拓展公平目标下两种服务共存条件与网约车服务最优价格**

| 两种服务需求关系 | 出租车服务需求底线范围 | $c_T$ 的范围 | 出租车服务价格范围 | 网约车服务最优价格 |
| --- | --- | --- | --- | --- |
| $\lambda_R^{C1}\leqslant\lambda_T^{C1}$ | $0\leqslant\underline{\lambda}_T\leqslant\frac{V-c_T}{2V}$ | — | $\tilde{p}_T\in(c_T,\ V(1-2\underline{\lambda}_T)]$ | $\frac{\bar{\alpha}V+(\alpha+1)p_T}{2\bar{\theta}}$ |
| $\lambda_R^{C1}\leqslant\lambda_T^{C1}$ | $0\leqslant\underline{\lambda}_T\leqslant\frac{V-c_T}{2V}$ | — | $\tilde{p}_T\in(V(1-2\underline{\lambda}_T),\ V(1-\underline{\lambda}_T)]$ | $\frac{\underline{\lambda}_T\bar{\alpha}V+\alpha p_T}{\bar{\theta}}$ |
| $\lambda_R^{C1}\leqslant\lambda_T^{C1}$ | $\frac{V-c_T}{2V}<\underline{\lambda}_T<\lambda_T^S$ | — | $\tilde{p}_T\in(c_T,\ V(1-\underline{\lambda}_T)]$ | $\frac{\underline{\lambda}_T\bar{\alpha}V+\alpha p_T}{\bar{\theta}}$ |
| $\lambda_R^{C1}>\lambda_T^{C1}$ | — | $c_T<(1-2\bar{\lambda}_T)V$ | $\tilde{p}_T\in(c_T,\ V(1-2\underline{\lambda}_T)]$ | $J$ |

由命题 6-11 可知，若网约车服务进入引致的需求掠夺效应较强，使自身需求超过出租车服务需求，那么满足出租车司机公平诉求的条件要严于目标 2 中的公平目标，当且仅当出租车服务运营成本较低时，两种服务才能共存。

当网约车服务抢占出租车服务需求较少时，此时的公平目标需考虑出租车司机的需求底线及出租车服务价格。出租车司机需求底线较低表明出租车司机对网约车服务的进入不敏感。同时，若出租车服务价格较低，应对网约车服务进入的冲击能力强，则与目标 2 的作用效果相同。而若出租车服务自身价格较高，即使出租车司机易于满足，但网约车服务的进入使其需求大幅度降低，以至于低于需求底线，则需要政府管制提高网约车服务价格，且作用效果强于目标 2。出租车司机的需求底线较高意味着出租车司机对网约车服务进入敏感度高，较低的需求掠夺效应很可能导致公平目标难以实现，因此需要通过价格管制，提高网约车服务的价格。

此小节的目标仍为公平，但考虑出租车司机心理需求底线 $\overline{\lambda}_T$ 及感知不公平系数$\tau$，需要加大管制力度。在管制提高网约车服务价格的情景中，需求底线越高，提价程度越高。这是因为当需求底线较高时，只有加大对网约车服务的管制力度才能满足条件，因此需要大幅度提价。由$\frac{dJ}{d\tau}=\frac{\overline{\alpha}[V(1-2\underline{\lambda}_T)-p_T]}{\overline{\theta}(1+2\tau)^2}>0$可知出租车司机感知不公平程度越高，价格管制的提价作用越强。

## 本章小结

本章研究了在网约车服务与出租车服务共存的出行市场中，实现不同管制目标的网约车服务价格管制策略的设计问题。参与目标立足于服务利润的视角，考虑出租车服务的“份子钱”问题，旨在实现每期净利润非负；公平目标基于服务需求视角，旨在实现出租车服务需求高于其需求底线。根据网约车服务感知体验将网约车服务划分为高端服务与低端服务，以期探讨网约车服务类型对价格管制策略的影响。同时，本章比较了两种管制目标下管制策略的管制力度。此外，本章对比分析了不同管制方式如准入管制与价格管制，以及不同管制目标对网约车服务价格和出租车服务需求的影响。

# 7 主要结论及未来展望

从衣服租用到分享食谱，从旅游短租房屋到网约车服务，在衣食住行的方方面面，分享概念盛行。作为分享经济的“领头羊”，网约车服务因其与出租车服务同质性高，在出租车服务的细分市场中与之竞争，而备受各界关注。本书以分享经济下网约车服务为研究对象，分别在平台垄断、双寡头平台竞争，以及出租车服务与网约车服务竞争情景下，探讨了网约车平台的定价问题，针对出租车服务与网约车服务竞争的市场环境研究了政府的价格管制问题。本书的研究结果可为实践中网约车平台定价决策与政府管制政策提供一定的依据。

## 7.1 主要结论

本书的主要研究结论如下：

第一，针对网约车服务市场处于垄断状态下的平台定价问题，分别探讨了专车模式和顺风车模式下的网约车服务价格决策和网约车司机的服务时间量决策，以及需求激增时平台如何制定适宜的服务价格增加比例以激励司机上线提供服务。研究发现：①网约车服务最优价格的制定与佣金率有关，同时平台需关注网约车司机能够提供服务的时间总量范围；②专车模式与顺风车模式下的服务价格差值随专车服务成本递增，并且随顺风车服务的佣金率递减；③可通过设置适当的服务价格增加比例促使网约车司机提供服务，此比例随需求暴涨环境下司机的服务成本递增，随基础模型中的服务成本递减。

第二，针对两个网约车平台竞争的情景，采用 Salop 模型刻画二者的竞争，探讨了服务定价策略、平台服务多样化策略及服务类型选择策略。研究发现：①当两个网约车服务平台均提供一种服务，如专车服务时，若二者同时进入市场，网约车平台利润与竞争强度系数的关系受两个平台的运营成本的关系的影响。此结果表明网约车平台应降低自身运营成本，以便在激烈的竞争中不断提高利润。两个平台的利润差异不仅与运营成本差异和竞争强度系数有关，还依赖于两个平台的运营成本之和。当两个平台的运营成本均处于高水平且竞争强度较低时，运营成本较高的平台可获得更高的利润。因此，在竞争中，平台还需关注对手的运营成本水平，以实现较多的利润。②若两个平台非同时进入市场，如滴滴出行和曹操专车，滴滴出行作为领导者，而曹操专车作为跟随者。两个平台的利润与竞争强度系数的关系与同时决策时类似。而跟随者的运营成本对领导者的服务价格和服务需求的影响均高于领导者的运营成本对跟随者的相应变量的影响。这表明鉴于自己成本对对方价格和需求的影响，跟随者要适当控制自己的运营成本。领导者的最优利润高于同时决策时的相应值，展现了先发优势，而跟随者的最优利润与同时决策时的利润差异依赖于竞争强度和两个平台的运营成本差异。③若网约车服务市场中先进入者提供多样化服务，需考虑竞争强度。当市场竞争激烈时，多样化服务并不能增加市场需求，且会适得其反。因此网约车平台不应盲目推出新服务。④若网约车服务的新进入者的运营成本与市场中已有服务平台接近，虽然低成本能为其带来成本优势，但市场中已有平台的成本控制已较为成熟，因此低成本并非最好的选择，而提供更为差异化的服务才更适宜，如曹操专车通过提供电动汽车、开发“碳银行”等服务，以突出特色。

第三，针对网约车服务与出租车服务竞争的情景，首先利用等待时间刻画二者的服务质量，分别讨论了网约车服务质量高于或低于出租车服务质量两种情境下，两种服务共存条件及定价策略；其次基于服务质量差异视角，探讨了网约车服务的监管问题；最后研究了乘客转移成本和忠实乘客数量对两种服务定价策略的影响。研究结果表明：①两种服务的最优价格均随网约车服务质量的提高而增加。乘客不仅关注于服务质量，也考虑服务价格，因此当网约车服务的质量较高且价格较高时，一部分注重于服务价格的乘客会选择质量低但价格也低的出租车服务，因此网约车服务需求随服务质量差异的增加而减少。与之相反，出租车服务需求随服务质量差异递增。②当总网络外部性为正，且两种服务的服务质量差异较大时，如果两种差异化的服务可以满足不同类型乘客的需求，那么两种服务可共存。当总网络外部性为负时，无须其他约束条件，即可实现两种服务共存。

③当总网络外部性为正时，消费者剩余随网约车服务等待时间递减，且总网络外部性为正时的总消费者剩余高于其为负时的相应值。④通过扩大两种服务的质量差异，从而实现出租车司机的利润基准值，促使两种服务共同发展。同时，需注意两种服务的服务质量的差异，以便更有针对性地制定相应的监管政策。⑤乘客转移成本降低了网约车服务的价格和需求，提高了出租车服务的价格和需求。忠实乘客越多，两种服务的最优价格越低，网约车服务的需求越低，而出租车服务的需求越高。

第四，针对网约车服务与出租车服务共存的出行市场，研究了网约车服务的价格管制问题，本书考虑了两种监管目标即参与目标与公平目标。参与目标立足于出租车服务的“份子钱”问题，实现司机的每期净利润非负；公平目标基于服务需求的视角，旨在确保满足出租车司机的服务需求底线。与此同时，根据网约车服务感知体验的不同将网约车服务划分为高端服务和低端服务。研究发现：①当网约车平台提供高端服务时，出租车服务价格处于较高或较低水平，若想实现参与目标，需提高网约车服务的价格；当出租车服务价格处于中等水平，则无须管制。②当网约车平台提供高端服务时，若想实现公平目标 2，需提高网约车服务的价格，以降低网约车服务的竞争优势。③当网约车平台提供低端服务时，与平台提供高端服务时的结果不同，参与目标和公平目标的实现均与两种服务的异质性程度及出租车服务价格有关，由此推出政府制定政策应根据网约车平台提供的服务类型而异。④政府制定管制政策需考虑出租车服务自身价格水平。由于出租车服务价格的制定并未考虑网约车服务，因此是否可以通过调整出租车服务价格以适应新的竞争环境是一个值得思考的问题。⑤比较两种管制目标下的网约车服务的最优价格发现，两种管制目标的管制力度与网约车服务类型、两种服务的差异性及出租车服务价格有关。政府应关注上述因素从而选择相应的管制目标，进而实现两种服务的共同发展。

## 7.2 未来展望

本书试图围绕分享经济下网约车这一新兴出行方式，针对不同的市场竞争环境，研究平台垄断、双寡头平台竞争及出租车服务与网约车服务竞争情景下的平台定价问题，以及出租车服务与网约车服务竞争时网约车服务的监管问题。本书的研究成果可为实践中网约车服务定价策略及管制政策的制定提供一定的理论依据，但面临复杂多变的市场环境，并且鉴于网约车服务的特点如服务提供者为自雇用形式的司机、服务资源为剩余资源等，网约车服务的研究还存在许多亟待解决的问题，因此，本书的研究仅为一个尝试性探索，仍存在许多需要进一步丰富与完善的内容，至少表现在以下几个方面：

首先，本书针对平台垄断的市场环境研究了网约车服务的定价问题，虽然关注到网约车服务的不同类型，如专车和顺风车等，但并未考虑网约车平台同时提供多种类型的服务。同一平台提供多种类型的网约车服务，其自身将形成竞争，因此探讨平台定价决策时，可进一步考虑同一平台所提供的多种服务之间的竞争。与此同时，不同网约车司机参与网约车服务的机会成本具有异质性，因此，可根据网约车司机提供服务的机会成本差异，将司机进行分类，构建更为贴近现实的研究模型。

其次，本书针对双寡头垄断竞争的网约车服务市场环境，研究了两个网约车平台的定价决策问题，虽然考虑了两个平台的竞争关系，并采用横向差异化刻画乘客对网约车平台提供服务的不同估值，但在实践中，不同平台提供的服务质量等有所差异，会形成纵向差异化竞争，因此，在未来研究中，可基于纵向差异化刻画两个平台的竞争。同时，本书主要基于静态博弈的方法进行研究，若网约车平台非同时进入市场，则可采用多周期动态模型，探讨新进入者何时进入及进入后市场中原有平台的定价决策。

再次，本书针对网约车服务与出租车服务竞争的市场环境，研究二者共存的条件及定价决策。虽然本书注意到两种服务的服务质量不同，并采用等待时间予以刻画，但并未确切地分析等待时间的不确定性。在未来的研究中，可以采用概率刻画此种不确定性，并利用实践中的数据，结合实证方法深入分析等待时间对两种服务定价的影响。此外，网约车平台往往是基于信息技术给出估计的等待时间，此方法降低了服务等待时间的不对称性。然而，若等待时间过长，乘客可能会取消订单，从而降低平台的服务需求。因此，在未来的研究中，可对比平台是否给予等待时间对网约车平台运营决策的影响。

最后，本书针对网约车服务与出租车服务竞争的市场环境，研究了政府如何通过价格管制实现特定的管制目标，虽然注意到不同管制目标对管制政策的影响，但网约车平台的司机为自雇用形式，司机和乘客通过网约车平台形成双边市场。基于双边市场理论，探讨网约车服务的监管问题，也是未来的研究方向之一。

总之，随着网约车服务的发展及政府管制政策的实施，将会涌现大量的新现象和新问题，围绕这些新现象和新问题对网约车平台的运营决策及政府监管均提出了新的挑战，也为理论研究提供了新的方向。

# 参考文献

［1］ Thomas F. Welcome to the Sharing Economy ［N］. New York Times, 2013-07-20.

［2］ Sacks D. The Sharing Economy ［N］. Fast Company, 2011-04-18.

［3］ 全国机动车保有量达 4. 17 亿辆 驾驶人超过 5 亿人 ［EB/OL］. （2023-01-11） . https：//www. gov. cn/xinwen/2023-01/11/content_5736278. htm.

［4］ 凤凰网汽车 . 中汽协：2022 年新车销量 2686. 4 万，今年预计增长 3% ［EB/OL］. （2023-01-12） . https：//new. qq. com/rain/a/20230112A0678I00.

［5］ 刘嘉宁，路炳 . 北京市私人小客车达 493 万辆 新能源客车超 57 万辆 ［EB/OL］. （2023-08-28） . https：//new. qq. com/rain/a/20230828A096ZN00.

［6］ 程维，柳青，张晓峰 . 滴滴：分享经济改变中国 ［M］. 北京：人民邮电出版社，2016.

［7］ Benjaafar S, Kong G, Li X, et al. Peer-to-Peer Product Sharing: Implications for Ownership, Usage and Social Welfare in the Sharing Economy ［J］. Management Science, 2019, 65 （2）: 477-493.

［8］ Marshall P. The Sharing Economy ［R/OL］. （2015-08-03） . http：//businessresearcher. sagepub. com/sbr-1645-96738-2690068/20150803/the-sharing-economy.

［9］ 张孝荣 . 分享经济席卷全球背后的“秘密”：6 大区域的启迪意义 ［EB/OL］. （2016-01-29） . http：//www. tisi. org/Article/lists/id/4425. html.

［10］ 国家信息中心分享经济研究中心，中国互联网协会分享经济工作委员会 . 中国共享经济发展年度报告（2018）［R］. 2018.

［11］ Nacy E. The Airbnb of Car Renting? How RelayRides is Switching Gears ［N］.

Fast Company, 2014-06-26.

[12] Huet E. The Delivery War is On: Uber Expands its On-Demand Courier Service [N]. Forbes, 2015-10-04.

[13] Dou E, Osawa J. Rivals Uber and Didi Drive Closer to Profitability in China [N]. Wall Street Journal, 2016-06-03.

[14] Shoot B. Hot food, Fast [N]. Entrepreneur, 2015-08-08.

[15] Mitchell I. Not all Restaurant Are Fans of Food Delivery Services [N]. Washington City Paper, 2016-01-14.

[16] Chen B. The High Price of Delivery App Convenience [N]. New York Times, 2015-11-04.

[17] 国家信息中心分享经济研究中心．中国制造业产能共享发展年度报告（2018）[R]. 2018.

[18] 刘双双，刘心怡．发展分享经济的海外之鉴 [EB/OL].（2016-10-08）. http://www.qunzh.com/qkzx/gwqk/jczx/2016/201605/201610/t20161008_24546.html.

[19] 政府工作报告 [R/OL].（2016-03-17）. http://www.gov.cn/guowuyuan/2016-03/17/content_5054901.htm? mTypeGroup.

[20] 王凡．美国式“滴滴”[N]. 新华每日电讯，2015-01-16.

[21] Rayle L, Dai D, Chan N, et al. Just A Better Taxi? A Survey-Based Comparison of Taxis, Transit, and Ridesourcing Services in San Francisco [J]. Transport Policy, 2016, 45: 168-178.

[22] 智研咨询．2017-2022年中国移动出行产业现状深度调研及未来发展趋势研究报告 [R/OL]. http://www.chyxx.com/research/201703/504943.html#abstract, 2017.

[23] Shaheen S A, Chan N D, Gaynor T. Casual Carpooling in the San Francisco Bay Area: Understanding User Characteristics, Behaviors, and Motivations [J]. Transport Policy, 2016, 51: 165-173.

[24] 艾媒咨询．2016Q1中国移动出行市场专题研究报告 [R/OL]. http://www.sohu.com/a/69560629_158013, 2016.

[25] 易观数科．移动出行服务多样化，用户消费习惯渐养成 [EB/OL]. http://www.sohu.com/a/221395963_115326, 2018.

[26] 王絮颖．专车服务冲击出租车服务市场遭集体抗议 [N]. 中国联合商

报，2015-01-19.

［27］吴虹．滴滴平台恶性事件频发，专车安全成关注焦点［EB/OL］.（2016－05－11）．http：//news. voc. com. cn/article/201605/201605111055389166. html.

［28］徐超．美国乘客暴雪天打“优步”专车，天价吓晕乘客［N］. 海峡都市报，2016-01-29.

［29］Weitzman M L. The Share Economy：Conquering Stagflation［M］. Cmbridge：Harvard University Press，1984.

［30］Handlon B J，Gross P. The Development of Sharing Behavior［J］. Journal of Abnormal Social Psychology，1959，59（3）：425-428.

［31］Botsman R，Rogers R. What's Mine is Yours：The Rise of Collaborative Consumption［M］. New York：Harper Collins，2010.

［32］Gansky L. The Mesh：Why the Future of Business is Sharing［M］. New York：Portfolio Penguin，2010.

［33］Lamberton C，Rose R. When is Ours Better Than Mine? A Framework for Understanding and Altering Participation in Commercial Sharing Systems［J］. Journal of Marketing，2012，76：109-125.

［34］Humphreys A，Grayson K. The Intersecting Roles of Consumer And Producer：Acritical Perspective on Co-Production，Co-Creation and Prosumption［J］. Sociological Compass，2008，2：963-980.

［35］Ritzer G，Jurgenson N. Production，Consumption，Prosumption：The Nature of Capitalism in the Age of the Digital 'Prosumer'［J］. Journal of Consumer Culture，2010，10（1）：13-36.

［36］Bardhi F，Eckhardt G. Access Based Consumption：The Case of Car Sharing［J］. Journal of Consumer Research，2012，39：881-898.

［37］Sundararajan A. The Sharing Economy：The End of Employment and the Rise of Crowd-Based Capitalism［M］. Cambridge：The MIT Press，2016.

［38］Belk R. You Are What You Can Access：Sharing and Collaborative Consumption Online［J］. Journal of Business Research，2014，67（8）：1595-1600.

［39］Rifkin J. The Zero Marginal Cost Society：The Internet of Things，the Collaborative Commons and the Eclipse of Capitalism［M］. New York：Palgrave Macmillan, 2014.

［40］ Martin C J. The Sharing Economy: A Pathway to Sustainability or a Nightmarish Form of Neoliberal Capitalism? ［J］. Ecological Economics. 2016, 121: 149-159.

［41］ Benkler Y. Sharing Nicely: On Shareable Goods and the Emergence of Sharing as a Modality of Economic Production ［J］. Yale Law Journal, 2004, 114 (2): 273-358.

［42］ Belk R. Sharing Versus Pseudo-Sharing in Web 2.0 ［J］. Anthropologist, 2014, 18 (1): 7-23.

［43］ Stephany A. The Business of Sharing: Making it in the New Sharing Economy ［M］. Berlin: Springer, 2015.

［44］ Richardson L. Performing the Sharing Economy ［J］. Geoforum, 2015, 67: 121-129.

［45］ Frenken K, Schor J. Putting the Sharing Economy into Perspective ［J］. Environmental Innovation and Societal Transitions, 2017, 23: 3-10.

［46］ Cockayne D G. Sharing and Neoliberal Discourse: The Economic Function of Sharing in the Digital On-Demand Economy ［J］. Geoforum, 2016, 77: 73-82.

［47］ Eckhardt G M, Bardhi F. The Relationship between Access Practices and Economic Systems ［J］. Journal of the Association for Consumer Research, 2016, 1 (2): 210-225.

［48］ 马化腾，张孝全，孙怡，等．分享经济：供给侧改革的新经济方案［M］．北京：中信出版社，2016.

［49］ 王家宝，敦帅，黄晴悦．当闲置资源遇见“互联网+”——分享经济的风靡之道［J］．企业管理，2016（6）：55-57.

［50］ 国家信息中心信息化研究部，中国互联网协会分享经济工作委员会．中国分享经济发展报告（2016）［R］．2016.

［51］ 李文明，吕福玉．分享经济起源与实态考证［J］．改革，2015（12）：42-51.

［52］ 吴晓隽，沈嘉斌．分享经济内涵及其引申［J］．改革，2015（12）：52-60.

［53］ 姜奇平．分享经济的政治经济学及其政策含义［J］．中国信息化，2016（4）：7-11.

［54］国家信息中心分享经济研究中心．中国共享经济发展报告（2023）［R/OL］．（2023－02－23）．http：//www.sic.gov.cn/sic/93/552/557/0223/11819_pc.html.

［55］Muñoz P，Cohen B. Mapping out the Sharing Economy：A Configurational Approach to Sharing Business Modeling［J］．Technological Forecasting and Social Change，2017，125：21-37.

［56］Gao S，Zhang X. Understanding Business Models in the Sharing Economy in China：A Case Study［M］//Social Media：The Good，the Bad，and the Ugly. Cham：Springer International Publishing，2016.

［57］Remane G，Hildebrandt B，Hanelt A，et al. Discovering New Digital Business Model Types：A Study of Technology Startups from the Mobility Sector［C］．Taiwan：Pacific Asia Conference on Information Systems，2016.

［58］Andersson M，Hjalmarsson A，Avital M. Peer-to-Peer Service Sharing Platforms：Driving Share and Share Alike on a Mass-Scale［C］．Milan：Thirty Fourth International Conference on Information Systems，2013.

［59］Reuschl A，Bouncken R B，Laudien S M. Integrated Value Configurations in the Sharing Economy［C］．Hawaii：Hawaii International Conference on System Sciences，2017.

［60］Prillwitz J，Harms S，Lanzendorf M. Impact of Life-Course Events on Car Ownership［J］．Transportation Research Record Journal of the Transportation Research Board，2006，1985（1）：71-77.

［61］Sioui L，Morency C，Trépanier M. How Carsharing Affects the Travel Behavior of Households：A Case Study of Montréal，Canada［J］．International Journal of Sustainable Transportation，2013，7（1）：52-69.

［62］Cervero R，Golub A，Nee B. City CarShare：Longer-Term Travel Demand and Car Ownership Impacts［J］．Transportation Research Record Journal of the Transportation Research Board，2007，1992（1）：70-80.

［63］Oakil A M，Ettema D，Arentze T，et al. Changing Household Car Ownership Level and Life Cycle Events：An Action in Anticipation or an Action on Occurrence［J］．Transportation，2014，41（4）：889-904.

［64］Weber T A. The Question of Ownership in a Sharing Economy［C］．

Hawaii: 2015 48th Hawaii International Conference on System Sciences, 2015.

[65] Weber T A. Product Pricing in a Peer-to-Peer Economy [J]. Journal of Management Information Systems, 2016, 33: 2+573-596.

[66] Jiang B, Tian L. Collaborative Consumption: Strategic and Economic Implications of Product Sharing [J]. Management Science, 2018, 64 (3): 1171-1188.

[67] Tian L, Jiang B. Effects of Consumer-to-Consumer Product Sharing on Distribution Channel [J]. Production and Operations Management, 2018, 27 (2): 350-367.

[68] Bellos I, Ferguson M, Toktay L. The Car Sharing Economy: Interaction of Business Model Choice and Product Line Design [J]. Manufacturing and Service Operations Management, 2017, 19 (2): 185-201.

[69] Weber T A. Intermediation in a Sharing Economy: Insurance, Moral Hazard, and Rent Extraction [J]. Journal of Management Information Systems, 2014, 31 (3): 35-71.

[70] Fraiberger S, Sundararajan A. Peer-to-Peer Rental Markets in the Sharing Economy [J]. Social Science Research Network, 2017. Available at SSRN 2574337.

[71] Clark M, Gifford K, Le Vine S. The Usage and Impacts of Emerging Carsharing Business Models: Evidence from the Peer-to-Peer and Business-to-Business Market Segments [C]. Washington D. C.: Transportation Research Board 93rd Annual Meeting, 2014.

[72] Palgan Y V, Zvolska L, Mont O. Sustainability Framings of Accommodation Sharing [J]. Environmental Innovation and Societal Transitions, 2017, 23: 70-83.

[73] Nijland H, Meerkerk J V. Mobility and Environmental Impacts of Car Sharing in the Netherlands [J]. Environmental Innovation and Societal Transitions, 2017, 23: 84-91.

[74] Martin E W, Shaheen S A. Greenhouse Gas Emission Impacts of Carsharing in North America [J]. IEEE Transactions on Intelligent Transportation Systems, 2011, 12 (4): 1074-1086.

[75] Firnkorn J, Müller M. What Will Be the Environmental Effects of New Free-Floating Car-Sharing Systems? The Case of Car2go in Ulm [J]. Ecological Economics, 2011, 70 (8): 1519-1528.

[76] Briceno T, Peters G, Solli C., et al. Using Life Cycle Approaches to Evaluate Sustainable Consumption Programs: Car-Sharing [R]. Program for Industry Økologi, 2005. Working Papers No. 2/2005, ISSN 1504-3681.

[77] Böcker L, Meelen T. Sharing for People, Planet or Profit? Analysing Motivations for Intended Sharing Economy Participation [J]. Environmental Innovation and Societal Transitions, 2017, 23: 28-39.

[78] Wilhelms M P, Henkel S, Falk T. To Earn is not Enough: A Means-End Analysis to Uncover Peer-Providers' Participation Motives in Peer-to-Peer Carsharing [J]. Technological Forecasting and Social Change, 2017, 125: 38-47.

[79] Yu B, Ma Y, Xue M, et al. Environmental Benefits from Ridesharing: A Case of Beijing [J]. Applied Energy, 2017, 191: 141-152.

[80] Linden D F. Explaining the Differential Growth of Peer-to-Peer Car-Sharing in European Cities [D]. Utrecht: Utrecht University, 2016.

[81] Zervas G, Proserpio D, Byers J. A First Look at Online Reputation on Airbnb, Where Every Stay is Above Average [R]. Social Science Research Network, 2015. Available on SSRN 2554500.

[82] Hall J, Krueger A. An Analysis of the Labor Market for Ubers Driver-Partners in the United States [R/OL]. Neber Working Paper Series, 2015. http://www.nber.org/papers/w22843.

[83] Wallsten S. The Competitive Effects of the Sharing Economy: How is Uber Changing Taxi [J/OL]. https://www.researchgate.net/publication/279514652_The_Competitive_Effects_of_the_Sharing_Economy_How_is_Uber_Changing_Taxis, 2015.

[84] Shaheen S A, Cohen A P. Carsharing and Personal Vehicle Services: Worldwide Market Developments and Emerging Trends [J]. International Journal of Sustainable Transportation, 2013, 7 (1): 5-34.

[85] Ke Q. Service Providers of the Sharing Economy: Who Joins and Who Benefits? [J]. Proceedings of the ACM on Human-Computer Interaction, 2017, 11: 1-17.

[86] Zhu G, So K F, Hudson S. Inside the Sharing Economy: Understanding Consumer Motivations Behind the Adoption of Mobile Applications [J]. International

Journal of Contemporary Hospitality Management, 2017, 29 (9): 2218-2239.

[87] Shaheen S A, Chan N D, Gaynor T. Casual Carpooling in the San Francisco Bay Area: Understanding User Characteristics, Behaviors, and Motivations [J]. Transport Policy, 2016, 51: 165-173.

[88] Krueger R, Rashidi T H, Rose J M. Preferences for Shared Autonomous Vehicles [J]. Transportation Research Part C, 2016, 69: 343-355.

[89] Chen Z. Impact of Ride-Sourcing Services on Travel Habits and Transportation Planning [J]. Computers and Geotechnics, 2015, 37 (7-8): 1015-1022.

[90] McBride S. Ridesourcing and the Taxi Marketplace [D]. Boston: Boston College, 2015.

[91] Zhang Y, Guo H, Li C, et al. Which One is More Attractive to Traveler, Taxi or Tailored Taxi? An Empirical Study in China [J]. Procedia Engineering, 2016, 137: 867-875.

[92] Dias F F, Lavieri P S, Garikapati V M, et al. A Behavioral Choice Model of the Use of Car-Sharing and Ride-Sourcing Services [J]. Transportation, 2017, 44 (3): 1-17.

[93] Franckx L. Future Trends in Mobility: Challenges for Transport Planning Tools and Related Decision-Making on Mobility Product and Service Development [R]. ResearchGate, 2016.

[94] Kooti F, Grbovic M, Aiello L M, et al. Analyzing Uber's Ride-sharing Economy [C]. Perth: The International World Wide Web Conference, 2017.

[95] Lewis E O, Mackenzie D. UberHOP in Seattle: Who, Why, and How? [J]. Transportation Research Record Journal of the Transportation Research Board, 2017, 2650 (1): 101-111.

[96] Vine S L, Polak J. Introduction to Special Issue: New Directions in Shared-Mobility Research [J]. Transportation, 2015, 42 (3): 407-411.

[97] Furuhata M, Dessouky M, Ordóñez F, et al. Ridesharing: The State-of-the-Art and Future Directions [J]. Transportation Research Part B: Methodological, 2013, 57: 28-46.

[98] Agatza N, Savelsbergh M, Wang X. Optimization for Dynamic Ride-Sharing: A Review [J]. European Journal of Operational Research, 2012, 223 (2):

295-303.

[99] Cachon G P, Daniels K M, Lobel R. The Role of Surge Pricing on a Service Platform with Self-Scheduling Capacity [J]. Manufacturing and Service Operations Management, 2017, 19 (3): 368-384.

[100] Yang T, Wu J, Wang J, et al. Duopoly Competition between Chauffeured Car and Taxi: An Analysis of Pricing and Market Segmentation [J]. Journal of Systems Science and Information, 2017, 5 (6): 511-523.

[101] Banerjee S, Johari R, Riquelme C. Pricing in Ride-Sharing Platforms: A Queueing-Theoretic Approach [R]. Social Science Network Research, 2015. Available at SSRN 2568258.

[102] Banerjee S, Johari R, Riquelme C. Dynamic pricing in ridesharing platforms [J]. ACM SIGecom Exchanges, 2016, 15 (1): 65-70.

[103] Taylor T A. On-Demand Service Platforms [J]. Social Science Network Research, 2016. Available at SSRN 2722308.

[104] Egan M, Schaefer M, Jakob M, et al. A Double Auction Mechanism for On-Demand Transport Networks [M] //PRIMA 2015: Principles and Practice of Multi-Agent Systems. Cham: Springer International Publishing, 2015.

[105] Bai J, So K, Tang C, et al. Coordinating Supply and Demand on an On-Demand Platform: Price, Wage, and Payout Ratio [R]. Manufacturing and Service Operations Management, 2018. https://doi.org/10.1287/msom.2018.0707.

[106] Guda H, Subramanian U. Strategic Pricing and Forecast Communication on On-Demand Service Platforms [R]. Social Science Network Research, 2018. Available at SSRN 2895227.

[107] Zha L, Yin Y, Du Y. Surge Pricing and Labor Supply in the Ride-Sourcing Market [J]. Transportation Research Procedia, 2017, 23: 2-21.

[108] Chen M, Shen W, Tang P, et al. Optimal Vehicle Dispatching for Ride-sharing Platforms via Dynamic Pricing [C]. Companion of the the Web Conference, 2018.

[109] Egan M, Jakob M. Market Mechanism Design for Profitable On-Demand Transport Services [J]. Transportation Research Part B, 2016, 89 (161): 178-195.

[110] Wang X, He F, Yang H, et al. Pricing Strategies for A Taxi-Hailing Plat-

form [J]. Transportation Research Part E, 2016, 93: 212-231.

[111] Chen X, Zahiri M, Zhang S. Understanding Ridesplitting Behavior of On-Demand Ride Services: An Ensemble Learning Approach [J]. Transportation Research Part C Emerging Technologies, 2017, 76: 51-70.

[112] Lavieri P S, Dias F F, Ruiz-Juri N, et al. A Model of Ridesourcing Demand Generation and Distribution [R/OL]. Transportation Research Record Journal of the Transportation Research Board, 2018. DOI: 10.1177/0361198118756628.

[113] Sun Z, Yu M, Zeng J, et al. Assessment of the Impacts of App-based Ride Service on Taxi Industry: Evidence from Yiwu City in China [C]. Washington, D. C: The 96th Annual Meeting of Transportation Research Board, 2017.

[114] Lu M, Chen Z, Shen S. Optimizing the Profitability and Quality of Service in Car Share Systems Under Demand Uncertainty [R/OL]. Manufacturing and Service Operations Management, 2017. https://doi.org/10.1287/msom.2017.0644.

[115] 周光伟. 打车软件的应用对出租车行业的影响及对策分析 [J]. 交通财会, 2014 (8): 68-72.

[116] Wins J. An Exploration to the Impact of On-Demand Ride Sharing Services on Urban Tram Systems [D]. Delft: Delft University of Technology, 2017.

[117] He F, Shen Z M. Modeling Taxi Services with Smartphone-Based E-Hailing Applications [J]. Transportation Research Part C, 2015, 58: 93-106.

[118] Anderson D N. "Not Just a Taxi"? For-profit Ridesharing, Driver Strategies, and VMT [J]. Transportation, 2014, 41 (5): 1099-1117.

[119] Nelson E, Sadowsky N. Estimating the Impact of Ride-Hailing App Services on Public Transportation Use in Major US Urban Areas [R]. Bowdoin College Economics Department Working Paper Series, 2017.

[120] Cohen M, Zhang R. Coopetition and Profit Sharing for Ride-Sharing Platforms [R]. Social Science Network Research, 2017. Available at SSRN 3028138.

[121] Jin C, Hosanagar K, Veeraraghavan S K. Impact of Bilateral Rating System on Ride-Sharing Platforms [R]. Social Science Network Research, 2017. Available at SSRN 3066988.

[122] Lu W. Optimization and Mechanism Design for Ridesharing Services [D]. Calgary: Texas A&M University, 2014.

［123］曹祎，罗霞．考虑信息收益的手机召车软件市场渗透率研究［J］．系统工程理论与实践，2016，36（9）：2355-2361.

［124］吕明，曹祎，罗霞．信息条件下城市出租车乘客等待时间测算模型［J］．重庆交通大学学报（自然科学版），2016，35（6）：101-104.

［125］Stiglic M，Agatz N，Savelsbergh M，et al. The Benefits of Meeting Points in Ride-Sharing Systems［J］. Transportation Research Part B：Methodological，2015，82：36-53.

［126］Xu Z，Yin Y，Zha L. Optimal Parking Provision for Ride-Sourcing Services［J］. Transportation Research Part B：Methodological，2017，105：559-578.

［127］Bond A. An App for That：Local Governments and the Rise of the Sharing Economy［R］. Social Science Network Research，2015. Available at SSRN 2586083.

［128］Afèche P，Liu Z，Maglaras C. Ride-Hailing Networks with Strategic Drivers：The Impact of Platform Control Capabilities on Performance［R］. Social Science Network Research，2018. Available at SSRN 3120544.

［129］Shields L. Driving Decision-Making：An Analysis of Policy Diffusion and its Role in the Development and Implementation of Ridesharing Regulations in Four Canadian Municipalities［R/OL］. MPA Major Research Papers，2016. http：//ir. lib. uwo. ca/lgp-mrps/150.

［130］Lubian F. Uber and the Law［D］. Fribourg：University of Fribourg，2016.

［131］Audouin M，Neves C. What Regulations for ICT-Based Mobility Services in Urban Transportation Systems? The Cases of Ride-Booking Regulation in Sao-Paulo and Rio De Janeiro［C］. Urban Transport，2017.

［132］Wang S，Chen H，Wu D，Regulating Platform Competition in Two-Sided Markets under the O2O Era［J］. International Journal of Production Economics，2019，215：131-143.

［133］甄艺凯．网约车管制新政研究［J］．中国工业经济，2017（8）：81-99.

［134］薛志远．网约车数量管制问题研究［J］．理论与改革，2016（6）：108-113.

［135］周君君，王康．网约车经营服务监管问题研究——以京沪深三市为例［J］．行政与法，2017（8）：64-74.

［136］汪淑珍，许成安，娄平．打车软件服务的政府管制失灵研究［J］．审计与经济研究，2017，32（3）：109-118.

［137］Armstrong M，Wright J. Two-Sided Markets，Competitive Bottlenecks and Exclusive Contracts［J］. Economic Theory，2007，32（2）：353-380.

［138］Hagiu A. Two-Sided Pllatforms：Product Variety and Pricing Structures ［J］. Journal of Economics and Management Strategy，2009，18（4）：1011-1043.

［139］Jia J. Managing the Revenue of Sales Platforms：Insights into Service Fees［J］. Production and Operations Management，2016，25（6）：1026-1037.

［140］李雷，赵先德，简兆权．网络环境下平台企业的运营策略研究［J］．管理科学学报，2016，19（3）：15-33.

［141］Economides N，Katsamakas E. Two-Sided Competition of Proprietary vs. Open Source Technology Platforms and the Implications for the Software Industry［J］. Management Science，2006，52（7）：1057-1071.

［142］张凯，李向阳．部分重叠业务的双边平台企业竞争模型［J］．系统工程理论与实践，2010，30（6）：961-970.

［143］Douglas G W. Price Regulation and Optimal Service Standards：The Taxicab Industry［J］. Journal of Transport Economics and Policy，1972，6（2）：116-127.

［144］Vany A. Capacity Utilization under Alternative Regulatory Restraints：An Analysis of Taxi Markets［J］. Journal of Political Economy，1975，83（1）：83-94.

［145］Chang S，Chu C H. Taxi Vacancy Rate，Fare，and Subsidy with Maximum Social Willingness-to-Pay Under Log-Linear Demand Function［J］. Transportation Research Record Journal of the Transportation Research Board，2009，2111（2111）：90-99.

［146］Gan J，An B，Wang H，et al. Optimal Pricing for Improving Efficiency of Taxi Systems［C］. International Joint Conference on Artificial Intelligence. Palo Alto：AAAI Press，2013.

［147］Gan J，An B，Miao C. An Efficient Algorithm for Taxi System Optimization［C］. Proceedings of the 2014 International Conference on Autonomous Agents and Multi-Agent Systems. International Foundation for Autonomous Agents and Multiagent Systems，2014.

［148］Yang H，Wong S C，Wong K I. Demand-Supply Equilibrium of Taxi Services in A Network under Competition and Regulation [J]. Transportation Research Part B: Methodological, 2002, 36 (9): 799-819.

[149] Wong K I, Wong S C, Yang H. Modeling Urban Taxi Services in Congested Road Networks with Elastic Demand [J]. Transportation Research Part B: Methodological, 2001, 35 (9): 819-842.

[150] Yoo B, Choudhary V, Mukhopadhyay T. A Model of Neutral B2B Intermediaries [J]. Journal of Management Information Systems, 2002, 19 (3): 43-68.

[151] Rochet J C, Tirole J. Platform Competition in Two-Sided Markets [J]. Journal of the European Economic Association, 2011, 1 (4): 990-1029.

[152] Kim Y J, Hwang H. Incremental Discount Policy for Taxi Fare with Price-Sensitive Demand [J]. International Journal of Production Economics, 2008, 112 (2): 895-902.

[153] Horton J J, Zeckhauser R J. Owning, Using and Renting: Some Simple Economics of the 'Sharing Economy' [R]. Social Science Research Network, 2016. Available at SSRN 2746197.

[154] Lim M K, Mak H Y, Rong Y. Toward Mass Adoption of Electric Vehicles: Impacts of the Range and Resale Anxieties [J]. Manufacturing and Service Operations Management, 2015, 17 (1): 101-119.

[155] Katz M L, Shapiro C. Network Externalities, Competition, and Compatibility [J]. American Economic Review, 1985, 75 (3): 424-440.

[156] Lin Z, Wu Z. A Model of Platform Competition in Sharing Economy [R]. Social Science Research Network, 2017. Available at SSRN 2895920.

[157] Zhang J, Seidmann A. Perpetual Versus Subscription Licensing under Quality Uncertainty and Network Externality Effects [J]. Journal of Management Information Systems, 2010, 27 (1): 39-68.

[158] 余秋亮，黄祖健，魏楠．网约车管理暂行办法征求意见或与出租车差异化竞争 [N]. 南方日报，2016-10-10.

[159] 滴滴实施动态调价，滴滴司机的好日子要来了？[EB/OL]. (2017-04-09) . http: //www. sohu. com/a/132912562_475137.

[160] Yeeyan. 优步动态定价策略背后的心机 [EB/OL]. (2016-05-20) . http: //www. managershare. com/post/258391.

[161] Völckner F, Hofmann J. The Price Perceived Quality Relationship: A Meta-Analytic Review and Assessment of its Determinants [J]. Marketing Letters, 2007, 18 (3): 181-196.

[162] Leavitt H J. A Note on Some Experimental Findings about the Meaning of Price [J]. Journal of Business, 1954, 27 (2): 205-210.

[163] Lambert Z V. Price and Choice Behaviour [J]. Journal of Marketing Research, 1972, 9 (1): 35-40.

[164] 罗兰贝格管理咨询公司. 移动互联下的城市综合出行变革 [EB/OL]. (2015-11-23). http://m.chinabyte.com/mi/363/13457863_mi.shtml.

[165] 柳甄：争取所有 Uber 在的城市等待时间缩短到 3-5 分钟 [EB/OL]. (2016-03-18). http://money.163.com/16/0318/12/BIEJ3JF800253B0H.html.

[166] 南方日报. 广州网约车新政实施半年，市民叫车等待时间增加一倍 [N/OL]. 2017-06-19. http://tech.sina.com.cn/i/2017-06-19/doc-ifyhfpat5274836.shtml.

[167] Kahneman D, Tversky A. Prospect Theory: An Analysis of Decision under Risk [J]. Econometrica, 1979, 71 (47): 263-291.

[168] 滴滴抛出新对策：与 150 多家出租车公司合作 [EB/OL]. (2016-11-10). http://www.myzaker.com/article/582428801bc8e0d747000004/.

[169] Klemperer P. Competition When Consumers Have Switching Costs: An Overview with Applications to Industrial Organization, Macroeconomics, and International Trade [J]. Review of Economic Studies, 1995, 62 (4): 515-539.

[170] Narasimhan C. Competitive Promotional Strategies [J]. Journal of Business, 2000, 61 (4): 427-449.

[171] Varian H R. A Model of Sales [J]. American Economic Review, 1980, 70 (4): 651-659.

[172] 网约车新政今日实施，网约车价格普遍上涨 [N]. 证券日报, 2016-11-02.

[173] 张建. 户籍不应成网约车准入门槛 [N]. 海南日报, 2016-10-10.

[174] 中国企业家. 专家：要求网约车司机是本地户籍不合理 [EB/OL]. (2016-10-18). http://tech.sina.com.cn/i/2016-10-18/doc-ifxwvpaq1618473.shtml.

[175] 网约车的出现对出租车的影响 [EB/OL]. (2018-04-04). https://

www. sohu. com/a/227291272_100137362.

[176] 柯晓斌．被杀死的出租车 [EB/OL]．(2018-04-10)．http：//baijiahao. baidu. com/s？id=1597513894250288811&wfr=spider&for=pc.

[177] 于凤霞．我国平台经济监管的理论逻辑与政策实践 [EB/OL]．(2022-11-07)．https：//economy. gmw. cn/2022-11/07/content_36143330. htm.

[178] 对新业态新模式，总理为何反复强调监管当"包容审慎" [N]．光明网，2017-07-17.

[179] 目前出租车行业经营的几种模式和存在的问题 [EB/OL]．(2017-11-23)．http：//www. sohu. com/a/206212693_689235.

[180] 王菲菲．出租抵制打车软件 上百出租车罢工打车难 [EB/OL]．(2016-03-11)．http：//www. aihami. com/a/dangjian/zugong/107636. html.

[181] 周小白．重庆网约车新政征求意见：价格应高于出租车 [EB/OL]．(2016-10-06)．http：//www. techweb. com. cn/internet/2016-10-09/2406140. shtml.

[182] 每日财经网．兰州网约车新政：只给网约车 3000 辆名额价格须高于出租车 [EB/OL]．(2016-08-18)．http：//news. sina. com. cn/o/2016-08-18/doc-ifxvcnrv0256080. shtml.

[183] 网约车新政今实施 58 城新规汇总你确定不看？ [N]．好奇心日报，2016-11-01.

[184] 中国新闻周刊．打车软件能否打破出租车运营垄断 [EB/OL]，(2015-03-02)．http：//www. sxgh. org. cn/particular. aspx？id=19411.

[185] 温婷．滴滴与近 50 家出租车企业达成战略合作 [EB/OL]．(2016-08-31)．http：//www. sohu. com/a/112968222_362060.

[186] 韩元佳．出租车能接网约车订单了 [N]．北京晨报，2016-09-01.

[187] 第一财经．滴滴 2022 年年报：服务好司乘两端，实现有质量发展 [EB/OL]．(2023-05-04)．https：//new. qq. com/rain/a/20230504A03LMS00.

[188] 李记．滴滴等多家机构联合发布《2023 数字出行助力零碳交通》报告 [EB/OL]．(2023-06-05)．https：//economy. gmw. cn/2023-06/05/content_36609718. htm.

# 附录 A　第 3 章部分证明

**定理 3-1 证明：**当网约车司机的最优服务时间为 $\underline{Q}$ 时，根据一阶导条件可得 $p_a=\dfrac{A+\tau N_a\underline{Q}}{2\theta}$。而根据推论 1 可知，此时网约车服务价格的可行范围为 $0<p<p_1$，由 $\dfrac{A+\tau N_a\underline{Q}}{2\theta}<p_1$ 可推出 $1-\dfrac{2\theta(k\underline{Q}+c_d\bar{v})}{(A+G\underline{Q})\tau\lambda}<r<1$。而当 $0<r\leqslant 1-\dfrac{2\theta(k\underline{Q}+c_d\bar{v})}{(A+G\underline{Q})\tau\lambda}$ 时，$p_a>p_1$，此时最优服务价格为 $p_1$。由于 $0<r<1$，当 $2\theta(k\underline{Q}+c_d\bar{v})\leqslant(A+G\underline{Q})\tau\lambda$ 时，$1-\dfrac{2\theta(k\underline{Q}+c_d\bar{v})}{(A+G\underline{Q})\tau\lambda}>0$。

当网约车司机的最优服务时间为 $S_{\max}-\bar{s}$ 时，与 $Q^*=\underline{Q}$ 时的证明类似。

当网约车司机的最优服务时间为 $\dfrac{\tau(1-r)\lambda p-c_d\bar{v}}{k}$ 时，此时对佣金率的限制条件为 $r\geqslant 1-\dfrac{\theta k}{\tau G\lambda}$，根据一阶导条件得到 $p_b=\dfrac{Ak-c_dG\bar{v}}{2[k\theta-(1-r)\lambda\tau G]}$。与上述分析类似，需要分析 $p_b$ 是否在价格可行区间内。当此价格在可行区间内时，即 $\dfrac{k\underline{Q}+c_d\bar{v}}{\tau\lambda(1-r)}\leqslant\dfrac{Ak-c_dG\bar{v}}{2[k\theta-(1-r)\lambda\tau G]}\leqslant\dfrac{k(S_{\max}-s)+c_d\bar{v}}{\tau\lambda(1-r)}$。由 $\dfrac{k\underline{Q}+c_d\bar{v}}{\tau\lambda(1-r)}\leqslant\dfrac{Ak-c_dG\bar{v}}{2[k\theta-(1-r)\lambda\tau G]}$ 得到 $r\leqslant 1-\dfrac{2(k\underline{Q}+c_d\bar{v})k\theta}{\tau\lambda(Ak+c_dG\bar{v}+2k\underline{Q}G)}$。需注意本章假设 $0\leqslant 1-\dfrac{\theta k}{\tau G\lambda}\leqslant 1$，因此 $\theta k\leqslant\tau G\lambda$。若 $\theta k>$

$\tau G\lambda$ 可实现 $r\geqslant 1-\frac{\theta k}{\tau G\lambda}$ 和 $r\geqslant 1-\frac{2[k(S_{\max}-s)+c_d\bar{v}]k\theta}{\tau\lambda[Ak+c_dG\bar{v}+2k(S_{\max}-s)G]}$ 时，$r\geqslant 0$。但条件 $r\leqslant 1-\frac{2(k\underline{Q}+c_d\bar{v})k\theta}{\tau\lambda[Ak+c_dG\bar{v}+2k\underline{Q}G]}$ 时，会出现 $r<0$。由于本章考虑网约车平台的获利性定价决策，因此佣金率不会低于 0。基于以上分析，本章假设 $\theta k>\tau G\lambda$。结合条件 $Ak-c_dG\bar{v}\geqslant 0$，可知 $2(k\underline{Q}+c_d\bar{v})\tau\lambda G\leqslant\tau\lambda(Ak+c_dG\bar{v}+2k\underline{Q}G)$，由此推出 $1-\frac{[2(k\underline{Q}+c_d\bar{v})k\theta]}{[\tau\lambda(Ak+c_dG\bar{v}+2k\underline{Q}G)]}>0$。

比较佣金率 $r$ 的三个临界值，可得到 $0\leqslant 1-\frac{\theta k}{\tau G\lambda}\leqslant 1-\frac{2[k(S_{\max}-s)+c_d\bar{v}]k\theta}{\tau\lambda[Ak+c_dG\bar{v}+2k(S_{\max}-s)G]}\leqslant 1-\frac{2(k\underline{Q}+c_d\bar{v})k\theta}{\tau\lambda(Ak+c_dG\bar{v}+2k\underline{Q}G)}\leqslant 1$。因此当 $r_1\leqslant r\leqslant r_2$ 时，网约车服务的最优价格为 $p^*=\frac{Ak-c_dG\bar{v}}{2[k\theta-(1-r)\lambda\tau G]}$，其中，$r_1=1-\frac{2[k(S_{\max}-s)+c_d\bar{v}]k\theta}{\tau\lambda[Ak+c_dG\bar{v}+2k(S_{\max}-s)G]}$，$r_2=1-\frac{2(k\underline{Q}+c_d\bar{v})k\theta}{\tau\lambda(Ak+c_dG\bar{v}+2k\underline{Q}G)}$，证毕。

# 附录 B　第 4 章部分证明

**命题 4-5 证明：** 与情景 3 中计算过程类似，具体的计算过程此处略，其中
$O_1=4[1+c_1+(2-\beta)g]$，$O_2=2[7+6c_1+c_{2L}+\beta(c_{2H}-c_{2L}-6g)+8g]$，
$O_3=15+11c_1+4c_{2L}+\beta(4c_{2H}-4c_{2L}-9g)+6g$，$O_4=5+3c_1+c_{2L}+\beta(c_{2H}-c_{2L}-g)$；
$K_1=2+2c_{2H}$，$K_2=7+c_1+(4-\beta)g+6c_{2H}$，$K_3=2(4+c_1+3\beta-\beta g+2.5c_{2H})$，
$K_4=3+c_1+g+c_{2H}$；
$R_2=7+c_1+(2-\beta)g+6c_{2L}$，$R_1=2+2c_{2L}$，$R_3=2(4+c_1+3\beta-\beta g+2.5c_{2L})$，
$R_4=3+c_1+c_{2L}$；

$$Q_1=4\begin{pmatrix}-c_1[-1+\beta(c_{2H}-c_{2L})+c_{2L}]+(-1+c_{2L})(-5+4c_{2L}-2g)+\beta^2(c_{2H}-c_{2L})g+\\ \beta[4c_{2H}^2-4c_{2L}^2+g+3c_{2L}(3+g)-c_{2H}(9+4g)]\end{pmatrix},$$

$$Q_2=\begin{pmatrix}37+c_1^2-56c_{2L}+20c_{2L}^2+20g-16c_{2L}g+4g^2+\\ 2c_1[7-6c_{2L}+2g+\beta(-6c_{2H}+6c_{2L}+g)]-\\ \beta^2[2c_{2H}^2+2c_{2L}^2+12c_{2L}g+3g^2-4c_{2H}(c_{2L}+3g)]+\\ 2\beta[11c_{2H}^2-9c_{2L}^2+14c_{2L}(2+g)+g(7+4g)-2c_{2H}(14+c_{2L}+10g)]\end{pmatrix},$$

$$Q_3=2\begin{pmatrix}c_1^2+(-3+c_{2L})(-5+4c_{2L}-2g)-\\ \beta^2(2c_{2H}^2-4c_{2H}c_{2L}+2c_{2L}^2-5c_{2H}g+5c_{2L}g+3g^2)+\\ c_1[8-5c_{2L}+2g+\beta(-5c_{2H}+5c_{2L}+2g)]+\\ \beta[6c_{2H}^2+17c_{2L}-2c_{2L}^2+8g+7c_{2L}g+6g^2-c_{2H}(17+4c_{2L}+12g)]\end{pmatrix},$$

$$Q_4=\begin{pmatrix}c_1^2+(-3+c_{2L})^2+2\beta(-3+c_{2H}-g)(c_{2H}-c_{2L}-g)-\\ \beta^2(-c_{2H}+c_{2L}+g)^2+2c_1[3-c_{2L}+\beta(-c_{2H}+c_{2L}+g)]\end{pmatrix}。$$

# 附录 C 第 6 章部分证明

**定理 6-1 证明：** 当 $\alpha \geqslant 1$ 时，定义 $v_1(p_R)=\frac{\overline{\theta}p_R}{\alpha}$，$v_2(p_T)=p_T$，$v_3(p_T,\ p_R)=\frac{\overline{\theta}p_R-p_T}{\overline{\alpha}}$，将 $v_1$、$v_2$、$v_3$ 代入乘客选择网约车服务和出租车服务的效用函数 $U_R$ 和 $U_T$ 中，即 $U_R=0$、$U_T=0$、$U_T=U_R$。

条件 1：当 $0<p_R<\frac{\alpha p_T}{\overline{\theta}}$时：

此条件下存在 $v_1<v_2$。由$\frac{dU_R}{dv}>0$ 和$\frac{dU_T}{dv}>0$ 可知，乘客的两种服务效用是服务估值的增函数。若 $v \leqslant v_1$，可得到 $U_R(v,\ p_R) \leqslant U_R(v_1,\ p_R)=0$，$U_T(v,\ p_T) \leqslant U_T(v_1,\ p_R)=\frac{\overline{\theta}p_R}{\alpha}-p_T<0$。此时两种服务的效用均小于 0，乘客选择外部机会。若 $v>v_1$，可得到 $U_R(v,\ p_R)>U_R(v_1,\ p_R)=0$，$U_T(v,\ p_T)=v-p_T \leqslant v-\frac{\overline{\theta}p_R}{\alpha}=\frac{U_R(v,\ p_R)}{\alpha}$，结合 $\alpha \geqslant 1$，则 $U_T(v,\ p_T) \leqslant U_R(v,\ p_R)$。此时乘客选择网约车服务，放弃出租车服务。网约车服务需求 $\lambda_R=\frac{[(V-v_1(p_R)]}{V}=1-\frac{\overline{\theta}p_R}{\overline{\alpha}V}$，出租车服务需求 $\lambda_T=0$。

条件 2：当$\frac{\overline{\theta}p_R}{\alpha}<p_R<\frac{\overline{\alpha}V+p_T}{\overline{\theta}}$时：

此条件下存在 $v_2<v_1<v_3<V$。若 $v \leqslant v_2$，可推出 $U_R \leqslant 0$，$U_T \leqslant 0$，乘客选择外部机会。若 $v_2<v \leqslant v_3$，可得 $p_T<\overline{\theta}p_R-\overline{\alpha}v$，因此 $U_T(v,\ p_T)=v-p_T>v+\overline{\alpha}p_R=U_R(v,\ p_R)$，

且 $U_R>0$。出租车服务需求 $\lambda_T=\frac{v_3-v_2}{V}=\frac{p_R-\alpha p_T}{\bar{\alpha}V}$，网约车服务需求 $\lambda_R\leqslant0$。若 $v_3<v\leqslant V$，可推出 $p_R\leqslant p_T+\bar{\alpha}v$，进而 $U_T>0$，$U_R(v,p_R)=\alpha v-\bar{\theta}p_R>\alpha v-p_T-\bar{\alpha}v=U_T(v,p_T)$。出租车服务需求 $\lambda_T>0$，网约车服务需求 $\lambda_R=\frac{V-v_3}{V}=1-\frac{\bar{\theta}p_R-p_T}{\bar{\alpha}V}$。

条件3：$p_R\geqslant\frac{\bar{\alpha}V+p_T}{\bar{\theta}}$

此条件下存在 $v_2<v_1<V<v_3$。若 $v\leqslant v_2$，可推出 $U_T\leqslant0$，$U_R\leqslant0$。两种服务的效用均不高于0，乘客选择外部机会。若 $v_2<v\leqslant V$，可得到 $U_T(v,p_T)=v-p_T>v-\bar{\theta}p_R+\bar{\alpha}V=U_R(v,p_R)$，$U_T>0$。出租车服务需求 $\lambda_T=\frac{V-v_3}{V}=1-\frac{p_T}{V}$，网约车服务需求 $\lambda_R=0$。

当 $0<\alpha<1$ 时，与上述证明类似，可得出相应的网约车服务与出租车服务的需求。

根据网约车服务和出租车服务的利润函数，即 $\pi_R(p_R,p_T)=\lambda_R(\bar{\theta}p_R-c_R)$ 和 $\pi_T(p_R,p_T)=\lambda_T(p_T-c_T)$，求解两种服务的价格反应函数。当 $\alpha\geqslant1$ 时，已知 $p_T$，结合以上需求函数求解过程，网约车服务最优反应价格的确定分为以下三种条件：

条件1：当 $p_R\geqslant\frac{\bar{\alpha}V+p_T}{\bar{\theta}}$ 时：

此条件表明 $p_T\leqslant\bar{\theta}p_R-\bar{\alpha}V$，乘客不会选择网约车服务。网约车服务退出竞争市场。

条件2：当 $\frac{\alpha p_T}{\bar{\theta}}\leqslant p_R<\frac{\bar{\alpha}V+p_T}{\bar{\theta}}$ 时：

将 $\lambda_T$ 和 $\lambda_R$ 代入利润函数中，得到 $\pi_R(p_R,p_T)=\left(1-\frac{\bar{\theta}p_R-p_T}{\bar{\alpha}V}\right)(\bar{\theta}p_R-c_R^{c1})$。由 $\frac{d^2\pi_R}{dp_R{}^2}<0$ 可知 $\pi_R$ 是关于 $p_R$ 的凹函数。由一阶导条件 $\frac{d\pi_R}{dp_R}=0$，得到价格极值 $p_R^e=\frac{\bar{\alpha}V+c_R^{c1}+p_T}{2\bar{\theta}}$。

若 $p_R^e$ 符合条件2，则网约车平台的最优反应价格为 $p_R^e$。不等式 $\frac{\alpha p_T}{\bar{\theta}}\leqslant p_R^e<$

$\frac{\bar{\alpha}V+p_T}{\bar{\theta}}$等价于 $c_R^{c1}-\bar{\alpha}V<p_T\leqslant\frac{\bar{\alpha}V+c_R^{c1}}{2\alpha-1}$。由$\frac{\alpha p_T}{\bar{\theta}}\leqslant p_R$ 推出 $p_R\bar{\theta}-\bar{\alpha}V<p_T$，并且 $\bar{\theta}p_R>c_R^{c1}$，可得到 $p_R-\bar{\alpha}V<p_T\leqslant\frac{\bar{\alpha}V+c_R^{c1}}{2\alpha-1}$。

如果 $p_R^e>\frac{\bar{\alpha}V+p_T}{\bar{\theta}}$，网约车服务退出市场。

如果 $p_R^e<\frac{\alpha p_T}{\bar{\theta}}$，根据凹函数的性质，推出网约车服务最大利润在$\frac{\alpha p_T}{\bar{\theta}}$处得到。不等式 $p_R^e<\frac{\alpha p_T}{\bar{\theta}}$等价于 $p_T>\frac{\bar{\alpha}V+c_R^{c1}}{2\alpha-1}$。

条件 3：当 $0<p_R<\frac{\alpha}{\bar{\theta}}p_T$ 时：

与条件 2 中的分析类似，通过一阶导条件得到极值点 $p_R^e=\frac{\alpha V+c_R^{c1}}{2\bar{\theta}}$。如果极值点满足条件 3，则最优反应价格为 $p_R^e=\frac{\alpha V+c_R^{c1}}{2\bar{\theta}}$。同时，$p_T$ 应满足 $p_T>\frac{\alpha V+c_R^{c1}}{2\alpha}$。

如果 $p_R^e>\frac{\alpha}{\bar{\theta}}p_T$，那么网约车服务最大利润在$\frac{\alpha}{\bar{\theta}}p_T$ 处得到，此时推出 $p_T<\frac{\alpha V+c_R^{c1}}{2\alpha}$。

综上所述，已知 $p_T$，网约车服务的最优反应价格为：

$$p_R^*(p_T)=\begin{cases}\frac{\alpha V+c_R^{c1}}{2\bar{\theta}} & p_T\geqslant\frac{\alpha V+c_R^{c1}}{2\alpha}\\ \frac{\alpha}{\bar{\theta}}p_T & \frac{\bar{\alpha}V+c_R^{c1}}{2\alpha-1}\leqslant p_T<\frac{\alpha V+c_R^{c1}}{2\alpha}\\ \frac{\bar{\alpha}V+c_R^{c1}+p_T}{2\bar{\theta}} & p_R\bar{\theta}-\bar{\alpha}V\leqslant p_T<\frac{\bar{\alpha}V+c_R^{c1}}{2-1}\\ \text{其他} & 0<p_T<p_R\bar{\theta}-\bar{\alpha}V\end{cases}$$

与上述证明类似，已知 $p_R$，出租车服务的最优反应价格为：

$$p_T^*(p_R)=\begin{cases}\dfrac{V+c_T}{2} & p_R\geqslant\dfrac{V+c_T+2\bar{\alpha}V}{2\bar{\theta}}\\ \bar{\theta}p_R-\bar{\alpha}V & \dfrac{\alpha(c_T+2\bar{\alpha}V)}{(2\alpha-1)\bar{\theta}}\leqslant p_R<\dfrac{V+c_T+2\bar{\alpha}V}{2\bar{\theta}}\\ \dfrac{\alpha c_T+\bar{\theta}p_R}{2\alpha} & \dfrac{\alpha p_T}{\bar{\theta}}\leqslant p_R<\dfrac{\alpha(c_T+2\bar{\alpha}V)}{(2\alpha-1)\bar{\theta}}\\ \text{其他} & 0<p_R<\dfrac{\alpha p_T}{\bar{\theta}}\end{cases}$$

通过画图描述两种服务的最优反应价格区域，其中重要的直线L1：$p_T=\dfrac{\bar{\theta}}{\alpha}p_R$ 与L2：$p_T=\bar{\theta}p_R-\bar{\alpha}V$，如图C1所示。根据网约车服务的最优反应价格，若 $p_T<\bar{\theta}p_R-\bar{\alpha}V$，则网约车服务退出出行市场，这表明直线L2之下为网约车服务的不可行区域。相似地，直线L1之上的区域是出租车服务的不可行区域。因此，对于两种服务可行的反应价格区域为图中粗线三角区域，其中折线（$X_1$、$X_2$、$X_3$、$X_4$）和（$Y_1$、$Y_2$、$Y_3$、$Y_4$）表示两种服务可行的最优反应价格。根据两条折线的位置，考虑四种条件，不同条件下得到不同的均衡结果。

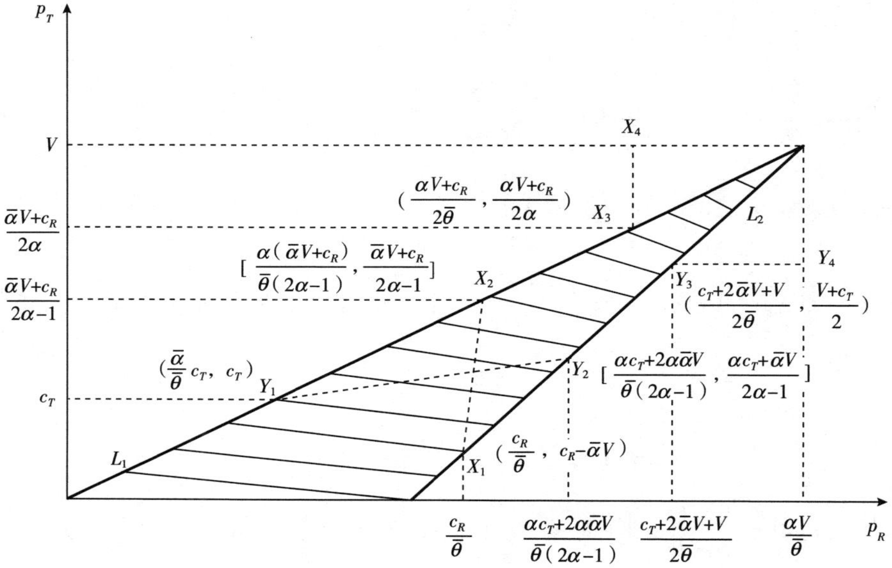


**图C1　两种服务的最优反应价格区域**

条件 1：当 $V>J_1$，$c_R^{c1}\geqslant\alpha c_T$ 或 $V>J_2$，$c_R^{c1}<\alpha c_T$ 时：

当 $c_R^{c1}\geqslant\alpha c_T$ 时，可得 $J_1\geqslant J_2$，其中 $J_1=\frac{(2\alpha-1)c_R^{c1}-\alpha c_T}{2\alpha\bar{\alpha}}$，$J_2=\frac{(2\alpha-1)c_T-c_R^{c1}}{\bar{\alpha}}$。若 $V>J_1$，则 $V>J_2$。以上两个条件等价于 $c_R^{c1}\leqslant\frac{2\alpha\bar{\alpha}+\alpha c_T}{2\alpha-1}$ 和 $c_T\leqslant\frac{\bar{\alpha}V+c_R^{c1}}{2\alpha-1}$。此时，点 $X_1$ 位于 $Y_2$ 之下，而 $Y_1$ 位于 $X_2$ 之下。从图中可知，直线 $X_1X_2$ 和 $Y_1Y_2$ 相交，在交点处实现纳什均衡，即出租车服务的价格为 $\frac{\bar{\alpha}V+c_R^{c1}+2\alpha c_T}{4\alpha-1}$，网约车服务的价格为 $\frac{\alpha(2\bar{\alpha}V+c_R^{c1}+2c_T)}{(4\alpha-1)\bar{\theta}}$。此均衡点处于两条直线之间，表明 $\frac{\alpha}{\bar{\theta}}p_T^*\leqslant p_R^*<\frac{\bar{\alpha}V+p_T^*}{\bar{\theta}}$，根据两种服务的需求函数，可推出 $\lambda_R^*=1-\frac{(2\alpha-1)(\bar{\alpha}V+c_R^{c1})-\alpha c_T}{\bar{\alpha}V(4\alpha-1)}$ 和 $\lambda_T^*=\frac{\alpha[\bar{\alpha}V+c_R^{c1}-c_T(2\alpha-1)]}{\bar{\alpha}V(4\alpha-1)}$。

当时 $c_R^{c1}<\alpha c_T$，与前述证明类似，可得到相同的结果。由于均衡价格满足 $\bar{\theta}p_R^*>c_R^{c1}$ 和 $p_T^*>c_T$，因此两种服务可获得利润并共存于竞争市场中。

条件 2：当 $\frac{2c_R^{c1}-c_T}{2\alpha-1}<V<J_1$，$c_R^{c1}\geqslant\alpha c_T$ 时：

如果 $\frac{2c_R^{c1}-c_T}{2\alpha-1}<V<J_1$，可推出 $\frac{\alpha(2\bar{\alpha}V+c_T)}{2\alpha-1}<c_R<\frac{(2\alpha-1)V+c_T}{2}$，此不等式意味着点 $X_1$ 位于 $Y_2$ 和 $Y_3$ 之间，则两条折线的交点为 $X_1\left(\frac{c_R^{c1}}{\bar{\theta}},\ c_R^{c1}-\bar{\alpha}V\right)$。根据两种服务的需求函数可知 $\lambda_R^*=0$，$\lambda_T^*=1-\frac{p_T^*}{V}=\frac{\alpha V-c_R^{c1}}{V}>0$，此时出租车服务实现垄断，并获得利润。

条件 3：当 $c_T<V<\frac{2c_R^{c1}-c_T}{2\alpha-1}$，$c_R^{c1}\geqslant\alpha c_T$ 时：

如果 $c_T<V<\frac{2c_R^{c1}-c_T}{2\alpha-1}$，则点 $X_1$ 位于 $Y_3$ 的右侧，两条折线的交点仍为 $X_1$。然而，此时点 $X_1$ 超出了网约车服务的可行范围，网约车服务退出竞争市场。此时

出租车的服务价格为 $p_T^*=\frac{V+c_T}{2}$，进而得到 $\lambda_T^*=1-\frac{p_T^*}{V}=\frac{V-c_T}{V}>0$，出租车服务垄断市场。

条件4：当 $\frac{2\alpha c_T-c_R^{c1}}{\alpha}<V<J_2$，$c_R^{c1}<\alpha c_T$ 时：

与条件2分析相似，此时点 $Y_1$ 位于 $X_2$ 和 $X_3$ 之间，均衡价格在点 $Y_1$ 处获得。此时出租车服务退出竞争市场。由 $p_R^*=\frac{\alpha c_T}{\bar{\theta}}$ 推出 $\lambda_R^*=1-\frac{\bar{\theta}p_R^*-p_T^*}{\bar{\alpha}V}=\frac{V-c_T}{V}>0$。

条件5：当 $\frac{c_R^{c1}}{\alpha}<V<\frac{2\alpha c_T-c_R^{c1}}{\alpha}$，$c_R^{c1}<\alpha c_T$ 时：

与条件3分析相似，此时点 $Y_1$ 位于 $X_3$ 左侧，超出了出租车服务的可行范围，因此出租车服务退出竞争市场，而 $p_R^*=\frac{\alpha V+c_R^{c1}}{2\bar{\theta}}$，$\lambda_R^*=1-\frac{\bar{\theta}p_R^*}{\alpha V}=\frac{\alpha V-c_R^{c1}}{2\alpha V}>0$。

当 $0<\alpha<1$ 时，证明与 $\alpha\geqslant 1$ 类似。

**命题6-3证明：**由 $\frac{(\bar{\alpha}V+\tilde{p}_T-\bar{\theta}p_R)(\tilde{p}_T-c_T)}{\bar{\alpha}V}-B\geqslant 0$ 推出 $p_R\geqslant\frac{\tilde{p}_T+\bar{\alpha}V(\tilde{p}_T-c_T)-\bar{\alpha}VB}{\bar{\theta}(\tilde{p}_T-c_T)}$。网约车服务的可行价格区间为 $p_R\geqslant\frac{\tilde{p}_T+\bar{\alpha}V(\tilde{p}_T-c_T)-\bar{\alpha}VB}{\bar{\theta}(\tilde{p}_T-c_T)}$ 与 $\frac{\alpha\tilde{p}_T}{\bar{\theta}}<p_R<\frac{\tilde{p}_T+\bar{\alpha}V}{\bar{\theta}}$ 的交集，如图C2所示，根据 $\underline{c}_T^P$ 与 $\frac{c_R^{c2}}{\alpha}$ 的大小，分为两种情况：$0<\alpha<\frac{c_R^{c2}}{\underline{c}_T^P}$ 与 $\frac{c_R^{c2}}{\underline{c}_T^P}<\alpha<1$。当 $0<\alpha<\frac{c_R^{c2}}{\underline{c}_T^P}$ 时，此时无管制下的最优解在可行域内，则网约车服务的最优反应价格不变，即 $p_R^*=\frac{\alpha\tilde{p}_T+c_R^{c2}}{2\bar{\theta}}$。当 $\frac{c_R^{c2}}{\underline{c}_T^P}<\alpha<1$ 时，$p_R=\frac{\alpha\tilde{p}_T+c_R^{c2}}{2\bar{\theta}}$ 与 $p_R=\frac{(\tilde{p}_T+\bar{\alpha}V)(\tilde{p}_T-c_T)-\bar{\alpha}VB}{\bar{\theta}(\tilde{p}_T-c_T)}$ 相交于 $p_T^{P3}=\frac{1}{2(2-\alpha)}\left[H+\sqrt{H^2-4(2-\alpha)L}\right]$。与 $0<\alpha<\frac{c_R^{c2}}{\underline{c}_T^P}$ 的情况不同，当 $\underline{c}_T^P\leqslant\tilde{p}_T<p_T^3$ 时，网约车的最优解 $p_R^*=\frac{(\tilde{p}_T+\bar{\alpha}V)(\tilde{p}_T-c_T)-\bar{\alpha}VB}{\bar{\theta}(\tilde{p}-c_T)}$。证毕。

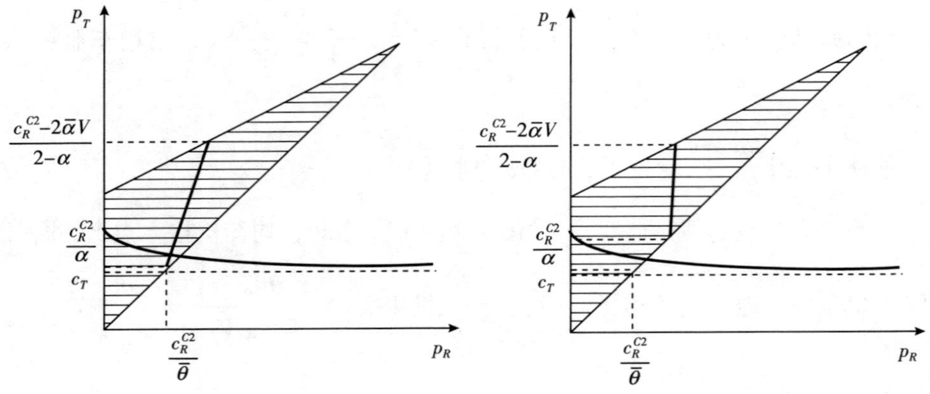


（a）$\frac{c_R^{C2}}{\underline{c}_T^P}<\alpha<1$　　（b）$0<\alpha<\frac{c_R^{C2}}{\underline{c}_T^P}$

**图 C2　实现管制目标 1 时网约车服务价格可行区域与最优反应价格**

**命题 6-5 证明：** 由 $\frac{2\alpha\tilde{p}_T+\alpha\bar{\alpha}V}{(\alpha+1)\bar{\theta}}=\frac{\alpha\tilde{p}_T+c_R^{c1}}{2\bar{\theta}}$ 得到 $\tilde{p}_T=\frac{[2\alpha\bar{\alpha}V-c_R(\alpha+1)]}{\alpha(\alpha-3)}=p^1$。比较出租车服务价格的临界值 $p^1$ 与出租车运营成本 $c_T$ 的大小，即 $\frac{[2\alpha\bar{\alpha}V-c_R(\alpha+1)]-c_R\alpha(\alpha-3)}{\alpha(\alpha-3)}$。设 $f(\alpha)=[2\alpha\bar{\alpha}V-c_R(\alpha+1)]-c_T\alpha(\alpha-3)$，当 $\phi<\alpha<1$ 时，其中，$\phi=\frac{c_R+2V-3c_T+\sqrt{c_R^2+(3c_T-2V)+2c_R(6V-5c_T)}}{2(2V-c_T)}$，$f(\alpha)=[2\alpha\bar{\alpha}V-c_R(\alpha+1)]-c_T\alpha(\alpha-3)>0$，而 $\alpha-3<0$，由此推出 $\frac{[2\alpha\bar{\alpha}V-c_R(\alpha+1)]-c_T\alpha(\alpha-3)}{\alpha(\alpha-3)}<0$，即 $p^1<c_T$。类似地，则当 $0<\alpha<\phi$ 时，$\frac{[2\alpha\bar{\alpha}V-c_R(\alpha+1)]-c_T\alpha(\alpha-3)}{\alpha(\alpha-3)}>0$，即 $p^1>c_T$。因为 $c_R^{c2}c_R^{c2}+(3c_T-2V)^2+c_R^{c2}(6V-5c_T)-[2(2-V-c_T)-(c_R^{c2}+2V-3c_T)]^2=-8(c_R^{c2}-c_T)(c_T-V)<0$，所以 $\phi<0$。证毕。

**定理 6-2 证明：**

$$p_R^{t1*}-p_R^{t2*}=\frac{\bar{\alpha}VB+\alpha\tilde{p}_T(\tilde{p}_T-c_T)}{\bar{\theta}(\tilde{p}_T-c_T)}-\frac{\bar{\alpha}V+(2+\bar{\alpha})\tilde{p}_T}{2\bar{\theta}}=\frac{2\bar{\alpha}VB+\bar{\alpha}(\tilde{p}_T-V)(\tilde{p}_T-c_T)}{2\bar{\theta}(\tilde{p}_T-c_T)}$$，设 $g(p_T)=2\bar{\alpha}VB+\bar{\alpha}(p_T-V)(p_T-c_T)$，当 $g(p_T)=0$ 时，$\tilde{p}_T=\frac{c_T+V\pm\sqrt{(c_T-V)^2-8BV}}{2}$。令

$\varphi_1=\dfrac{(V+c_T)-\sqrt{(V-c_T)^2-8VB}}{2}$，$\varphi_2=\dfrac{(V+c_T)-\sqrt{(V-c_T)^2-8VB}}{2}$，根据 $\underline{c}_T<\varphi_1<p_T^{P1}<p_T^{P2}<\varphi_1<\overline{c}_T$，推出当 $\underline{c}_T<\tilde{p}_T<\varphi_1$ 或 $\varphi_2<\tilde{p}_T<\overline{c}_T$ 时，$p_R^{t1*}\geqslant p_R^{t2*}$；当 $\varphi_1<\tilde{p}_T<\varphi_2$ 时，$p_R^{t1*}\leqslant p_R^{t2*}$。需注意当 $p_T^{P1}<\tilde{p}_T<p_T^{P2}$ 时，$p_R^{t1*}=\dfrac{\tilde{p}_T+c_R^{c1}+\overline{\alpha}V}{2\overline{\theta}}$，但由命题 6-4 可知 $\dfrac{\overline{\alpha}V+(2+\overline{\alpha})\tilde{p}_T}{2\overline{\theta}}>\dfrac{\tilde{p}_T+c_R^{c1}+\overline{\alpha}V}{2\overline{\theta}}$，则 $p_R^{t1*}<p_R^{t2*}$。

若 $\phi<\dfrac{c_R^{c2}}{\underline{c}_T^P}$时，由 $\phi<\alpha<\dfrac{c_R^{c2}}{\underline{c}_T^P}$可得 $\underline{c}_T^P<\dfrac{c_R^{c2}}{\alpha}$。同时，$\dfrac{c_R^{c2}}{\alpha}<c_T$，则与 $\underline{c}_T^P>c_T$ 矛盾，因此 $\phi<\dfrac{c_R^{c2}}{\underline{c}_T^P}$不成立，$\phi\geqslant\dfrac{c_R^{c2}}{\underline{c}_T^P}$。

比较 $0<\alpha\leqslant\dfrac{c_R^{c2}}{\underline{c}_T^P}$，$\dfrac{c_R^{c2}}{\underline{c}_T^P}<\alpha\leqslant\phi$ 和 $\phi<\alpha<1$ 三种情况：

情况 1：当 $0<\alpha\leqslant\dfrac{c_R^{c2}}{\underline{c}_T^P}$时：

此时 $p_R^{t1*}=\dfrac{\alpha\tilde{p}_T+c_R^{c2}}{2\overline{\theta}}$，其中，$\dfrac{c_R^{c2}}{\alpha}<\tilde{p}_T\leqslant\dfrac{c_R^{c2}-2\overline{\alpha}V}{2-\overline{\alpha}}$，$p_R^{t2*}=\begin{cases}\dfrac{\alpha\tilde{p}_T+c_R^{c2}}{2\overline{\theta}} & \tilde{p}_T\in\left(\max\left\{c_T,\ \dfrac{c_R^{c2}}{\alpha}\right\},\ p^1\right]\\[2ex] \dfrac{2\alpha\tilde{p}_T+\alpha\overline{\alpha}V}{(\alpha+1)\overline{\theta}} & \tilde{p}_T\in(p^1,\ V)\end{cases}$。

根据不同的出租车服务价格，可得当 $\tilde{p}_T\in\left(\max\left\{\underline{c}_T^P\ \dfrac{c_R^{C2}}{\alpha}\right\},\ p^1\right]$时，$p_R^{t1*}=p_R^{t2*}$；当 $\tilde{p}_T\in\left(p^1,\ \dfrac{c_R^{C2}-2\overline{\alpha}V}{2-\overline{\alpha}}\right)$时，$p_R^{t1*}=\dfrac{\alpha\tilde{p}_T+c_R^{C2}}{2\overline{\theta}}<\dfrac{2\alpha\tilde{p}_T+\alpha\overline{\alpha}V}{(\alpha+1)\overline{\theta}}=p_R^{t2*}$。

情况 2：当$\dfrac{c_R^{C2}}{\underline{c}_T^P}<\alpha<\phi$ 时：

此时 $p_R^{t1*}=\begin{cases}\dfrac{\alpha\tilde{p}_T+c_R^{c2}}{2\overline{\theta}} & P_T^{P3}<\tilde{p}_T\leqslant\dfrac{c_R^{c2}-2\overline{\alpha}V}{2-\alpha}\\[2ex] \dfrac{(p_T+\overline{\alpha}V)(p_T-c_T)-\overline{\alpha}VB}{\overline{\theta}(p_T-c_T)} & \underline{c}_T^P\leqslant\tilde{p}_T<p_T^{P3}\end{cases}$，

$p_R^{t2*}=\begin{cases}\dfrac{\alpha\tilde{p}_T+c_R^{c2}}{2\bar{\theta}} & \tilde{p}_T\in\left(\max\left\{c_T,\ \dfrac{c_R^{c2}}{\alpha}\right\},\ p^1\right]\\ \dfrac{2\alpha\tilde{p}_T+\alpha\bar{\alpha}V}{(\alpha+1)\bar{\theta}} & \tilde{p}_T\in(p^1,\ V)\end{cases}$。根据命题 6-5 的证明可知，当 $\dfrac{2\alpha\tilde{p}_T+\alpha\bar{\alpha}V}{(\alpha+1)\bar{\theta}}=\dfrac{\alpha\tilde{p}_T+c_R^{C2}}{2\bar{\theta}}$时，得到$\tilde{p}_T=\dfrac{[2\alpha\bar{\alpha}V-c_R^{C2}(\alpha+1)]}{\alpha(\alpha-3)}$。比较出租车服务价格的临界值$\dfrac{[2\alpha\bar{\alpha}V-c_R^{C2}(\alpha+1)]}{\alpha(\alpha-3)}$与出租车服务运营成本 $c_T$ 的大小，即 $h(c_T)=\dfrac{[2\alpha\bar{\alpha}V-c_R^{C2}(\alpha+1)]-c_T\alpha(\alpha-3)}{\alpha(\alpha-3)}$。由$\dfrac{dh(c_T)}{dc_T}=-1<0$，令 $h(c_T)=0$，得到 $\tilde{c}_T=\dfrac{2\alpha\bar{\alpha}V-c_R^{C2}(\alpha+1)}{\alpha(\alpha-3)}$。比较 $\tilde{c}_T$ 和 $\underline{c}_T^P$ 的大小，结合 $h(c_T)$的单调性，可知 $h(\underline{c}_T^P)>0$，则$\dfrac{[2\alpha\bar{\alpha}V-c_R^{C2}(\alpha+1)]}{\alpha(\alpha-3)}>\underline{c}_T^P$。由此推出$\dfrac{2\alpha\tilde{p}_T+\alpha\bar{\alpha}V}{(\alpha+1)\bar{\theta}}$与$\dfrac{\alpha\tilde{p}_T+c_R}{2\bar{\theta}}$在目标 1 的可行区域之内。

当 $\underline{c}_T^P\leqslant\tilde{p}_T<p_T^{P3}$ 时，$p_R^{t1*}=\dfrac{(p_T+\bar{\alpha}V)(p_T-c_T)-\bar{\alpha}VB}{\bar{\theta}(p_T-c_T)}$，$p_R^{t2*}=\dfrac{\alpha\tilde{p}_T+c_R^{C2}}{2\bar{\theta}}$，则 $p_R^{t1*}>p_R^{t2*}$；

当 $p_T^{P3}<\tilde{p}_T<p^1$ 时，$p_R^{t1*}=\dfrac{\alpha\tilde{p}_T+c_R^{C2}}{2\bar{\theta}}$，$p_R^{t2*}=\dfrac{\alpha\tilde{p}_T+c_R^{C2}}{2\bar{\theta}}$，则 $p_R^{t1*}=p_R^{t2*}$；

当 $p_T^{P3}\leqslant\tilde{p}_T<\dfrac{c_R^{C2}-2\bar{\alpha}V}{2-\alpha}$时，$p_R^{t1*}=\dfrac{\alpha\tilde{p}_T+c_R^{C2}}{2\bar{\theta}}$，$p_R^{t2*}=\dfrac{2\alpha\tilde{p}_T+\alpha\bar{\alpha}V}{(\alpha+1)\bar{\theta}}$，则 $p_R^{t1*}<p_R^{t2*}$。

情况 3：当 $\phi<\alpha<1$ 时：

此时 $p_R^*=\begin{cases}\dfrac{\alpha\tilde{p}_T+c_R}{2\bar{\theta}} & p_T^{P3}<\tilde{p}_T\leqslant\dfrac{c_R-2\bar{\alpha}V}{2-\alpha}\\ \dfrac{(p_T+\bar{\alpha}V)(p_T-c_T)-\bar{\alpha}VB}{\bar{\theta}(p_T-c_T)} & \bar{c}_T^P\leqslant\tilde{p}_T<p_T^3\end{cases}$，$p_R^*=\dfrac{2\alpha\tilde{p}_T+\alpha\bar{\alpha}V}{(\alpha+1)\bar{\theta}}$，$\tilde{p}_T\in(c_T,\ V)$。

$\dfrac{(\tilde{p}_T+\bar{\alpha}V)(p_T-c_T)-\bar{\alpha}VB}{\bar{\theta}(p_T-c_T)}$与$\dfrac{2\alpha\tilde{p}_T+\alpha\bar{\alpha}V}{(\alpha+1)\bar{\theta}}$的交点为 $p_T^4=\dfrac{c_T+V+\sqrt{(V-c_T)^2+4BV}}{2}$。由 $\phi<\alpha<1$ 可推出 $p_T^3>p_T^4$。

当 $\underline{c}_T^P<\tilde{p}_T<P_T^4$ 时，$p_R^{t1*}=\frac{(p_T+\overline{\alpha}V)(p_T-c_T)-\overline{\alpha}VB}{\overline{\theta}(p_T-c_T)}$，$p_R^{t2*}=\frac{\alpha\tilde{p}_T+c_R}{2\overline{\theta}}$，则 $p_R^{t1*}>p_R^{t2*}$；

当 $P_T^4\leqslant\tilde{p}_T<p_T^3$ 时，$p_R^{t1*}=\frac{(p_T+\overline{\alpha}V)(p_T-c_T)-\overline{\alpha}VB}{\overline{\theta}(p_T-c_T)}$，$p_R^{t2*}=\frac{\alpha\tilde{p}_T+c_R}{2\overline{\theta}}$，则 $p_R^{t1*}<p_R^{t2*}$。

当 $p_T^3\leqslant\tilde{p}_T<\frac{c_R-2\overline{\alpha}V}{2-\alpha}$时，$p_R^{t1*}=\frac{\alpha\tilde{p}_T+c_R}{2\overline{\theta}}$，$p_R^{t2*}=\frac{2\alpha\tilde{p}_T+\alpha\overline{\alpha}V}{(\alpha+1)\overline{\theta}}$，则 $p_R^{t1*}<p_R^{t2*}$。证毕。

**命题 6-7 证明：**C2 情景中，有管制与无管制情况下的社会福利差值为：$SW_{CN}^{C2}-SW_{C2}^{t2}=\frac{K}{8\alpha\overline{\alpha}(1+\alpha)V}$，其中 $K=-\{(1+\alpha)c_R^{C2}+\alpha[(\alpha-3)p_T-2(\alpha-1)V]\}\{3(1+\alpha)c_R^{C2}-\alpha[4(1+\alpha)c_T+(1-3\alpha)p_T+2(1+\alpha)V]\}$。设 $g(p_T)=SW_{CN}^{C2}-SW_{C2}^{t2}$，由 $g(p_T)=0$ 可得 $p^1=\frac{[2\alpha\overline{\alpha}V-c_R^{C2}(\alpha+1)]}{\alpha(\alpha-3)}$，$p^2=\frac{(1+\alpha)(-3c_R^{C2}+4\alpha c_T+2\alpha V)}{\alpha(3\alpha-1)}$。由 $\frac{d^2g(p_T)}{dp_T^2}=\frac{2\alpha^2(3-10\alpha+3\alpha^2)}{8\alpha\overline{\alpha}(\alpha+1)V}>0$ 可知，$g(p_T)$是关于 $p_T$ 的凸函数。

比较两个根与 $p_T$ 临界值的大小

$p^2-V=\frac{(1+\alpha)(3c_R^{C2}-4\alpha c_T)-\alpha(\alpha-3)V}{\alpha(3\alpha-1)}$。当$0<\alpha<\frac{1}{3}$时，$p^2<0<p^1<V$；当$\frac{1}{3}\leqslant\alpha<1$ 时，$p^2<V<p^1$。而 $\phi-\frac{1}{3}=\frac{1}{2(2V-c_T)}[3c_R^{C2}-2V-5c_T+\sqrt{c_R^{C2}c_R^{C2}+(3c_T-2V)^2+2c_R^{C2}(6V-5c_T)}]$，由 $3c_R^{C2}-2V-5c_T<0$，$(3c_R^{C2}-2V-5c_T)^2-[c_R^{C2}c_R^{C2}+(3c_T-2V)^2+2c_{R2}(6V-5c_T)]^2=8c_R^{C2}-15c_R^{c2}(c_T+2V)+16c_T(c_T+2V)>0$，推出 $\phi<\frac{1}{3}$。根据 $\alpha$ 值的大小分三种情况讨论：

情况 1：当 $0<\alpha<\phi$ 时：

此条件下存在 $p^2<0<\max\left\{c_T,\frac{c_R^{C2}}{\alpha}\right\}<p^1<V$，结合 $g(p_T)$ 的凸函数性质可知，当 $\max\left\{c_T,\frac{c_R^{C2}}{\alpha}\right\}<p_T<p^1$ 时，$g(p_T)=SW_{CN}^{C2}-SW_{C2}^{t2}=0$；当 $p^1<p_T<V$ 时，$g(p_T)=SW_{CN}^{C2}-SW_{C2}^{t2}>0$。

情况 2：当 $\phi\leqslant\alpha<\frac{1}{3}$时：

此条件下存在 $p^2<0<p^1<V$，结合 $g(p_T)$ 的凸函数性质可知，当 $p^1<c_T<p_T<V$

时，$g(p_T)=SW_{CN}^{C2}-SW_{C2}^{t2}>0$；

情况 3：当$\frac{1}{3}\leqslant\alpha<1$时：

此条件下存在$p^2>V>p_T>c_T>p^1$，结合$g(p_T)$的凸函数性质可知，当$V>p_T>c_T>p^1$时，$g(p_T)=SW_{CN}^{C2}-SW_{C2}^{t2}<0$。

证毕。

**命题 6-8 证明：**相应变量关于$c_T$的一阶导条件为$\frac{d\underline{c}_T^P}{dc_T}=\frac{\sqrt{(V-c_T)^2-4VB}+(V-c_T)}{2\sqrt{(V-c_T)^2-4VB}}>0$，$\frac{d\bar{c}_T^P}{dc_T}=\frac{\sqrt{(V-c_T)^2-4VB}-(V-c_T)}{2\sqrt{(V-c_T)^2-4VB}}<0$，$\frac{dp_{R1}^*}{dc_T}=\frac{\bar{\alpha}VB}{\bar{\theta}(\tilde{p}-c_T)^2}>0$，$\frac{dp_{R2}^*}{dc_T}=\frac{\bar{\alpha}VB}{\bar{\theta}(\tilde{p}-c_T)^2}>0$。类似地可得到相应变量关于$B$的一阶导。

证毕。

**命题 6-9 证明：**当$1<\alpha\beta<\alpha$且$\tilde{p}_T\in(c_T,\frac{\bar{\alpha}V+c_R^{C1}}{2\alpha-1})$时，网约车服务在竞争无管制、价格管制和准入管制下的最优价格为$p_R^N=\frac{\tilde{p}_T+c_R^{C1}+\bar{\alpha}V}{2\bar{\theta}}$、$p_R^P=\frac{\bar{\alpha}V+(2+\bar{\alpha})\tilde{p}_T}{2\bar{\theta}}$和$p_R^E=\frac{(\alpha\beta-1)V+(\alpha\beta+1)\tilde{p}_T}{2\bar{\theta}}$。由$\frac{dp_R^P}{d\alpha}=\frac{V+\tilde{p}_T}{2\bar{\theta}}>0$可推出$p_R^P>p_R^E$。由$\Delta_{PN}=p_R^P-p_R^N=\frac{\bar{\alpha}V+(2+\bar{\alpha})\tilde{p}_T}{2\bar{\theta}}-\frac{\tilde{p}_T+c_R+\bar{\alpha}V}{2\bar{\theta}}=\frac{\tilde{\alpha}p_T-c_R}{2\bar{\theta}}>0$，可知$p_R^P>p_R^N$。准入管制下网约车服务最优价格与无管制时的相应值之差$\Delta_{EN}=p_R^E-p_R^N=\frac{(\alpha\beta-1)V+(\alpha\beta+1)\tilde{p}_T}{2\bar{\theta}}-\frac{\tilde{p}_T+c_R^{C1}+\bar{\alpha}V}{2\bar{\theta}}=\frac{(\alpha\beta-\alpha)V+\alpha\beta\tilde{p}_T-c_R^{c1}}{2\bar{\theta}}$。设$f(p_T)=(\alpha\beta-\alpha)V+\alpha\beta p_T-c_R^{C1}$、$p_T=\frac{c_R^{C1}+\alpha(1-\beta)V}{\alpha\beta}$，可得到$f(p_T)=0$。$p_T=\frac{c_R^{C1}+\alpha(1-\beta)V}{\alpha\beta}>\frac{c_R^{C1}}{\alpha\beta}$。如图 C3 所示，直线$L_1$表示无管制下的价格可行域边界，直线$L_2$表示准入管制下的网约车服务的最优反应价格，直线$L_3$表示无管制下的网约车服务的最优反应价格。$L_1$、$L_2$和$L_3$的斜率分别为$\frac{\bar{\theta}}{\alpha}$、$\frac{2\bar{\theta}}{\alpha\beta+1}$和

$2\bar{\theta}$，其中$\frac{2\bar{\theta}}{\alpha\beta+1}-\frac{\bar{\theta}}{\alpha}=\frac{\bar{\theta}(2\alpha-\alpha\beta-1)}{\alpha(\alpha\beta+1)}>\frac{\bar{\theta}(2\alpha-\alpha-1)}{\alpha(\alpha\beta+1)}>0$。

因此，三条直线斜率的关系为$\frac{\bar{\theta}}{\alpha}<\frac{2\bar{\theta}}{\alpha\beta+1}<2\bar{\theta}$，$L_3$ 会先与 $L_1$ 相交，如图 C3 所示。在 $\tilde{p}_T\in\left(c_T,\ \frac{\bar{\alpha}V+c_R^{C1}}{2\alpha-1}\right)$ 的情况下，$p_R^{EN}=p_R^E-p_R^N<0$。

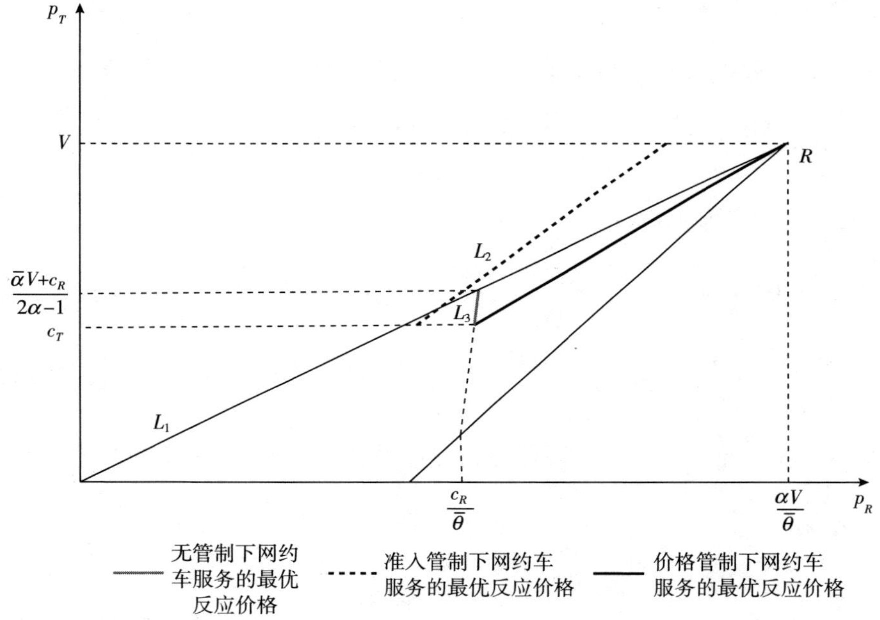


**图 C3　C1 情景下无管制、价格管制和准入管制的最优反应价格**

乘客选择出租车服务与网约车服务的无差异点分别为 $v_N^d=\frac{c_R^{c1}+\bar{\alpha}V-\tilde{p}_T}{2\bar{\alpha}}$、$v_P^d=\frac{\frac{\bar{\alpha}V+(2+\bar{\alpha})\tilde{p}_T}{2}-\tilde{p}_T}{\bar{\alpha}}=\frac{V+\tilde{p}_T}{2}$、$v_E^d=\frac{\frac{(\alpha\beta-1)V+(\alpha\beta+1)\tilde{p}_T}{2}-\tilde{p}_T}{\alpha\beta-1}=\frac{V+\tilde{p}_T}{2}$，因此，$v_P^d=v_E^d$。

$v_P^d-v_N^d=\frac{V+\tilde{p}_T}{2}-\frac{c_R^{c1}+\bar{\alpha}V-\tilde{p}_T}{2\bar{\alpha}}=\frac{\bar{\alpha}V+\bar{\alpha}\tilde{p}_T-(c_R^{C1}+\bar{\alpha}V-\tilde{p}_T)}{2\bar{\alpha}}=\frac{\bar{\alpha}\tilde{p}_T-c_R^{C1}}{2\bar{\alpha}}>0$。因此，$v_P^d=v_E^d>$

$v_N^d$。由出租车服务的需求 $\lambda_T=\dfrac{v^d-p_T}{V}$，可推出 $\lambda_T^E=\lambda_T^R>\lambda_T^N$。与此类似，当 $\tilde{p}_T\in\left(\dfrac{\bar{\alpha}V+c_R^{C1}}{2\alpha-1},\ V\right)$ 时，$p_R^E<p_R^P$，$\lambda_T^E=\lambda_T^P$。

笔者分三种情况比较当 $0<\alpha\beta<1<\alpha$ 时，无管制、价格管制和准入管制下网约车服务最优价格和出租车服务需求：

情况 1：当 $0<\alpha\beta<\phi$ 且 $\max\left\{c_T,\ \dfrac{c_R}{\alpha\beta}\right\}<\tilde{p}_T\leqslant\dfrac{2\alpha\beta(\alpha\beta-1)V-c_R(\alpha\beta+1)}{\alpha\beta(\alpha\beta-3)}$ 时：

首先，比较准入管制和竞争无管制情景下网约车服务的最优价格 $p_R^E$ 与 $p_R^N$。由于 $p_R^E-p_R^N=\dfrac{\alpha\beta\tilde{p}_T+c_R^{C1}}{2\bar{\theta}}-\dfrac{\tilde{p}_T+c_R^{C1}+\bar{\alpha}V}{2\bar{\theta}}=\dfrac{(\alpha\beta-1)\tilde{p}_T-\bar{\alpha}V}{2\bar{\theta}}<0$，因此，$p_R^E<p_R^N$。由前文的结论可知，$p_R^N<p_R^P$，则 $p_R^E<p_R^N<p_R^P$。

当 $0<\alpha\beta<\phi$ 且 $\dfrac{2\alpha\beta(\alpha\beta-1)V-c_R(\alpha\beta+1)}{\alpha\beta(\alpha\beta-3)}<\tilde{p}_T<V$ 时，比较 $p_R^E$ 与 $p_R^N$，由 $p_R^E=\dfrac{2\alpha\beta\tilde{p}_T+\alpha\beta(\alpha\beta-1)V}{(\alpha\beta+1)\bar{\theta}}$，可得 $p_T=\dfrac{(\alpha\beta+1)\bar{\theta}p_R^E-\alpha\beta(\alpha\beta-1)V}{2\alpha\beta}$，则出租车服务价格随网约车服务价格的增加而增加，同理可知无管制情景下出租车服务价格随网约车服务价格单调递增。当 $p_T=V$ 时，可得 $p_R^E=\dfrac{\alpha\beta V}{\bar{\theta}}$，$p_R^E=\dfrac{\alpha V+c_R^{C1}}{2\bar{\theta}}$。因为$\dfrac{\alpha V+c_R^{C1}}{2\bar{\theta}}-\dfrac{\alpha\beta V}{\bar{\theta}}=\dfrac{\alpha V(1-2\beta)+c_R^{C1}}{2\bar{\theta}}$，而 $\alpha V>\dfrac{c_R^{C1}}{2\beta-1}$，因此$\dfrac{\alpha V(1-2\beta)+c_R^{C1}}{2\bar{\theta}}>0$。由以上证明可得，当 $p_T=\dfrac{2\alpha\beta(\alpha\beta-1)V-c_R(\alpha\beta+1)}{\alpha\beta(\alpha\beta-3)}$时，$p_R^E<p_R^N$。结合函数的单调性可知，$p_R^E<p_R^N$。因此，$p_R^E<p_R^N<p_R^P$。

当 $0<\alpha\beta<\phi$ 时，乘客选择出租车服务与网约车服务的无差异点在无管制与价格管制下分别为 $v_N^d=\dfrac{c_R^{C1}+\bar{\alpha}V-\tilde{p}_T}{2\bar{\alpha}}$、$v_P^d=\dfrac{\dfrac{\bar{\alpha}V+(2+\bar{\alpha})\tilde{p}_T}{2}-\tilde{p}_T}{\bar{\alpha}}=\dfrac{V+\tilde{p}_T}{2}$。令 $\beta_1=\dfrac{(2-\alpha)c_R^{C1}-\bar{\alpha}V}{\alpha(c_R^{C1}-\bar{\alpha}V)}$、$\beta_2=\dfrac{(2-\alpha)c_R^{C1}-c_T-\bar{\alpha}V}{\alpha(c_R^{C1}-\alpha c_T-\bar{\alpha}V)}$。

当 $0<\alpha\beta<\phi$ 且 $\max\left\{c_T, \frac{c_R^{C1}}{\alpha\beta}\right\}<\tilde{p}_T\leqslant\frac{2\alpha\beta(\alpha\beta-1)V-c_R^{C1}(\alpha\beta+1)}{\alpha\beta(\alpha\beta-3)}$ 时，$v_R^E=\frac{c_R^{C1}+(\alpha\beta-2)\tilde{p}_T}{2(\alpha\beta-1)}$。无管制下出租车服务需求 $\lambda_T^N=\frac{1}{V}(v_N^d-p_T)$，准入管制下的出租车服务需求 $\lambda_T^E=\frac{1}{V}(V-v_E^d)$，二者的市场需求差 $\Delta\lambda_{NE}=\lambda_T^N-\lambda_T^E=\frac{1}{V}(v_N^d-p_T-V+v_E^d)$，其中，$v_N^d-p_T-V+v_E^d=\frac{(\alpha\beta+\alpha-2)c_R^{C1}+(1-\alpha^2\beta)p_T-(\alpha-1)(\alpha\beta-1)V}{2(\alpha-1)(\alpha\beta-1)}$。由 $0<\alpha\beta<1<\alpha$ 可知，$2(\alpha-1)(\alpha\beta-1)<0$。设 $f(x)=(\alpha\beta+\alpha-2)c_R^{C1}+(1-\alpha^2\beta)x-(\alpha-1)(\alpha\beta-1)V$，其零点为 $\tilde{x}=\frac{(2-\alpha\beta-\alpha)c_R^{C1}+(1-\alpha-\alpha\beta+\alpha^2\beta)V}{1-\alpha^2\beta}$。

（1）若 $1-\alpha^2\beta>0$，则 $\beta<\frac{1}{\alpha^2}$，而 $\alpha>1$，因此，$\frac{1}{\alpha^2}<\frac{1}{\alpha}$。设 $h(\beta)=(2-\alpha\beta-\alpha)c_R^{C1}+(1-\alpha-\alpha\beta+\alpha^2\beta)V$，当 $\beta<\beta_1$ 时，$h(\beta)>0$；当 $\beta>\beta_1$ 时，$h(\beta)<0$。而 $\beta_1$ 的正负性与 $c_R^{C1}$ 的大小相关。当 $c_R^{C1}>\frac{\bar{\alpha}V}{2-\alpha}$时，$\beta_1>0$；当 $\bar{\alpha}V<c_R^{C1}<\frac{\bar{\alpha}V}{2-\alpha}$时，$\beta_1<0$。$\beta_1$ 与 $\frac{1}{\alpha^2}$的大小比较：$\beta_1-\frac{1}{\alpha^2}=\frac{(2-\alpha)c_R^{C1}-\bar{\alpha}V}{\alpha(c_R^{C1}-\bar{\alpha}V)}-\frac{1}{\alpha^2}=\frac{\alpha[(2-\alpha)c_R^{C1}-\bar{\alpha}V](c_R^{C1}-\bar{\alpha}V)}{\alpha^2(c_R^{C1}-\bar{\alpha}V)}=\frac{[\alpha(2-\alpha)-1]c_R^{C1}-\bar{\alpha}V}{\alpha^2(c_R^{C1}-\bar{\alpha}V)}<0$，$\beta_1<\frac{1}{\alpha^2}$。当 $c_R^{C1}>\frac{\bar{\alpha}V}{2-\alpha}$，$0<\beta<\beta_1$ 时，$\tilde{x}>0$。结合 $2(\alpha-1)(\alpha\beta-1)<0$ 可知，当 $p_T>\tilde{x}$ 时，$\Delta\lambda_{NE}<0$。

比较 $\tilde{x}$ 与 $\frac{2\alpha\beta(\alpha\beta-1)V-c_R^{C1}(\alpha\beta+1)}{\alpha\beta(\alpha\beta-3)}$ 的大小：$\tilde{x}-\frac{2\alpha\beta(\alpha\beta-1)V-c_R^{C1}(\alpha\beta+1)}{\alpha\beta(\alpha\beta-3)}=\frac{(\alpha\beta-1)\{[1-4\alpha\beta+\alpha^2\beta(2+\beta)]c_R^{C1}-\alpha\beta(3\alpha-1)(\alpha\beta-1)V\}}{\alpha\beta(\alpha\beta-3)(\alpha^2\beta-1)}$，其中 $1-4\alpha\beta+\alpha^2\beta(2+\beta)=1-2\alpha\beta+2\alpha^2\beta-2\alpha\beta+2\alpha^2\beta^2=(1-\alpha\beta)^2+2\alpha\beta\bar{\alpha}>0$，$\alpha\beta-3<0$，$\alpha^2\beta-1<0$，$\alpha\beta-1<0$，则 $\tilde{x}<\frac{2\alpha\beta(\alpha\beta-1)V-c_R^{C1}(\alpha\beta+1)}{\alpha\beta(\alpha\beta-3)}$。

比较 $\tilde{x}$ 与$\frac{c_R^{C1}}{\alpha\beta}$，$\tilde{x}-\frac{c_R^{C1}}{\alpha\beta}=\frac{(1-\alpha\beta)[(1-\alpha\beta)c_R^{C1}+\bar{\alpha}\alpha\beta V]}{\alpha\beta(\alpha^2\beta-1)}<0$。

比较 $\tilde{x}$ 与 $c_T$，$\tilde{x}-c_T=\frac{(-2+\alpha+\alpha\beta)c_R^{C1}+c_T-\alpha^2\beta c_T-\bar{\alpha}(\alpha\beta-1)V}{\alpha^2\beta-1}$。设 $\beta_2=$

$\dfrac{(2-\alpha)c_R^{C1}-c_T-\bar{\alpha}V}{\alpha(c_R^{C1}-\alpha c_T-\bar{\alpha}V)}$，因为 $c_R^{C1}<c_T$，所以 $(2-\alpha)c_R^{C1}-c_T-\bar{\alpha}V<(2-\alpha)c_R^{C1}-c_R^{C1}-\bar{\alpha}V=-\bar{\alpha}c_R^{C1}-\bar{\alpha}V<0$，$\alpha(c_R^{C1}-\alpha c_T-\bar{\alpha}V)<0$，可得 $\beta_2>0$。

比较 $\beta_1$ 和 $\beta_2$，$\beta_2-\beta_1=\dfrac{\bar{\alpha}^2c_T(c_R^{C1}+V)}{\alpha(c_R^{C1}-\bar{\alpha}V-\bar{\alpha}c_T)(c_R^{C1}-\bar{\alpha}V)}<0$，则 $\beta_2<\beta_1$。

当 $0<\beta<\beta_2$ 时，$\tilde{x}<c_T$；当 $\beta_2<\beta<\beta_1$ 时，$\tilde{x}>c_T$。

根据以上分析，可得当 $0<\beta<\beta_2$，$c_R^{C1}>\dfrac{\bar{\alpha}V}{2-\alpha}$，$\max\left\{c_T,\ \dfrac{c_R^{C1}}{\alpha\beta}\right\}<\tilde{p}_T\leqslant\dfrac{2\alpha\beta(\alpha\beta-1)V-c_R^{C1}(\alpha\beta+1)}{\alpha\beta(\alpha\beta-3)}$时，$\Delta\lambda_{NE}<0$；当 $\beta_2<\beta<\beta_1$，$c_R^{C1}>\dfrac{\bar{\alpha}V}{2-\alpha}$，$\dfrac{c_R^{C1}}{\alpha\beta}<\tilde{p}_T\leqslant\dfrac{2\alpha\beta(\alpha\beta-1)V-c_R^{C1}(\alpha\beta+1)}{\alpha\beta(\alpha\beta-3)}$时，$\Delta\lambda_{NE}<0$。综上可知，当 $0<\beta<\beta_1$，$c_R>\dfrac{\bar{\alpha}V}{2-\alpha}$，$\max\left\{c_T,\ \dfrac{c_R}{\alpha\beta}\right\}<\tilde{p}_T\leqslant\dfrac{2\alpha\beta(\alpha\beta-1)V-c_R(\alpha\beta+1)}{\alpha\beta(\alpha\beta-3)}$时，$\Delta\lambda_{NE}<0$。

当 $\beta_1<\beta<\dfrac{1}{\alpha^2}$时，$h(\beta)<0$，则 $\tilde{x}<0$。$\max\left\{c_T,\ \dfrac{c_R^{C1}}{\alpha\beta}\right\}<\tilde{p}_T\leqslant\dfrac{2\alpha\beta(\alpha\beta-1)V-c_R^{C1}(\alpha\beta+1)}{\alpha\beta(\alpha\beta-3)}$均处于 $\tilde{p}_T>\tilde{x}$ 范围内。综上可知，当 $\beta_1<\beta<\dfrac{1}{\alpha^2}$，$c_R^{C1}>\dfrac{\bar{\alpha}V}{2-\alpha}$，$\max\left\{c_T,\ \dfrac{c_R^{C1}}{\alpha\beta}\right\}<\tilde{p}_T\leqslant\dfrac{2\alpha\beta(\alpha\beta-1)V-c_R^{C1}(\alpha\beta+1)}{\alpha\beta(\alpha\beta-3)}$时，$\Delta\lambda_{NE}<0$；当 $0<\beta<\dfrac{1}{\alpha^2}$，$c_R^{C1}<\dfrac{\bar{\alpha}V}{2-\alpha}$，$\max\left\{c_T,\ \dfrac{c_R^{C1}}{\alpha\beta}\right\}<\tilde{p}_T\leqslant\dfrac{2\alpha\beta(\alpha\beta-1)V-c_R^{C1}(\alpha\beta+1)}{\alpha\beta(\alpha\beta-3)}$时，$\Delta\lambda_{NE}<0$。

综合上述证明可得，当$\dfrac{\phi}{\alpha}<\dfrac{1}{\alpha^2}$且 $\max\left\{c_T,\ \dfrac{c_R^{C1}}{\alpha\beta}\right\}<\tilde{p}_T\leqslant\dfrac{2\alpha\beta(\alpha\beta-1)V-c_R^{C1}(\alpha\beta+1)}{\alpha\beta(\alpha\beta-3)}$时，$\Delta\lambda_{NE}<0$。

（2）当$\dfrac{\phi}{\alpha}>\dfrac{1}{\alpha^2}$时，$1-\alpha^2\beta<0$，则$\dfrac{\phi}{\alpha}>\beta>\dfrac{1}{\alpha^2}>\beta_1$，此时 $h(\beta)<0$，因此 $\tilde{x}>0$。

比较 $\tilde{x}$ 与 $\dfrac{2\alpha\beta(\alpha\beta-1)V-c_R^{C1}(\alpha\beta+1)}{\alpha\beta(\alpha\beta-3)}$ 的大小：$\tilde{x}-\dfrac{2\alpha\beta(\alpha\beta-1)V-c_R^{C1}(\alpha\beta+1)}{\alpha\beta(\alpha\beta-3)}=\dfrac{(\alpha\beta-1)\{[1-4\alpha\beta+\alpha^2\beta(2+\beta)]c_R^{C1}-\alpha\beta(3\alpha-1)(\alpha\beta-1)V\}}{\alpha\beta(\alpha\beta-3)(\alpha^2\beta-1)}$。由于 $\alpha^2\beta-1>0$，则

$\tilde{x}>\frac{2\alpha\beta(\alpha\beta-1)V-c_R^{C1}(\alpha\beta+1)}{\alpha\beta(\alpha\beta-3)}$。当 $\frac{1}{\alpha^2}<\beta<\frac{\phi}{\alpha}$ 且 $\max\left\{c_T,\frac{c_R^{C1}}{\alpha\beta}\right\}<\tilde{p}_T\leqslant\frac{2\alpha\beta(\alpha\beta-1)V-c_R^{C1}(\alpha\beta+1)}{\alpha\beta(\alpha\beta-3)}<\tilde{x}$ 时，可知 $\Delta\lambda_{NE}<0$。

结合（1）和（2）的结果可知，在 $0<\alpha\beta<\phi$ 且 $\max\left\{c_T,\frac{c_R^{C1}}{\alpha\beta}\right\}<\tilde{p}_T\leqslant\frac{2\alpha\beta(\alpha\beta-1)V-c_R^{C1}(\alpha\beta+1)}{\alpha\beta(\alpha\beta-3)}$ 的情景下，$\Delta\lambda_{NE}<0$。

价格管制下出租车服务的市场需求 $\lambda_T^P=\frac{1}{V}(v_P^d-p_T)$，准入管制下出租车服务的市场需求 $\lambda_T^E=\frac{1}{V}(V-v_E^d)$，则二者的市场需求差 $\Delta\lambda_{PE}=\frac{1}{V}(v_P^d-p_T-V+v_E^d)=\frac{c_R^{C1}-p_T+(1-\alpha\beta)V}{2(\alpha\beta-1)}$。当 $p_T<c_R^{C1}+(1-\alpha\beta)V$ 时，分子 $c_R^{C1}-p_T+(1-\alpha\beta)V>0$，则 $\Delta\lambda_{PE}<0$；当 $p_T>c_R^{C1}+(1-\alpha\beta)V$ 时，$c_R^{C1}-p_T+(1-\alpha\beta)V<0$，则 $\Delta\lambda_{PE}>0$。由于 $c_R^{C1}+(1-\alpha\beta)V-\frac{c_R^{C1}}{\alpha\beta}=\frac{(1-\alpha\beta)(V-c_R^{C1})}{\alpha\beta}>0$，可知 $c_R^{C1}+(1-\alpha\beta)V>\frac{c_R^{C1}}{\alpha\beta}$。

比较 $c_R^{C1}+(1-\alpha\beta)V$ 与 $\frac{2\alpha\beta(\alpha\beta-1)V-c_R^{C1}(\alpha\beta+1)}{\alpha\beta(\alpha\beta-3)}$，可得 $c_R^{C1}+(1-\alpha\beta)V-\frac{2\alpha\beta(\alpha\beta-1)V-c_R^{C1}(\alpha\beta+1)}{\alpha\beta(\alpha\beta-3)}=\frac{(\alpha\beta-1)^2(c_R^{C1}-\alpha\beta V)}{\alpha\beta(\alpha\beta-3)}$。

由于 $\alpha\beta V>c_R^{c1}$，而 $c_R^{c1}>\bar{\alpha}V$，因此 $\alpha\beta V>\bar{\alpha}V$。由此可知 $c_R^{c1}+(1-\alpha\beta)V>\frac{2\alpha\beta(\alpha\beta-1)V-c_R^{c1}(\alpha\beta+1)}{\alpha\beta(\alpha\beta-3)}$，则当 $\max\left\{c_T,\frac{c_R^{c1}}{\alpha\beta}\right\}<\tilde{p}_T\leqslant\frac{2\alpha\beta(\alpha\beta-1)V-c_R^{c1}(\alpha\beta+1)}{\alpha\beta(\alpha\beta-3)}$ 时，$\Delta\lambda_{PE}<0$。

结合（1）和（2）的结果可知，在 $0<\alpha\beta<\phi$，$1<\alpha<1+\phi$ 和 $\max\left\{c_T,\frac{c_R^{C1}}{\alpha\beta}\right\}<\tilde{p}_T\leqslant\frac{2\alpha\beta(\alpha\beta-1)V-c_R^{C1}(\alpha\beta+1)}{\alpha\beta(\alpha\beta-3)}$ 的情景下，当 $\phi<\alpha\beta<\bar{\alpha}$，$\max\left\{c_T,\frac{c_R^{C1}}{\alpha\beta}\right\}<\tilde{p}_T\leqslant\frac{2\alpha\beta(\alpha\beta-1)V-c_R^{C1}(\alpha\beta+1)}{\alpha\beta(\alpha\beta-3)}$ 时，$\Delta\lambda_{PE}<0$；当 $0<\alpha\beta<\bar{\alpha}$ 时，$\Delta\lambda_{PE}<0$。

在 $0<\alpha\beta<\phi$，$\alpha\geqslant1+\phi$ 和 $\max\left\{c_T,\ \frac{c_R^{C1}}{\alpha\beta}\right\}<\tilde{p}_T\leqslant\frac{2\alpha\beta(\alpha\beta-1)V-c_R^{C1}(\alpha\beta+1)}{\alpha\beta(\alpha\beta-3)}$ 的情景下，当 $0<\alpha\beta<\phi$ 时，$\Delta\lambda_{PE}<0$。

情况 2：当 $0<\alpha\beta<\phi$ 且 $\frac{2\alpha\beta(\alpha\beta-1)V-c_R^{C1}(\alpha\beta+1)}{\alpha\beta(\alpha\beta-3)}<\tilde{p}_T\leqslant V$ 时：

此时 $v_E^d=\frac{\alpha\beta V-\tilde{p}_T}{\alpha\beta+1}$，无管制与准入管制情况下的市场份额差 $\Delta\lambda_{NE}=\frac{1}{V}(v_N^d-p_T-V+v_E^d)$，其中，$v_N^d-p_T-V+v_E^d=\frac{(\alpha\beta+1)c_R^{c1}+(-1+\alpha\beta-2\alpha^2\beta)p_T+(\alpha-1)(\alpha\beta-1)V}{2(\alpha-1)(\alpha\beta+1)}$。$\frac{d\Delta\lambda_{NE}}{dp_T}=\frac{-1+\alpha\beta-2\alpha^2\beta}{2V(\alpha-1)(\alpha\beta+1)}$，而 $-1+\alpha\beta-2\alpha^2\beta<0$，则 $\frac{d\Delta\lambda_{NE}}{dp_T}<0$，即市场需求之差随出租车服务价格递减。设 $g(x)=(\alpha\beta+1)c_R^{c1}+(-1+\alpha\beta-2\alpha^2\beta)p_T+(\alpha-1)(\alpha\beta-1)V$，其零点为 $\tilde{x}=\frac{(1+\alpha\beta)c_R^{c1}-\bar{\alpha}(1-\alpha\beta)V}{1-\alpha\beta+2\alpha^2\beta}$。由于 $c_R^{c1}>\bar{\alpha}V$，且 $1+\alpha\beta>1$，$1-\alpha\beta<1$，所以 $\tilde{x}>0$。

比较 $\tilde{x}$ 与 $\frac{2\alpha\beta(\alpha\beta-1)V-c_R^{c1}(\alpha\beta+1)}{\alpha\beta(\alpha\beta-3)}$ 的大小，则有：

$$\tilde{x}-\frac{2\alpha\beta(\alpha\beta-1)V-c_R^{c1}(\alpha\beta+1)}{\alpha\beta(\alpha\beta-3)}=\frac{(1+\alpha\beta)\{[1-4\alpha\beta+\alpha^2\beta(2+\beta)]c_R^{c1}+\alpha\beta V(3a-1)(1-\alpha\beta)\}}{\alpha\beta(\alpha\beta-3)(1-\alpha\beta+2\alpha^2\beta)}。$$

由于 $1-4\alpha\beta+\alpha^2\beta(2+\beta)=(1-\alpha\beta)^2+2\alpha\bar{\alpha}\beta>0$，$\alpha\beta-3<0$，$1-\alpha\beta+2\alpha^2\beta<0$，可得到 $\tilde{x}<\frac{2\alpha\beta(\alpha\beta-1)V-c_R^{c1}(\alpha\beta+1)}{\alpha\beta(\alpha\beta-3)}$。由于市场需求之差随出租车服务价格递减，则 $\frac{2\alpha\beta(\alpha\beta-1)V-c_R^{c1}(\alpha\beta+1)}{\alpha\beta(\alpha\beta-3)}<\tilde{p}_T<V$，$\Delta\lambda_{NE}<0$。

价格管制与准入管制下市场需求差 $\Delta\lambda_{PE}=\frac{1}{V}(v_P^d-p_T-V+v_E^d)=\frac{(1-\alpha\beta)(p_T-V)}{2(1+\alpha\beta)V}<0$，则 $\Delta\lambda_{PE}<0$。

结合情况 1 和情况 2 可知，当 $0<\alpha\beta<\phi$ 且 $\tilde{p}_T\in\left(\max\left\{c_T,\ \frac{c_R^{C1}}{\alpha\beta}\right\},\ V\right)$ 时，$\lambda_T^E>\lambda_T^P>\lambda_T^N$。

情况 3：当 $\phi<\alpha\beta<1$，$c_T<\tilde{p}_T<V$ 时，与情况 2 相似，可得 $\lambda_T^E>\lambda_T^P>\lambda_T^N$。

**命题 6-10 证明：**

情景 1：当 $0<\alpha<\phi$ 且 $0<\alpha\beta<\phi$ 时：

如图 C4 所示，比较两种管制策略下网约车的服务最优价格，存在 4 个关键点。即 $A$、$B$、$C$、$D$，其中 $C$ 为价格管制下网约车最优反应价格与可行域的边界交点，$A$ 为价格管制下网约车最优价格的拐点，与此类似，$D$、$B$ 分别为准入管制下网约车服务最优反应价格与可行域的边界交点和拐点。

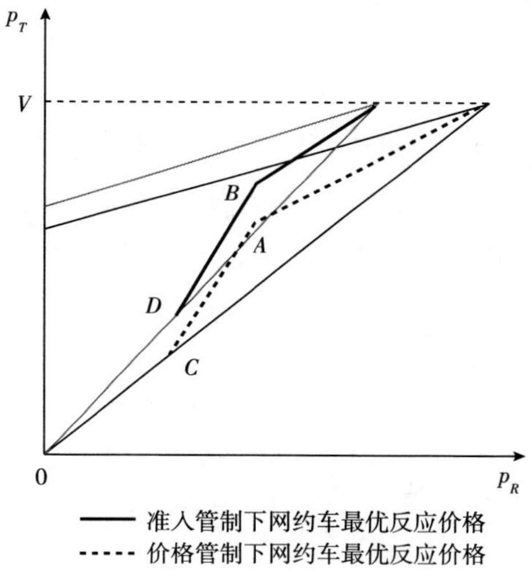


**图 C4　两种管制下网约车的最优价格比较**

令 $y_A=\dfrac{2\alpha(\alpha-1)V-c_R^{C2}(\alpha+1)}{\alpha(\alpha-3)}$，$y_B=\dfrac{2\alpha\beta(\alpha\beta-1)V-c_R^{C2}(\alpha\beta+1)}{\alpha\beta(\alpha\beta-3)}$，$y_C=\dfrac{c_R^{C2}}{\alpha}$，$y_D=\dfrac{c_R^{C2}}{\alpha\beta}$。因为 $0<\alpha\beta<\phi$，所以 $y_D<y_C$。设 $g(\alpha)=\dfrac{2\alpha(\alpha-1)V-c_R^{C2}(\alpha+1)}{\alpha(\alpha-3)}$，则存在 $\dfrac{dg}{d\alpha}=\dfrac{c_R^{C2}(-3+2\alpha+\alpha^2)-4\alpha^2V}{\alpha^2(\alpha-3)^2}<0$，因此 $y_A<y_B$。

当 $\max\left\{c_T,\ \dfrac{c_R^{C2}}{\alpha\beta}\right\}<\tilde{p}_T\leqslant y_A$ 时 $p_R^N=p_R^P=\dfrac{\alpha\tilde{p}_T+c_R^{C2}}{2\overline{\theta}}$，$p_R^E=\dfrac{\alpha\beta\tilde{p}_T+c_R^{C2}}{2\overline{\theta}}$，此时 $\dfrac{dp_R^*}{d\alpha}=\dfrac{2\tilde{p}_T+(\alpha^2+2\alpha-1)V}{(\alpha+1)^2\overline{\theta}}>0$，因此 $\dfrac{\alpha\tilde{p}_T+c_R^{C2}}{2\overline{\theta}}$ 随 $\alpha$ 递增，则 $p_R^N=p_R^P>p_R^E$。

当 $y_A<\tilde{p}_T\leqslant y_B$ 时，$p_R^E=\dfrac{\alpha\beta\tilde{p}_T+c_R^{C2}}{2\overline{\theta}}$，$p_R^N<p_R^P=\dfrac{2\alpha\tilde{p}_T+\alpha\overline{\alpha}V}{(\alpha+1)\overline{\theta}}$，可得 $p_R^P>p_R^N>p_R^E$。

当 $y_B<\tilde{p}_T\leqslant V$ 时，$p_R^E=\dfrac{2\alpha\beta\tilde{p}_T+\alpha\beta(\alpha\beta-1)V}{(\alpha\beta+1)\overline{\theta}}$，$p_R^N<p_R^P=\dfrac{2\alpha\tilde{p}_T+\alpha\overline{\alpha}V}{(\alpha+1)\overline{\theta}}$。

而 $p_R^P-p_R^E=\dfrac{\alpha(1-\beta)\{2\tilde{p}_T+[-1+\alpha+\alpha\beta(1+\alpha)]V\}}{(\alpha+1)(1+\alpha\beta)\overline{\theta}}$，其中，$2\tilde{p}_T+[-1+\alpha+\alpha\beta(1+\alpha)]V>\{2+[-1+\alpha+\alpha\beta(1+\alpha)]\}\tilde{p}_T=[1+\alpha+\alpha\beta(1+\alpha)]\tilde{p}_T>0$，因此 $p_R^P-p_R^E>0$，即 $p_R^P>p_R^E$。

比较 $p_R^N$ 与 $p_R^E$，二者的交点处出租车服务价格为$\dfrac{-(1+\alpha\beta)c_R^{C2}+2\alpha\beta(-1+\alpha\beta)V}{\alpha[1+(-4+\alpha)\beta]}$，由于$\dfrac{-(1+\alpha\beta)c_R^{C2}+2\alpha\beta(-1+\alpha\beta)V}{\alpha[1+(-4+\alpha)\beta]}-V=\dfrac{-(1+\alpha\beta)[c_R^{C2}+\alpha(1-2\beta)V]}{\alpha[1+(-4+\alpha)\beta]}$，其中，$1+(-4+\alpha)\beta<1+(-4+\alpha)=-3+\alpha<0$。若 $1+\alpha(1-2\beta)<0$，则 $\beta>\dfrac{1}{2}+\dfrac{1}{2\alpha}$，而 $0<\alpha<1$，可得 $\beta>1$，但准入管制中 $\beta<1$，二者相矛盾，则 $1+\alpha(1-2\beta)>0$，因此 $c_R^{C2}+\alpha(1-2\beta)V>[1+\alpha(1-2\beta)]c_R^{C2}>0$。由此可知$\dfrac{-(1+\alpha\beta)c_R^{C2}+2\alpha\beta(-1+\alpha\beta)V}{\alpha[1+(-4+\alpha)\beta]}>V$，因此 $p_R^N>p_R^E$。

综上所述，当 $\max\left\{c_T,\ \dfrac{c_R^{C2}}{\alpha\beta}\right\}<\tilde{p}_T\leqslant y_A$ 时，$p_R^N=p_R^P>p_R^E$；当 $y_A<\tilde{p}_T\leqslant V$ 时，$p_R^P>p_R^N>p_R^E$。

比较市场需求：

在 $\max\left\{c_T,\ \dfrac{c_R^{C2}}{\alpha\beta}\right\}<\tilde{p}_T\leqslant y_A$ 的情景下，两种服务选择的无差异点 $v_N^d=v_P^d=\dfrac{\overline{\theta}p_R-\tilde{p}_T}{\overline{\alpha}}=\dfrac{c_R^{C2}+(\alpha-2)\tilde{p}_T}{2(\alpha-1)}$，$v_E^d=\dfrac{c_R^{C2}+(\alpha\beta-2)\tilde{p}_T}{2(\alpha\beta-1)}$。由于$\dfrac{dv_N^d}{d\alpha}=\dfrac{-c_R^{C2}+p_T}{2(-1+\alpha)^2}>0$，因此 $v_E^d<v_P^d=v_N^d$。出租车服务需求为 $1-\dfrac{v^d}{V}$，可知 $\lambda_T^E>\lambda_T^P=\lambda_T^E$。

在 $y_A<\tilde{p}_T\leqslant y_B$ 的情景下，$v_P^d=\dfrac{\alpha V+\tilde{p}_T}{\alpha+1}$，$v_N^d=\dfrac{c_R^{C2}+(\alpha-2)\tilde{p}_T}{2(\alpha-1)}$，$v_E^d=\dfrac{c_R^{C2}+(\alpha\beta-2)\tilde{p}_T}{2(\alpha\beta-1)}$。$v_N^d-v_P^d=\dfrac{c_R^{C2}+(\alpha-2)\tilde{p}_T}{2(\alpha-1)}-\dfrac{\alpha V+\tilde{p}_T}{\alpha+1}=\dfrac{(1+\alpha)c_R^{C2}+(-4+\alpha+\alpha^2)\tilde{p}_T+2(-1+\alpha)\alpha V}{(\alpha+1)(2\alpha-2)}$。而 $(1+\alpha)$

$c_R^{C2}+(-4+\alpha+\alpha^2)\tilde{p}_T+2(-1+\alpha)\alpha V<(1+\alpha)c_R^{C2}+(-4+\alpha+\alpha^2)c_R^{C2}+2(-1+\alpha)\alpha V=(-3+2\alpha+\alpha^2)c_R^{C2}+2(-1+\alpha)\alpha V=(\alpha-1)(\alpha-3)c_R^{C2}+2(-1+\alpha)\alpha V<0$ 因此 $v_N^d>v_P^d$。

$$v_P^d-v_E^d=\frac{c_R^{C2}+(\alpha-2)\tilde{p}_T}{2(\alpha-1)}-\frac{c_R^{C2}+(\alpha\beta-2)\tilde{p}_T}{2(\alpha\beta-1)}=\frac{-(1+\alpha)c_R^{C2}+\alpha[(2+\beta-\alpha\beta)\tilde{p}_T+2(-1+\alpha\beta)V]}{2(\alpha+1)(-1+\alpha\beta)}。$$

由 $v_P^d=v_E^d$ 得到 $p_T=\frac{(1+\alpha)c_R^{C2}-2\alpha(-1+\alpha\beta)v}{2(2+\beta-\alpha\beta)}$，即当 $\tilde{p}_T>\frac{(1+\alpha)c_R^{C2}-2\alpha(-1+\alpha\beta)v}{2(2+\beta-\alpha\beta)}$ 时，$v_P^d<v_E^d$；当 $c_T<\tilde{p}_T<\frac{(1+\alpha)c_R^{C2}-2\alpha(-1+\alpha\beta)v}{2(2+\beta-\alpha\beta)}$ 时，$v_P^d>v_E^d$。

比较 $\frac{(1+\alpha)c_R-2\alpha(-1+\alpha\beta)v}{2(2+\beta-\alpha\beta)}$ 与 $y_B$ 的大小，即 $y_B-\frac{(1+\alpha)c_R^{C2}-2\alpha(-1+\alpha\beta)v}{2(2+\beta-\alpha\beta)}=\frac{2\alpha\beta(\alpha\beta-1)V-c_R^{C2}(\alpha\beta+1)}{\alpha\beta(\alpha\beta-3)}-\frac{(1+\alpha)c_R^{C2}-2\alpha(-1+\alpha\beta)v}{2(2+\beta-\alpha\beta)}=-\frac{2(-1+\beta)(-1+\alpha\beta)(-c_R^{C2}+\alpha\beta V)}{\alpha\beta[-2+(1+\alpha)\beta]-(3+\alpha\beta)}<0$。

因此，当 $y_A<\tilde{p}_T\leqslant y_B$ 时，$v_P^d>v_E^d$。

当 $y_B<\tilde{p}_T\leqslant V$ 时，$v_P^d=\frac{\alpha V+\tilde{p}_T}{\alpha+1}$，$v_N^d=\frac{c_R^{C2}+(\alpha-2)\tilde{p}_T}{2(\alpha-1)}$，$v_E^d=\frac{\alpha\beta V+\tilde{p}_T}{\alpha\beta+1}$。由 $v_P^d=\frac{\bar{\theta}P_R-\tilde{p}_T}{\bar{\alpha}}=\frac{\alpha V+\tilde{p}_T}{\alpha+1}$ 推出 $\frac{dv_P^d}{d\alpha}=\frac{V-\tilde{p}_T}{(\alpha+1)^2}>0$。因此 $v_E^d<v_P^d$。由前述证明可知 $v_N^d>v_P^d$。

综上所述，当 $\max\left\{c_T,\frac{c_R^{C2}}{\alpha\beta}\right\}<\tilde{p}_T\leqslant y_A$ 时，$v_E^d<v_P^d=v_E^d$；当 $y_A<\tilde{p}_T\leqslant V$ 时，$v_E^d<v_P^d<v_N^d$。

当 $\frac{(\alpha\beta+1)c_R^{C2}-\alpha\beta(\alpha\beta-1)V}{2\alpha\beta-\alpha(\alpha\beta+1)}<p_T<V$ 时，与上述证明类似。

情景 2：当 $\phi<\alpha<1$ 且 $\phi<\alpha\beta<1$ 时：

证明与情景 1 中类似，可得当 $c_T<\tilde{p}_T<V$ 时，$p_R^P>p_R^N>p_R^E$，$\lambda_T^E>\lambda_T^P>\lambda_T^N$。

情景 3：当 $\phi<\alpha<1$ 且 $0<\alpha\beta<\phi$ 时：

证明与情景 1 中类似，可得当 $c_T<\tilde{p}_T<V$ 时，$p_R^P>p_R^N>p_R^E$，$\lambda_T^E>\lambda_T^P>\lambda_T^N$。

证毕。

**命题 6-11 证明：**无管制时网约车服务与出租车服务共存的条件为 $\frac{\alpha p_T}{\bar{\theta}}<p_R<\frac{p_T+\bar{\alpha}V}{\bar{\theta}}$。由于 $\underline{\lambda}_T\bar{\alpha}V>0$，则 $\frac{\underline{\lambda}_T\bar{\alpha}V+\alpha p_T}{\bar{\theta}}>\frac{\alpha p_T}{\bar{\theta}}$。$\frac{p_T+\bar{\alpha}V}{\bar{\theta}}-\frac{\underline{\lambda}_T\bar{\alpha}V+\alpha p_T}{\bar{\theta}}=\frac{\bar{\alpha}[V(1-\underline{\lambda}_T)-p_T]}{\bar{\theta}}$。

由 $\lambda_T^S>\underline{\lambda}_T$ 可得$\frac{p_T}{V}<1-\underline{\lambda}_T$，则$\frac{\overline{\alpha}[V(1-\underline{\lambda}_T)-p_T]}{\overline{\theta}}>0$，因此，$\frac{p_T+\overline{\alpha}V}{\overline{\theta}}>\frac{\underline{\lambda}_T\overline{\alpha}V+\alpha p_T}{\overline{\theta}}$。综上可得网约车服务价格的可行区间为 $p_R\in\left[\frac{\underline{\lambda}_T\overline{\alpha}V+\alpha p_T}{\overline{\theta}},\ \frac{p_T+\overline{\alpha}V}{\overline{\theta}}\right]$。由 $\lambda_R^{C1}\leqslant\lambda_T^{C1}$ 可知 $p_R\in\left[\frac{\overline{\alpha}V+(\alpha+1)p_T}{2\overline{\theta}},\ \frac{p_T+\overline{\alpha}V}{\overline{\theta}}\right]$。比较$\frac{\underline{\lambda}_T\overline{\alpha}V+\alpha p_T}{\overline{\theta}}$与$\frac{\overline{\alpha}V+(\alpha+1)p_T}{2\overline{\theta}}$，则有$\frac{\overline{\alpha}V+(\alpha+1)p_T}{2\overline{\theta}}-\frac{\underline{\lambda}_T\overline{\alpha}V+\alpha p_T}{\overline{\theta}}=\frac{\overline{\alpha}V+(\alpha+1)p_T-2\overline{\alpha}V\underline{\lambda}_T-2\alpha p_T}{2\overline{\theta}}=\frac{\overline{\alpha}V(1-2\underline{\lambda}_T)-\overline{\alpha}p_T}{2\overline{\theta}}$。

当 $V(1-2\underline{\lambda}_T)-p_T\geqslant0$，即$\frac{p_T}{V}\leqslant(1-2\underline{\lambda}_T)$，则 $\lambda_T^S\geqslant2\underline{\lambda}_T$，此时$\frac{\overline{\alpha}V+(\alpha+1)p_T}{2\overline{\theta}}\geqslant\frac{\underline{\lambda}_T\overline{\alpha}V+\alpha p_T}{\overline{\theta}}$。管制后网约车服务的最优价格可行区间为 $p_R\in\left[\frac{\overline{\alpha}V+(\alpha+1)p_T}{2\overline{\theta}},\ \frac{p_T+\overline{\alpha}V}{\overline{\theta}}\right]$。

当 $V(1-2\underline{\lambda}_T)-p_T<0$，即$\frac{p_T}{V}>(1-2\underline{\lambda}_T)$，则 $\lambda_T^S<2\underline{\lambda}_T$，此时$\frac{\overline{\alpha}V+(\alpha+1)p_T}{2\overline{\theta}}<\frac{\underline{\lambda}_T\overline{\alpha}V+\alpha p_T}{\overline{\theta}}$。管制后网约车服务的最优价格可行区间为 $p_R\in\left[\frac{\underline{\lambda}_T\overline{\alpha}V+\alpha p_T}{\overline{\theta}},\ \frac{p_T+\overline{\alpha}V}{\overline{\theta}}\right]$。

当$0\leqslant\underline{\lambda}_T\leqslant\frac{V-c_T}{2V}$时，管制后网约车服务价格的可行区间为当且仅当 $\tilde{p}_T\in(c_T,\ V(1-2\underline{\lambda}_T)]$时，$p_R\in\left[\frac{\overline{\alpha}V+(\alpha+1)p_T}{2\overline{\theta}},\ \frac{p_T+\overline{\alpha}V}{\overline{\theta}}\right]$；当且仅当 $\tilde{p}_T\in(V(1-2\underline{\lambda}_T),\ V(1-\underline{\lambda}_T)]$时，$p_R\in\left[\frac{\underline{\lambda}_T\overline{\alpha}V+\alpha p_T}{\overline{\theta}},\ \frac{p_T+\overline{\alpha}V}{\overline{\theta}}\right]$，如图 C5（a）所示。

此时，管制下网约车服务的最优价格为：

$$p_R^*=\begin{cases}\frac{\underline{\lambda}_T\overline{\alpha}V+\alpha p_T}{\overline{\theta}} & \tilde{p}_T\in[V(1-2\underline{\lambda}_T),\ V(1-\underline{\lambda}_T)]\\ \frac{\overline{\alpha}V+(\alpha+1)p_T}{2\overline{\theta}} & \tilde{p}_T\in[c_T,\ V(1-\underline{\lambda}_T)]\end{cases}$$

当$\frac{V-c_T}{2V}<\underline{\lambda}_T\leqslant\frac{1}{2}$时，管制后网约车服务的价格可行区间为 $p_R\in\left[\frac{\underline{\lambda}_T\bar{\alpha}V+\alpha p_T}{\bar{\theta}},\ \frac{p_T+\bar{\alpha}V}{\bar{\theta}}\right]$，如图 C5（b）所示。此时，管制后网约车服务的最优价格为：

$$p_R^*=\frac{\underline{\lambda}_T\bar{\alpha}V+\alpha p_T}{\bar{\theta}},\ \tilde{p}_T\in(c_T,\ V(1-\underline{\lambda}_T)]$$

当$\frac{1}{2}<\underline{\lambda}_T<\lambda_T^S$时，管制后网约车服务的价格可行区间为 $p_R\in\left[\frac{\underline{\lambda}_T\bar{\alpha}V+\alpha p_T}{\bar{\theta}},\ \frac{p_T+\bar{\alpha}V}{\bar{\theta}}\right]$，如图 C5（c）所示。

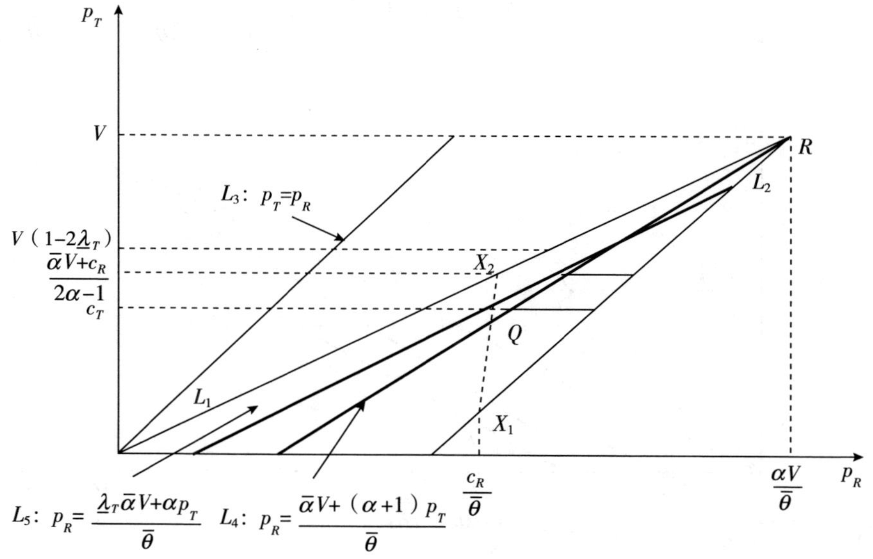


（a）$0\leqslant\underline{\lambda}_T\leqslant\frac{V-c_T}{2V}$

**图 C5　网约车服务的最优价格**

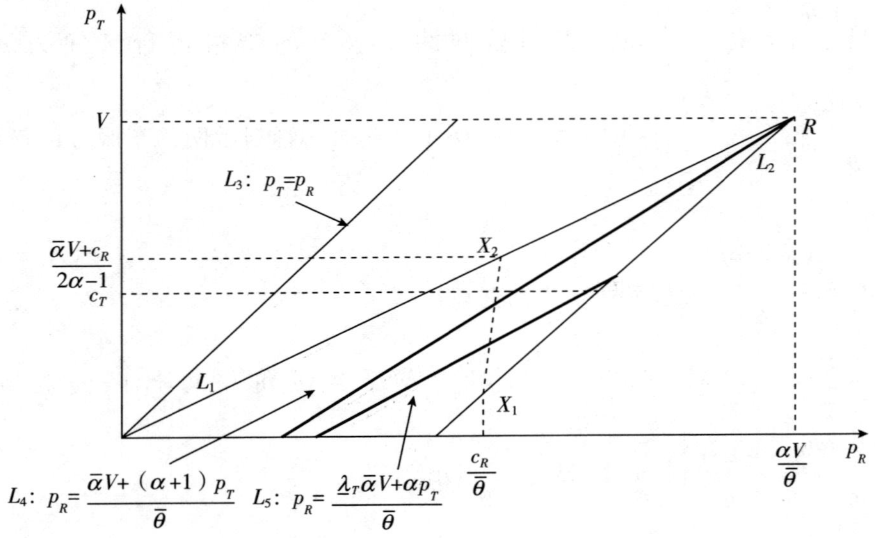


（b）$\frac{V-c_T}{2V}<\underline{\lambda}_T\leqslant\frac{1}{2}$

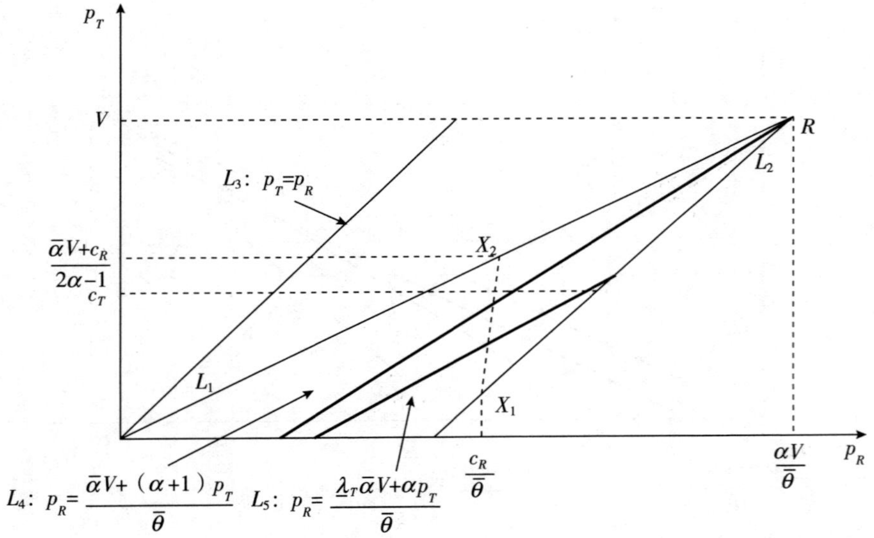


（c）$\frac{1}{2}<\underline{\lambda}_T<\underline{\lambda}_T^S$

**图 C5　网约车服务的最优价格（续图）**

此时，管制后网约车服务的最优价格为：

$p_R^*=\dfrac{\lambda_T\bar{\alpha}V+\alpha p_T}{\bar{\theta}}$，$\tilde{p}_T\in[c_T,\ V(1-\underline{\lambda}_T)]$。

若$\lambda_R^{C1}>\lambda_T^{C1}$，可推出$p_R\in\left[\dfrac{\alpha p_T}{\bar{\theta}},\ \dfrac{(\alpha+1)p_T+\bar{\alpha}V}{2\bar{\theta}}\right]$，此时若出租车司机参与竞争，需要满足条件$\widehat{\lambda}_T=\lambda_T^{C1}-\tau(\lambda_R^{C1}-\lambda_T^{C1})\geqslant\underline{\lambda}_T$，即$(1+\tau)\lambda_T^{C1}-\tau\lambda_R^{C1}\geqslant\underline{\lambda}_T$。

由$(1+\tau)\left(\dfrac{\bar{\theta}p_R-\alpha p_T}{\bar{\alpha}V}\right)-\tau\left(1-\dfrac{\bar{\theta}p_R-p_T}{\bar{\alpha}V}\right)\geqslant\underline{\lambda}_T$推出，$p_R\geqslant\dfrac{\bar{\alpha}V(\underline{\lambda}_T+\tau)+p_T[\alpha+(\alpha+1)\tau]}{\bar{\theta}(1+2\tau)}=J$。

比较$J$与$\dfrac{\alpha p_T}{\bar{\theta}}$和$\dfrac{(\alpha+1)p_T+\bar{\alpha}V}{2\bar{\theta}}$的大小：$\dfrac{\alpha p_T}{\bar{\theta}}-J=\dfrac{(1+2\tau)\alpha p_T-(J+\tau)\bar{\alpha}V-p_T[\alpha+(\alpha+1)\tau]}{\bar{\theta}(1+2\tau)}=\dfrac{\bar{\alpha}[\tau(p_T-V)-JV]}{\bar{\theta}(1+2\tau)}$。

由于$p_T<V$，所以$\dfrac{\alpha p_T}{\bar{\theta}}<J$。

$\dfrac{(\alpha+1)p_T+\bar{\alpha}V}{2\bar{\theta}}-J=\dfrac{\bar{\alpha}[(1-2\underline{\lambda}_T)V-p_T]}{2\bar{\theta}(1+2\tau)}$。若$(1-2\underline{\lambda}_T)V-p_T<0$，则$\dfrac{(\alpha+1)p_T+\bar{\alpha}V}{2\bar{\theta}}<J$，表明此时两个条件即$\lambda_R^{C1}>\lambda_T^{C1}$与$(1+\tau)\lambda_T^{C1}-\tau\lambda_R^{C1}>\underline{\lambda}_T$不能同时成立，两种服务无法共存。若$(1-2\underline{\lambda}_T)V-p_T\geqslant0$，则$\dfrac{(\alpha+1)p_T+\bar{\alpha}V}{2\bar{\theta}}\geqslant J$，此时两个条件同时成立。需注意的是，此时出租车服务单位运营成本的高低十分重要，若$c_T\leqslant V(1-2\underline{\lambda}_T)$，则网约车服务的价格可行区间为$p_R\in\left[J,\ \dfrac{(\alpha+1)p_T+\bar{\alpha}V}{2\bar{\theta}}\right]$，最优价格为$J$。若$c_T>V(1-2\underline{\lambda}_T)$，则运营成本过高，超出了两个条件同时成立的出租车可行价格$p_T\leqslant(1-2\underline{\lambda}_T)V$，因此两种服务无法共存。